心理臨床とセラピストの人生

関わり合いのなかの事例研究

滝口俊子　監修
大村哲夫・佐藤雅明　編著

創元社

はしがき

この本は、心理臨床の事例を扱っていますが、従来の事例集とはずいぶん異なります。

心理臨床とは、クライエントと呼ばれる来談者が臨床心理士であるセラピストと出会い、自らの抱えている「問題」と向き合う作業と言うことができますが、それはクライエントの「たましい」とセラピストの「たましい」が、時にはやさしく溶け合い、時には激しく火花を散らしてぶつかり合う場でもあります。言い換えればセラピーとは、クライエントとセラピストの人格、二人の「人生」が出会うなかで、クライエントが、自ら「気づき」を得ることによって袋小路から抜け出し新たな人生を歩み出す過程なのです。この二人の出会いこそが、心理療法の本質と言えるでしょう。ところが今までの心理臨床の事例を扱った類書では、クライエントの「人生」は語られても、セラピストの「人生」はうかがい知ることもできませんでした。クライエントの家族や生育歴、環境などは詳細に報告されますが、セラピストがどのような個性を持つ人なのかについては敢えて伏せられてきました。セラピーにおいては、セラピストという役割の下の素顔を見せる必要がないと考えられてきたのです。セラピストはクライエントの自己実現を助けるいわば「触媒」のような働きをしているとみなされてきたのだと思います。クライエントは触媒の作用で変化しますが、触媒そのものは変化しないというわけです。しかし実際の心理臨床を詳細に検討すると必ずしもそうではないことに気づきます。クライエントとの出会いによってセラピスト自身も変化しています。私たちセラピストは、よく「クライエントに鍛えられる」と言いますが、このことはセラピスト自身もクライエントとの出会いによって変化させられること、すなわち二人の出会いによって双方が互いに「化学変化」のような質的な変容を遂げていることを示しています。

もちろん私たちは、心理臨床の場でセラピストが自分の人生を開示しなければならないと主張しているわけではありません。しかし事例を「分析」しようとするときに、セラピストの「人生」にまったく触れられてこなかったことには疑問が残ります。セラピーがクライエントとセラピストの相互作用で進められていくものである以上、治療過程で動き出すセラピスト自身の「人生」についても言及されなければ、事例の解釈は一面的なものになってしまいますし、事例を読んだ読者にとっても実践的なものにはなりません。個別の事例が他の心理療法家にとって有意義なものとなるためには、普遍的なこころの動きとともに、個人に特有なこころの動きの両面をみる必要があるのです。

この本は、いったん大学や大学院を出て、会社員や教員、裁判所や児童相談所の心理職員、医師などさまざまな分野で活躍しながら、放送大学大学院で臨床心理学を学び直し、再びそれぞれの現場で活躍している修了生の、人生とその心理臨床について述べたものです。読者は一読して、興味深い事例に学ぶとともに、セラピスト自身の人生がいかに事例の展開に関わり合っているかを知って驚かれることと思います。それほど心理臨床は、クライエントの人生にセラピストの人生が関わってくるものです。心理臨床とは、単に技法や心理テストによって画一的に進められるのではありません。クライエントである人間とセラピストである人間によって共同でつくられる一期一会の「出会いの場」であるため、同じ学派に立つセラピストであったとしても、「人」が替わったら決して同じ展開にはならないものなのです。

また事例の検討を行っていると、セラピストがどうしてこの局面でこのような判断をしなければならなかったのか、という疑問が浮かぶことがあります。セラピストはセラピーの過程のなかで、時にはある種の「賭け」のような「投げかけ」をクライエントに試みることがあり、それが膠着しているように見えた面接を一気に動かすことがあるからです。「賭け」と言っても無闇な思いつきではありません。むしろ大変デリケートな「決断」であると言えます。クライエントのおかれた状態とこれまでの面接過程を十分吟味したうえで、セラピストの個人史を含めた「経験」の積み重ねとセラピストの「個性」から、直観的に、今この瞬間にしかなし得ない究極の選択による結果の「投げかけ」なのです。本書の特徴の一つは、セラピストの人生を語ることと事例を併せて紹介することによって、このような心理臨床における機微とも言えるセラピストの判断の背景を明らかにすることにあります。

また従来から心理療法家の教育には、教育分析が欠かせないとされてきました。セラピスト自身が、セラピストによって心理分析を受けることで、自分の考え方や生き方の偏り、癖に自覚的になり、クライエントとの関係を適切にとることができ、セラピーが独りよがりにならないためです。そうした観点から見てもこの本は、心理臨床家にとって教育分析の意味を再考し、その必然性の参考となるものです。クライエントを知ることと、自分自身を知ることは、自らのセラピーの可能性と限界を知ることになります。心理臨床に関心ある人にとっても、他者と関わることとはいったいどのようなことなのか、その意味を深く考え味わうことができるでしょう。

執筆に当たって各執筆者は、自らを腑分けするような痛みも感じました。その自己開示の深さはまちまちですが、この作業を通して自分自身の人生を振り返り、自分が親や家族をはじめ多くの人との関わりのなかで成長してきたこと、心理臨床家となってからも多くのクライエントとの出会いによって学ばされてきたことを、深い感謝をもって再体験することができました。改めて多くの出会いに感謝したいと思います。

このささやかな一書が、よりゆたかな心理臨床のための一助となることを心から願っています。

大村哲夫

［追記］

この本を編集する過程で、創元社の渡辺明美さんから河合隼雄先生の一九七六年の論文を紹介されました。その中で「クライエントと自分の人格の対決のなかから生じてきたものから、いかに深い意味での普遍性をもつものを描き出すか」「われわれはクライエントの主観の世界に自分の主観の世界を関与させつつ、なおそれら全体を『見る』ことのできる目を養わねばならない」（「事例研究の意義と問題点」『臨床心理事例研究３』）とありました。このことは私たちが本書で目指していたことと重なります。改めて河合先生の炯眼に驚くとともに、「深い意味での普遍性をもつもの」を十分描き出すことの厳しさを痛感しました。

河合先生に読んでいただくことができないのが残念ですが、本書を御霊前に献呈したいと思います。

心理臨床とセラピストの人生
関わり合いのなかの事例研究

目次

I

子ども

第1章

非行臨床と私

ある家庭裁判所調査官の事例研究

室城隆之 Muroki Takayuki

1 はじめに

私は現在、家庭裁判所調査官という仕事をしています。家庭裁判所は、非行を起こした主として一四歳から一九歳の少年（少年法では男女を問わず「少年」と呼びます）に対する処遇を決める少年事件と、離婚や親権の問題など家庭内の紛争を解決するための調停や審判を行う家事事件を扱う裁判所です。家庭裁判所には他に、裁判官、書記官、事務官らが勤務していますが、裁判官や書記官が法律の専門家であるのに対して、家庭裁判所調査官は心理、社会、社会福祉、教育などの人間関係諸科学の専門家として働いています。すなわち、少年事件においては、非行を起こした少年やその保護者、関係者らに対して面接を中心とした「調査」を行い、人間関係諸科学の知識を用いて非行のメカニズムを解明するとともに、その少年が更生していくために必要な処遇のあり方を検討して、裁判官に意見具申します。また、家事事件においては、離婚や親権、財産問題などの紛争に関係している夫婦、親子、親族などの当事者に対して面接や行動観察などの「調査」を行い、人間関係諸科学の知識を用いて紛争のメカニズムを解明し、紛争を解決するための方法を検討して、調停委員会や審判官（裁判官）に意見具申します。そのため、家庭裁判所調査官は、多くの人間関係諸科学の知識を身につけていることを必要とされますが、そのなかでも特に心理学の知見を用いることが多いことから、私は家庭裁判所調査官を、司法領域における心理臨床家として位置づけています（室城、一九九六）。

家庭裁判所調査官は、在職中に少年事件と家事事件の両方を担当しますが、そのバランスは個人によってまちまちです。私は家庭裁判所調査官になって二五年になりますが、そのうち二〇年以上、少年事件を担当してきました。そのため、司法領域における心理臨床のなかでも、主として非行臨床に携わってきたと言えるでしょう。非行臨床は、私の人生そのものと言っても、決して過言ではありません。

そこで、ここでは、私がどうして非行臨床に携わることになり、どのように非行臨床を行ってきたのかを、振り返ってみたいと思います。また、その過程で私が、出会った少年たちや保護者たちから何を学び、どのような影響を受けてきたのかを振り返ることで、非行臨床が私の人生に与えた影響についても、考えてみたいと思います。さらに、私の非行臨床を支えてきた理論とそれを教えてくださった恩師の先生方についても、触れたいと思います。そして、それらを通じて、皆さんに非行臨床の特徴や魅力をお伝えできればと思っています。

2　非行臨床を始めるまで

（1）私の生い立ち

私は、一九六二年一月に、東京都で生まれました。私の父は大正生まれの警察官僚で、厳格で几帳面な人でした。家庭では亭主関白で、家族は皆、父に従うという雰囲気でしたので、私は小さい頃には父のことを尊敬し、誇りに思っていました。一方、母は専業主婦で、過保護なところはありましたが、優しい人でした。

私は、男ばかりの三人兄弟の末っ子で、兄たちとは年齢が離れていたこともあって、幼少期から母に甘えながら育ちました。特に、小学三、四年の頃には、父の転勤のために地方に転居し、兄たちと別居して父母と自分だけで暮らしていましたので、一人っ子のような状態でした。そのため、私はわがままで、自分中心に行動する傾向があり、学校でも家庭でも、調子に乗って行動しては、よく父に怒られました。特に、東京に戻った小学五、六年の頃には父に怒られることが多く、怖くて逆らえないので、私はふて腐れ、居住していたアパートの階段下に「プチ家出」をし、母に迎えにきてもらっていた記憶があります。心の中では父に対する不満を感じていても、決してそれを表現することはできませんでした。時には絶望的な気持ちになって、自分が死んだら父も私の気持ちをわかるのではないかと思ったことすらありました。この頃、転校した先の小学校では、いじめられっ子だった友だちと仲良くしていました。その友だちが教室でいじめられていたときに、いじめていた子のところに行って止めようとしながら、気が弱くて止められなかったことがあり、そのことは自分の弱さを象徴する出来事として、いつまでも私の心に残り続けました。

中学時代はどちらかというと優等生で、生徒会長だった兄をまねて、生徒会活動などもしていました。その頃、クラスには不良傾向のある生徒もいましたが、別の世界の人間のように感じられて、関わることは一切ありませんでした。しかし、その反面、優等生ということでどこか友だちと距離ができ、寂しい思いをしていたところもありました。一方、家庭では、中学二年の頃、父と政治について議論していた際に、父から「おまえはしつこい」と言われて議論を打ち切られ、その後兄からも諭されるということがありました。私はこのことに強いショックを受け、それ以後、父や兄とはあまり話さなくなりました。このことも、自分の孤独感に大きく影響したように思います。そして、高校時代には、父は単身赴任したため、ますます関わることが少なくなりました。

高校時代には、野球部の活動に明け暮れ、まったく勉強をしなかったために、成績は非常に悪く、一転して劣等生になりました。授業中寝てばかりいるので、先生にもよく怒られていました。中学時代に優等生であったために孤独だったことへの反動だったのかもしれません。また、中学までは勉強はできても、太っていたために運動面でのコンプレックスがあったので、それを克服したかったのかもしれません。いずれにしても、私は高校時代、勉強はほとんどしませんでした。しかしその分、部活に打ち込み、充実した高校生活を過ごしました。

大学受験の際、父は自分自身が法学部でなかったために苦労した経験から、子どもには法学部以外の学部を受けることを許さないところがありました。しかし、私はなぜか、経済学部を受験しました。今思えば、小さな反抗だったのかもしれません。高校時代の勉強不足がたたり、結果は不合格でした。

一年浪人した後、私は上智大学法学部法律学科に入学しました。今思えばもったいないことですが、その頃の私は、法学部の勉強にはあまり関心を持てませんでした。ただ、上智大学に入ってよかったことは、キリスト教精神から、福祉的な活動をする雰囲気が大学全体に強かったことです。私もクラスの友だちに誘われて、障害児ボランティアのサークルに入り、その活動に打ち込むことになりました。そこでは障害を抱えながらも明るく生活している子どもたちや、苦労しながらもその子たちに愛情をもって接している親たちに触れることができ、私はサークルでの活動を通して、社会福祉的な貢献をしていきたいという気持ちを強く持つようになりました。しかし、大学二年が終わる頃、自分の進路を考えるようになると、私は障害児福祉よりも、心理臨床に関心を持つようになりました。なぜこのとき、福祉よりも心理臨床を選んだのか、今でもはっきりとはわかりません。私自身が父との関係のなかで葛藤を抱えていたためでしょうか。中学時代から抱えていた孤独感に悩んでいて、助けがほしかったのかもしれません。いずれにしても私は心理臨床の勉強をしてみたいと思うようになり、それまで活動していた障害児ボランティアのサークルをやめました。

しかし、このことは、私が予想していなかったダメージを自分に与えることになりました。私はサークルをやめたために、大学での自分の居場所を失い、大切な友人たちを失うことになってしまいました。その結果、私は深刻なうつ状態となり、大学にも行けなくなってしまいました。その後、クラスの友人の助けがあって、なんとか大学には復帰できましたが、私が考えていた心理臨床の勉強をするような心理的余裕はありませんでした。私はただ、自分を立て直すために、バイクに乗ったり、語学学校に通ったり、それまでとは違う活動をすることで自分を支えていました。その結果、いつしか心理臨床への思いは抑圧され、語学を生かして働きたいという考えに変わっていきました。

(2) 交流分析との出会いと非行臨床への道

私は大学卒業後、大手の民間会社に就職し、営業職に就きました。そして、初めて親元を離れ、会社の独身寮で暮らすようになりました。職場ではよい上司や同僚に恵まれ、一所懸命に仕事をしていました。しかし、営業というお金を挟んだ人間関係に、どこか違和感を感じていたところもありました。そんなとき、人間関係のつまずきを機に、一気にうつ状態になりました。就職して一年目の冬のことでした。おそらく、実家を離れた心細さもあったのでしょう。私は再び強い孤独感に襲われ、毎日の生活をおくることが辛くなりました。

そんな状態のまま、絶望的な気持ちになって街をフラフラしているときに、ふと入った本屋で出会ったのが、加藤諦三著『自分を嫌うな』(一九八四)でした。私は何の気なしに手に取ったこの本を読んで、大きなショックを受けました。いったい自分はこれまで、自分の人生を生きてきたのであろうか。自分がやりたいことをやってきたのであろうか。そんな思いが、私の頭の中を駆け巡りました。そして、この一冊の本との出会いが、私の人生を大きく変えることになりました。

私はその後、加藤諦三の本を何冊か読むうちに、交流分析と出会うことになりました。本の中に、加藤諦三が国際交流分析協会の大会に参加したという話が載っていたためで、私はそれを読んで、交流分析という理論がどのようなものなのかに関心を持ちました。交流分析は、エリック・バーン（Berne, E.）によって創始された心理療法の一手法で、対人交流のあり方だけでなく、自分自身に気づくための優れた方法です。その基本的な考え方のなかに、人は幼少期に両親らとの関係の中で無意識に作り上げてきた「人生脚本」に従って生きており、それが現在の現実にふさわしくない場合に問題が生じる、というものがあります。しかし、そのことに気がつけば、人は「脚本」から自由になり、自律的に生きることができるようになるというのが、交流分析の考え方です。私は交流分析に関心を持ち、交流分析に関する本を読み始めました。そして、そのうちの一冊がミュリエル・ジェイムスら（James, M. et al., 1971）の『自己実現への道』（邦訳、一九七六）でした。この本は、自分でエクササイズを行いながら、交流分析について学ぶことができ、同時に自己分析も進めることができるようになっています。私はこの本を読みながら、自分が本当にやりたいことは何なのかを探し、自分が今やりたいことは、心理学の勉強であることに気がつきました。そして、以前ある人から「あなたには話しやすい」と言われたことを思い出し、心理臨床家を目指して勉強をしてみようと思うようになりました。思えば、大学二年のときに抑圧された心理臨床への思いが、三年の月日を経て、再び回帰された瞬間でした。

そしてその際、臨床分野として関心を持ったのが、非行臨床でした。実は、大学二年のときに心理臨床の勉強をしたいと思ったときにも、非行臨床に関心を持っていました。中学校時代には非行少年にまったく関心がなかった自分が、なぜ非行臨床を選んだのか。それはいまだにはっきりしません。自分が父に反抗したいと思いながらできなかった悔しさを、非行少年たちに投影したのでしょうか。非行少年たちの中に、気弱な自分にはないパワーを感じたのでしょうか。それとも、父が警察官僚だったことに同一化したのでしょうか。

いずれにしても私は非行臨床の仕事を目指すことに決め、児童相談所の児童福祉司や家庭裁判所調査官になるための勉強を開始しました。民間企業での仕事は続けながら、佛教大学通信教育部社会学部社会福祉学科の三年に編入して児童福祉関係の勉強をするとともに、関西カウンセリングセンターに通って、心理臨床の勉強をするようになりました。今の仕事を辞めたいと言った私に対して、母は心配して取り乱しましたが、父は「あいつは言い出したら聞かないから」と母に言ったと聞きました。そのとき私は、生まれて初めて、父に認められたように感じました。そして、その数カ月後、私は最高裁判所家庭裁判所調査官補試験を受験して、合格することができました。私が加藤諦三の『自分を嫌うな』に出会ってから、わずか一年の劇的な出来事でした。こうして私は、就職して二年で民間企業を辞め、家庭裁判所調査官として、実際に非行臨床の道を歩むことになりました。二五歳の春のことでした。

3　非行臨床に携わるなかで

(1) 家庭裁判所調査官補時代

家庭裁判所調査官として採用されると、全国の家庭裁判所に配属されます。私が家庭裁判所調査官になって、最初に勤務したのは、ある地方都市でした。人情味の厚い土地柄もあり、優しい上司や先輩、同僚たちに囲まれて、私はそこで四年間を過ごしました。

最初の二年間は研修期間であり、そのうちの一年間は家庭裁判所調査官研修所における合同研修でした。そこでは、職務に関係する法律の勉強に加えて、心理学、社会学、社会福祉学、教育学など多くの関係諸科学の学習をしました。法学部出身の私にとっては、法律以外の関係諸科学の知識には初めて学ぶことも多く、興味深く、刺激的な毎日でした。特に、その当時の家庭裁判所調査官研修所には、臨床心理学関係だけとっても、土居健郎、河合隼雄、小此木啓吾、馬場禮子、皆川邦直、小川捷之、村瀬孝雄、鈴木浩二、中井久夫、石川義博、福島章といった超一流の先生方が教えに来られていて、それらの著名な先生方の講義を直接受けることができる幸せに恵まれました。そのなかでも、自分にとって特に影響が大きかったのは、面接演習の指導をしていただいた平木典子先生との出会いでした。平木先生のご指導は非常に具体的かつ実践的で、臨床的な機知に富んでおり、強く魅了されました。そして、私は心理臨床の世界にさらに深く魅力を感じるとともに、いつか平木先生のもとで勉強をしてみたいと思うようになりました。

また、研修所では、五七人の同期と親しくなることができたことも、私にとっては大きな財産でした。心理臨床を仕事にしていくうえで、悩みを分かち合い、励まし合うことができる仲間を持つことは、とても大切なことです。全国のどこに行っても、そのような仲間がいるというのは、この仕事の良い点かもしれません。

研修所ではこのように、良い経験をたくさんさせていただきましたが、反面、辛いこともありました。それは、自分が法学部出身で、心理学の勉強はしていても心理学の専門家とは言えないと思えたことでした。同期には心理学科出身者も多く、日本心理臨床学会の会員もいましたが、私はその時点では、学会に所属する資格さえ持っていませんでした。このことは、私の中でコンプレックスとなって、その後も引きずって行くことになります。

さて、二年間の研修のもう一年は、私が配属された家庭裁判所でのＯＪＴ（オン・ザ・ジョブ・トレーニング）でした。前にも述べたように、家庭裁判所調査官の仕事は、非行少年の処遇を決める少年係と、離婚や親権者の問題などを扱う家事係に分かれていて、ＯＪＴではそれぞれを半年ずつ、指導官の指導を受けながら担当しました。

私が配属された家庭裁判所は、大都市に比べると事件が少なく、職場の先輩調査官たちはそれぞれ自分の個性を生かしながら、一つひとつのケースにじっくりと取り組んでいました。そのため私も、比較的自由に、じっくりとケースに関わることができました。とはいえ、まだ駆け出しだった私には、難しいことも多く、ケースに振り回されているばかりでした。今思えば、指導官にはずいぶんご迷惑をかけたことと思いますが、指導官は未熟な私を受け入れ、優しく指導をしてくださいました。

(2) 非行少年たちとの出会い

二年間の研修を終えて、家庭裁判所調査官補から家庭裁判所調査官に昇任すると、私は少年係に配属されました。もともと非行臨床を目指してきた私にとっては、うれしいことでした。少年係の家庭裁判所調査官の仕事は、非行を起こした少年や保護者、学校の先生などの関係者らとの面接を通じて、その少年がなぜ非行に至ったのかを解明し、再び非行を起こさないようにするにはどのような処遇が必要かを考えて、裁判官に意見を提出することです。保護観察や少年院送致などの処遇意見を提出することもありますが、調査官自身が指導、処遇を行い、その結果、特に処分をしないで終わりにする場合もあります。

私が最初に配属された家庭裁判所は地方都市にあり、少年事件の数も比較的少なく、凶悪な事件はほとんどありませんでした。多くの少年は、一度警察に捕まるとそれ以後非行をしなくなる一過性の非行少年で、事件としても万引きなどの窃盗事件が多かったと記憶しています。そのため、私の担当した少年には、保護観察になった少年はいましたが、少年院送致になった少年はほとんどいませんでした。なかには、何回捕まってもまた非行を繰り返してしまう再犯少年もいましたが、そのような少年は、家庭環境が不安定な場合が多かったように思います。

例えば、ある少年とは、私は何回か関わることになり、教護院（現在の児童自立支援施設）に送致したり、試験観察（一定期間、調査官が関わり、指導をしながら経過を観察したうえで、処遇を決定する制度）をしたりしましたが、結局再犯を繰り返し、少年院に送致することになりました。彼は、会っていると気持ちの優しい良い子でしたが、家庭に恵まれず、居場所を失って窃盗事件を繰り返していました。この少年を含め、最初に配属された家庭裁判所で出会った少年たちには素朴で素直な子が多く、私は彼らから、非行少年が決して世間一般で思われているような「悪い」少年ではなく、さまざまな事情から「悪いことをしている」少年であることを学びました。すなわち、している行為は悪くても、その子の存在そのものはＯＫであるということを、確信しました。しかし、この頃はまだ、彼らに関わる自分自身については、考える余裕がなかったように思います。

最初の家庭裁判所での四年間の勤務を終えると、私は大都市周辺の家庭裁判所の支部に転勤となり、そこでまた少年事件を担当するようになりました。そこは全国でも有名な「多忙庁」であり、着任早々非常に多くの事件を与えられ、ビックリしたのを覚えています。また、最初の家庭裁判所と違い、事件も悪質で、背後に暴力団が関係していることも多く、皆、簡単には更生できない少年たちであり、少年院に送致しなければならない少年も多かったと記憶しています。また、薬物依存、摂食障害、被虐待児など、心理的に複雑な少年も多く、処遇のみならず、面接を行うこと自体にも難しさを感じる場合もありました。そして、このような難しいケースを担当するにつれて、私は自分自身の力のなさを思い知ることになりました。

たとえば、あるシンナー乱用の中学生女子少年の事例では、試験観察により約六カ月間、週一回の面接を実施し、彼女の非行の背景に存在していた親子関係の改善を図り、良い結果で終わったかに見えました。しかし、その一年半後、彼女は覚せい剤中毒となって、再び家庭裁判所に送致され、さらに少年院に送致されることになりました。私はその際に彼女に会い、中学時代には気がつかなかった彼女の両親に対する深い葛藤に気づきました。そして、もしあのとき私がそのことに気づいていれば、彼女に違うアプローチをとることができたのではないかと思いました。私は、自分が非行臨床を続けていくためには、心理臨床についてのより深いトレーニングを受けなければいけないと実感しました。周りの先輩調査官たちが皆、勉強熱心で、忙しいのにもかかわらず、さまざまな機会を活かして勉強し、また、一つひとつのケースに熱心に関わっている姿も、私に大きな影響を与えました。

（3）心理臨床のトレーニング

私は、心理臨床のトレーニングを受けることにしました。最初に、私自身の人生を変えることになった交流分析のトレーニングを、六角浩三先生から受けました。私は、交流分析は、精神分析、人間性心理学、認知行動療法など、多くの心理療法のアイデアを、独自の理論枠組によって統合した、非常に優れた理論であると思います。その特徴は、個々の力を尊重し、自分の行動の責任は自分にあり、だからこそ自分は自分で変化することができるとする考え方にあります。そして、私の非行臨床において特に役に立ったのは、交流分析が少年たちの心理力動について理解するための助けとなるとともに、面接をしている自分自身の心理力動について理解する助けにもなることでした。私は交流分析を学ぶことで、自分自身に気づくことが多くなり、それによって少しずつではありますが、安定した面接を行うことができるようになったと思います。

交流分析のトレーニングは、六角先生が亡くなった後、深澤道子先生にご指導いただくことになり、「再決断療法」の創始者であるメアリー・グールディング（Goulding, M.）先生にご指導いただく機会もありました。現在も繁田千恵先生や高橋典子先生からトレーニングを受けています。

一方で、平木典子先生と小谷英文先生が主催していた「東京心理臨床システムズアプローチ研究所（TIPS）」で、心理療法のトレーニングを受けることにしました。それは、家庭裁判所調査官研修所で平木先生のご指導を受けた際、再度ご指導を受けたいと思ったからでした。しかし、私はその頃、精神分析への関心が強く、家族療法を中心に指導されていた平木先生ではなく、精神分析的精神療法（個人・集団）を中心に指導されていた小谷英文先生のもとで、トレーニングを開始しました。

「東京心理臨床システムズアプローチ研究所（TIPS）」は、のちに平木先生の「統合的心理療法研究所（IPI）」と小谷先生の「PAS心理教育研究所」に分かれましたが、私はその後も約一五年間、小谷先生から精神分析的精神療法（個人・集団）のトレーニングを受け続けてきました。そこで学んだことは、より深い精神力動とともに、少年たちの欲求、衝動といったエネルギーに焦点を当てていくことでした。今起きている非行を、問題としてとらえるのではなく、少年のエネルギーの表出としてとらえる視点は、少年たちを理解するうえではもちろんのこと、少年たちと一緒に考えていく「作業同盟」を形成するうえでも、非常に重要です。私は小谷先生のトレーニングを受けるにつれて、少しずつ少年たちと目標を共有し、一緒に作業をできるようになってきたように思います。

（4）受動性から能動性へ――自分との闘い

六年後、私は大都市周辺の家庭裁判所の支部に再び転勤しました。そして、そこでも三年間少年事件を担当しましたが、ここでの仕事は私にとって、非常に印象に残っています。もちろん、うまくいかない事例も少なくありませんでした。

ある中学生男子少年は、学校の内外で暴力行為を繰り返し、試験観察を行っても、ほとんど改善は見られませんでした。彼には親から虐待を受けてきた過去があり、被害妄想的に相手に攻撃される不安を感じ、自分が先手を打って攻撃してしまうのでした。私は彼に対して、無力な自分を感じました。彼はその後、少年院送致になりました。また、他の男子少年には、不良交友を断てないことを注意していたときに、「じゃあ、どうしたらいいんだよ」と言われ、何も言えなくなってしまったこともありました。今思えば、その少年が初めて本音を言った瞬間であり、それから面接が展開するところでしたが、そのときの私はただ困惑するだけでした。

試験観察をしていた他の男子少年には、面接中にすごまれて、恐怖を感じることがありました。その場は何とか対処しましたが、心の中に恐怖心が残ってしまい、その後その少年とは落ち着いて関わることができませんでした。私は自分の気の弱さを感じ、小学校時代に友だちを助けられなかった自分を思い出しました。そして、このままでは非行臨床はできないと感じました。そのため、その頃から空手に通うようになり、自分の気の弱さを克服しようとしてきました。今思えば、その頃の私は、非行少年との出会いのなかで、自分自身の気の弱さや無力感と闘っていたように思います。それが最善の方法だったかどうかはわかりませんが、空手を身につけることによって、面接時の恐怖感は、少しは克服できたように思います。

この頃私は、「精神力動的調査面接研究会（PCIA）」という家庭裁判所調査官の自主勉強会を立ち上げました。なぜなら、ただ受け身的に心理臨床のトレーニングを受けるだけでは、それを非行臨床という自分のフィールドで活用するには不十分であると感じたためでした。同じ仕事をする仲間と共に学ぶことで、自分のフィールドに適した心理臨床のあり方を模索していこうと考え、月一回、事例研究やロールプレイによる面接訓練などを行ってきました。このことは、自分が非行臨床に、受け身的ではなく能動的に関わるための第一歩となるとともに、自分の人生に能動的に関わる第一歩となったようにも思います。

その後私は、大都市周辺の家庭裁判所の本庁に転勤になり、三年間家事事件を担当した後、三年間少年事件を担当しました。その間、「精神力動的調査面接研究会（PCIA）」は約七年間続きました。私はその過程で、少しずつ安定した仕事をできるようになりました。

もちろん、事例によっては、なかなかうまくいかないこともありました。私が担当し、試験観察をした少年が、成人になってから事件を起こし、逮捕されたこともありました。しかし、一方で、少年が良い方向に変化し、少年や保護者と一緒に喜びを感じることができるケースも増えてきました。

その理由の一つとして、私が権威を上手に使えるようになったことがあると思います。私はもともと、父の権威的な態度に反発を持っていたため、非行少年たちとも横並びの位置に立って、面接を行うことが多かったように思います。しかし、非行少年やその母親のなかには、安定した父性に頼ることができないために不安定になっていると考えられる場合も多く見られます。そのような場合には、家庭裁判所調査官がリーダーシップをとって、健全な父性を示すことが、ケースの安定につながることもあります。私は自分で研究会を立ち上げ、リーダーシップをとることによって、ケースにおいてもリーダーシップをとることを学んだように思います。

（5）心理臨床家としての自信

それと同時に、自分を支えてきたのは、自分が長年心理臨床のトレーニングを受けてきたという自負と、それを裏づける資格でした。前述したように、私は大学の法学部を卒業した後、通信教育で社会学部社会福祉学科も卒業しましたが、心理臨床家としての自分を証明する資格はありませんでした。そのことは私の中で、大きなコンプレックスになっていました。しかし、私は交流分析と精神分析的個人精神療法・集団精神療法のトレーニングを受けたことで、国際交流分析協会の認定交流分析士や准教授会員（心理療法分野）、日本集団精神療法学会の認定グループ・セラピスト兼スーパーバイザーの資格を取得しました。また、四〇歳のときには放送大学大学院臨床心理プログラムに入学し、馬場謙一先生、馬場禮子先生、橘玲子先生、滝口俊子先生、大場登先生、佐藤仁美先生らにご指導を受け、四二歳で学術修士となり、四四歳のときには臨床心理士になりました。さらに、四六歳のときに東京成徳大学大学院心理学科臨床心理学専攻博士後期課程に入学し、国分康孝先生、市村操一先生、中村真理先生、田村節子先生らにご指導を受け、四九歳のときに心理学博士の学位を取得しました。もちろん、実力が伴わなければ、資格には何の意味もありません。しかし、気の弱さを克服したくて始めた空手が現在五段となり、それが自信にもつながっているように、このような資格が、実力をつけた証として、自分を支える力になっているのは確かなようです。

その後私は、三カ所の家庭裁判所で計七年間少年事件を担当した後、再び都市部の家庭裁判所に戻り、現在も少年事件を担当しています。もちろん今も、うまくいくことばかりではありません。五〇歳になってからは、より少年の感情に寄り添えるように、ゲシュタルト・セラピーのトレーニングを受け始めました。私の非行臨床との関わりは、まだまだ道半ばという印象です。これからも少年との関わりのなかで、さまざまなことを学びながら、自分を磨いていきたいと思っています。

4　おわりに——非行臨床と私

私が非行臨床に携わるようになって、二五年の月日が経ちました。その間に私は、交通違反や事故を起こした少年を除いて、おそらく三〇〇〇人以上の非行少年に会ってきたと思います。そして、彼ら一人ひとりとの出会いが、心理療法家としての私を築き上げてきたと言えるでしょう。仕事の性質上、少年・保護者のプライバシーを保護する義務があるため、事例をそのまま提示することはできませんでしたが、私自身が彼らと出会うなかで何を感じ、何に苦しみ、何に挑戦してきたかを、可能な限り述べてきました。

非行臨床に携わっていると、非行少年たちが抱えている問題の大きさに圧倒されてしまう時があります。父母の離婚や再婚、親からの身体的虐待やネグレクト、家族の精神疾患、学校でのいじめられた体験や孤立、知的能力の問題や発達障害、摂食障害など、自分にはどうすることもできず、無力感に襲われることも度々です。しかし、その無力感は、少年自身が長年、感じ続けてきたものかもしれません。非行臨床に携わる者の責任は、このような少年に向き合い、寄り添い、無力感を共有しながら、少年がもともと持っている力を呼び起こし、非行をするのではない、新しい生き方を一緒に探していくことだと思います。

そのためには、非行臨床の専門家は、自分自身を知っておく必要があるでしょう。非行少年たちと関わっていると、ともすれば約束を守らない彼らに腹を立てて、厳しく罰したくなったり、逆に少年に同情的になって、甘くなったりしてしまいます。彼らに現実の厳しさを伝えながらも、適応的に生きられない彼らの大変さや苦しさを理解し、彼らの怒りや悲しみ、無力感に寄り添い、彼らのエネルギーに焦点を当て、非行に代わる行動の目標を一緒に探していくためには、臨床家自身が少年や保護者、そして自分自身の葛藤に巻き込まれず、安定した状態で面接を行うことが何よりも必要とされます。そのために、非行臨床の専門家は、常に自分自身の内面を振り返り、自分自身の葛藤に気づき、それを受け入れていくためのトレーニングをすることが求められます。

私自身の人生を振り返ってみても、父や兄との葛藤が、自分自身を大きく突き動かしてきたことに気がつきます。そして、時にそれは、私に無力感や孤独感を感じさせ、私を絶望的な気持ちにさせてきました。幸運にも、交流分析との出会いが、私に自分の人生は自分で決められることを教えてくれて、私は「脚本」から自由になることができました。しかし、少年らと面接して困難に出会うたびに、私は気弱になり、無力感を感じ、逃げ出したくなってしまいます。そのような自分と、トレーニングを受けることで向き合うことができるようになり、また、先生方から学んだ教えを支えにしながら、少しずつ少年たちや保護者に寄り添えるようになってきたと思います。そして、少年たちや保護者と寄り添う面接ができ、彼らにエネルギーが感じられるようになったとき、私は非行臨床をしてきた喜びを感じます。そのような瞬間をより多く体験できるように、今後も自分への挑戦を続けていきたいと思っています。

なお、最後になりましたが、私を鍛え、育ててくれた少年たちや保護者の皆さん、恩師の先生方、同僚に深く感謝申し上げます。また、私を常に支え続けてくれている妻や二人の子どもたち、母、二人の兄、そして今は亡き父にも、深く感謝しています。ありがとう。

［文献］

Goulding, R. & Goulding, M. (1979) *Changing lives through redecision therapy*. Brunner/Mazel. New York.（深沢道子訳『自己実現への再決断――TA・ゲシュタルト療法入門』星和書店、一九八〇）

James, M. & Jongeward, D. (1971) *Born to win: Transactional analysis with gestalt experiments*. Addison-Wesley Publishing Company Inc. Massachusetts.（本明寛・織田正美・深沢道子訳『自己実現への道――交流分析（TA）の理論と応用』社会思想社、一九七六）

加藤諦三『自分を嫌うな』三笠書房、一九八四

小谷英文『ガイダンスとカウンセリング――指導から自己実現への共同作業へ』北樹出版、一九九三

小谷英文『現代心理療法入門』PAS心理教育研究所出版部、二〇一〇

室城隆之「心理臨床家としての家庭裁判所調査官――家庭裁判所調査官の専門性をめぐって」『家調協フォーラム』235号、全国家庭裁判所調査官研究協議会、三八～四五頁、一九九六

室城隆之「非行と家族と学校」小谷英文編『心の安全空間――家庭・地域・学校・社会』現代のエスプリ別冊、至文堂、一七〇～一七七頁、二〇〇五

六角浩三「自分のボスは自分だ」組織行動研究所、一九九九

Stewart, I. & Joines, V. (1987) *TA TODAY: A new international analysis*. Lifespace Publishing. Nottingham.（深沢道子監訳『TA TODAY――最新・交流分析入門』実務教育出版、一九九一

第2章

警察の少年補導職員から心理臨床家へ

「聞く」ということ

今井由樹子 *Imai Yukiko*

1 はじめに

私は臨床心理士になる前の二〇年余り警察で少年補導職員をしていました。問題とされることについて聞き取り、原因を追究し、解決につながるように注意指導、助言などをしてきました。「本当にお世話になりました。ありがとうございました」と感謝されるなどということもありましたが、私自身としては、すっきりしないような感じが残っていたり、時には打ちのめされるような失敗感、焦燥感に苛まれることもたびたびありました。教え諭すことが意味を持つためには本当にクライエントを理解している必要があるはずです。理解するためにはまず、クライエントの話をしっかり「聞く」ことができなければなりません。私は「聞く」ということがどのくらいできているのか。いったいクライエントはどんなことを話しているのか。何を話し、何を語るのか、あるいは騙《かた》るのか。ちゃんと「聞く」ことができれば、もっと、「来談者が人生の過程を発見的に歩む」(河合隼雄、一九九二)ことの役に立てるのではないだろうか。私はそれを求めて心理臨床の世界に足を踏み入れたのです。

2　警察の少年補導職員として

(1) 少年補導職員になるまで

一九八五年三月に大学の教育学部音楽科を卒業して小学校の講師として勤めた私は、学級を担任せずに、精神疾患のため休職した教員の代理として体育授業担当になりました。確かに大学では体育の授業の単位は取ったものの記憶にあるのはストレッチ体操ぐらいでした。その私が運動場で四〇人ほどの小学生に何を教えたらいいのか。教員免許状を持つ私が「できません」とも言えずに途方にくれたことを思い出します。私には運動場がとてつもなく広い空間に感じられました。小さな四〇人が、体育の授業なのにじっと体を動かさず私の話を聞いてくれるだろうか、次の体育の時間にまた運動場に来てくれるのか、見捨てられず飽きられずに五〇分を過ごしてもらえるだろうか、それればかりを考えて必死でやっていたものでした。毎日へとへとに疲れて、昼休みには狭い更衣室のロッカーの前に一人でうずくまり休んでいたことを思い出します。プールが始まる頃には、休職していた体育教員がすっかり元気を取り戻して復職し、私はお役御免となりました。そして九月からは特別支援学級（当時は養護学級）の担任です。

その学級には軽度知的障害、ダウン症、てんかん、自閉症などの児童が在籍していました。二学級の合同授業でベテラン教員に指導を受けながらの毎日でした。身体的にも弱い面がある児童も多くいました。ある児童のトイレに付き添ったところ、お尻から脱腸したことに慌てふためき、青い顔をして養護教諭のところに駆け込んだこともありました。高校数学の微分積分は計算できるのに、五円玉一枚と一円玉五枚を合わせて一〇円になることが理解できない児童もいました。どのようにしたら日常生活での困難を軽くしていけるのか、楽しく充実した毎日を送れるのだろうか。大きな個人差のなかでそれぞれの成長をイメージし、実感し明日につなげていける教育ができることが目標でした。手をつなぐ、おんぶする、スプーンを持つ手に介添えするなどスキンシップも多くあり、言葉で伝えたり教えたりと言うよりは、体当たりで小さな人たちと接していました。小学校での勤務は、今まであまり意識しなかった、ぬくもりのある生身の体ということを強く意識した一年でした。そのような毎日を過ごすなかで、私は中身の薄い自分というものに否応なく気づいていきました。

私は、屋根瓦拭き職人の父親と、自宅で注文洋裁の仕事をする母親の長女として生まれました。弟と母方祖母との五人家族でした。父親の生家は鬼瓦製造業を営んでいましたが、父は父親（＝私の祖父）を早くに亡くし中学を卒業後すぐに働き始めたそうです。私の記憶にある父親は、日の出とともに仕事に出かけ暗くなると帰ってきて、入浴後には肴料理に晩酌を楽しむ毎日でした。母親も一緒に酒を嗜み、夕食はにぎやかで、考えてみると私の酒好きはここから来ているのかもしれません。しかし、普段の父親は、どちらかと言うと寡黙な人で、子どもたちにはほとんど干渉することなく、進路についても自分の好きなようにすればいいという考えでしたが、時々行われる母との派手な夫婦喧嘩は玉に瑕《きず》といったところでした。休日には家族をいろいろな所に遊びに連れて行ってくれましたし、本人自身も社交ダンスやボーリング、アイススケートなどいろいろな楽しみを持ち、読書も大好きで、司馬遼太郎の作品を片端から読破するなど、子ども心にも充実した人生を送っているように思えました。母親は一〇歳のときに自宅で戦闘機による砲撃の被害に遭い、父親と三人の兄姉妹を失くし、生き残った母親と二歳の妹との三人で長兄夫婦の家で世話になりながら、中学卒業後は洋裁学校で手に職をつけたと聞いています。そんな体験をしたにもかかわらず母親は非常にたくましく陽気で、自宅で仕事をする母のもとには毎日のようにいろいろな友達が遊びに来ていました。私自身は、高度経済成長期に生まれてバブル期は大学生時代という元気な日本の中で育ちました。母親からは勉強についてとやかく言われることはなかったのですが、家族が一緒に生きていくことと、女性が活躍できる教員という職業が素晴らしいということは、毎日のように繰り返し聞かされました。母親は自分の考えや感情を家族には包み隠さずに表現し、不満や怒りの感情も正直にぶつけてくる人でしたので、私は母親への反抗は家族の中での面倒が増えることだと考えていました。母親にとっては素直な良い子として、地元の進学高校に進みましたが、結婚しても社会で働く人になるという漠然とした考えだけで具体的な夢や目標のないまま高校生活をぼんやりと過ごし、小さい頃から続けていたピアノでの音大受験もあっさりと諦めて、母親の考えに沿うように地元大学の教育学部を卒業しました。

大学卒業後の約一年の小学校講師の経験により、これからは自分の責任で他者や社会と関わっていくのだということを初めて自覚して、「自分の求めているものは何か」「自分に何ができるのか」ということを考え始めたのでした。そして中身の薄い私が小学生や中学生を教え育てるなどとは、なんと烏滸《おこ》がましいことだろうかと思い始めた頃に、少年補導職員の募集があることを知ります。「補導」という言葉に、大学生のときの中学校での教育実習が脳裏に蘇りました。少年非行が戦後第三のピークと言われ、校内暴力やシンナー乱用などが激しい時代でした。三無主義（無気力・無関心・無責任）と言われた私の中学生時代には見られなかった、金髪、ピアス、煙印（火のついた煙草を体に押しつけた火傷の跡）といった外見と怠学や教員への反発などと、健康な身体でありながら生きづらさや、ささくれだった心を抱える中学生の姿がありました。そのときの私は、核を見失い探し求めてあがいている彼らに、自分の姿を重ね合わせていたのだと思います。彼らと一緒に成長していくことができたらいいなという漠然とした思いで受験し、大学卒業から一年後、警察の少年補導職員となりました。

（2）少年補導職員の職務

警察組織は、それぞれの専門分野で部署が分かれています。私が新任として配属になったのは県内では大規模警察署の生活安全課でした。一般防犯係、風俗経済係、銃器薬物係（現在は刑事課に属しています）、少年係があり、私は少年係員として勤務を始めました。（警察で言う少年とは、少女を含む未成年者を言います。）

少年警察活動は、事件捜査だけでなく、少年の非行防止と健全育成・規範意識の向上と非行からの立ち直りを目的とした幅広い活動を行っています。少年補導職員というのは、「警察本部長が、少年相談や被害少年に対する継続的な支援などの専門的な知識及び技能を必要とする少年警察活動を行わせることを命じた警察職員」（少年警察活動規則第二条）ですが、警察官のような司法権を持ちません。各都道府県によって採用条件や身分に格差がありますが、幸いなことに私の所属していた県では、地方公務員としての身分保障がされています。

具体的には、街頭に出ての少年補導活動、触法事案（一四歳未満の少年が刑罰法令に触れる行為をした事案）の調査や、不適切な養育をされている少年や家出少年の発見・保護活動などのほか、学校や地域に出向いて非行防止教室を開催したり、情報を発信するなどの広報啓発活動も行っています。普段は少年係の警察官と一緒に仕事をしますが、捜査や逮捕の権限はないため、少年補導職員は一般市民の同意に基づいた調査や協力による活動が基本になります。ただし司法権がないとは言っても、あくまで警察職員としての活動ですので、個人の権利と自由を保護し、公共の安全と秩序を維持するための警察活動を規定した法律が活動の拠り所となり、警察署長の指揮のもとで実務を行っています。

一九九九年には、専門的な知識と技能で継続的な少年警察活動について中心的な役割を果たす部署として「少年サポートセンター」が設置されました。少年補導職員は少年サポートセンター員として少年や保護者から相談を受理して必要な助言や、他機関との連携により問題を抱えた少年や家庭を支援しています。

(3) 初めての担当――愛子が残した苦い後味

(以下、名前についてはすべて仮名です。また、クライエントの言葉を「　」、私の言葉を〈　〉で表します。)

補導職員になって少年警察の流れが一通りわかるようになった二年目に、私は中学二年生の少女が百貨店で髪飾りを万引きした触法事案について調査を担当しました。触法事案の調査では、非行事実を特定し、少年の性格・行状と環境を調査して非行の原因、背景を究明し、その再非行防止と健全育成のために最も適した処遇意見をまとめます。

少女の名前は愛子、一三歳。色白で物静かで知的な印象のあるとても可愛らしい少女でした。家族は会社員の父親と専業主婦の母親と本人の三人暮らしです。その日、愛子が中学校を下校してから百貨店の警備員に声をかけられて夕方警察署に連れてこられるまでの事情を聞いた後、父親の迎えを待つ間に家の様子について聞きました。

父親は会社で重要な仕事を任されて、残業のため毎日帰宅が夜一〇時、一一時になるそうです。母親は、愛子が物心のついた頃から統合失調症を患い入退院を繰り返し、現在は自宅療養中で寝込んでいることが多いとのこと。愛子は、その病状や症状については「よくわからない」と口ごもりました。親戚は愛子の家族とは距離を置き、付き合いはほとんどないとのことでした。

それを聞いた私は、警察署で時折見かける、自分が何者なのか、何処に行きたいのかもわからずに路上を歩き回り、大声で意味不明な言葉を叫び暴れて保護されてきたり、毎日のように「電波で盗聴されている、見張られている」と訴えてくる統合失調症の方々を想像しました。そして、愛子について、幼少の頃から家庭の中で了解しがたく寂しくやり切れない思いを抱え、それが思春期を迎えて我慢ならずに万引きという行動化に至ったと解釈をしました。愛子には、この万引き以前には非行歴や補導歴などの前歴はありませんし、愛子からも悔悛の様子が見られました。また父親も監督・保護の意欲を述べていましたので、愛子が再び触法行為に至るおそれは低いと判断しました。

夜九時過ぎにやっと迎えに来た父親には、〈愛子の寂しい気持ちを理解して監護について考え直すように〉と話し、愛子に〈二度とこんなことをしては駄目だ。母親のことがあるからこそ愛子がしっかりしなければいけない〉と厳重に説諭をして帰宅してもらいました。

ところがそれから間もなくして、愛子が他校の中学生や年長の素行の悪い男子少年らといつも行動を共にして、帰宅時間が深夜になっている様子が聞こえてきました。私が父親に〈愛子について話し合いたいので警察署にご足労いただけないでしょうか〉と連絡を取ったところ、父親からは「悪い友達と縁を切るために来週市外に転校させますのでもういいです」と断られました。市外に転校となれば管轄外ですので私は何もすることができなくなります。父親なりに心配していることはわかりましたが、父親の性急で強引なやり方に驚きました。愛子は転校先の中学校で、校則違反の服装や髪形について厳しく指導を受け不登校が続いている、と聞こえてきたところまでで、その後の消息は途絶えてしまいました。

これは触法事案の調査面接で心理療法ではありませんが、私なりに愛子のことを親身になって考えて、愛子がもっと生きやすくなってほしい、という一心で愛子と父親と面接し関わりを試みました。触法事案の調査面接としての正当性が欠けていたとは考えていませんが、私のしたことは愛子にとっては何の力にもならなかったのか、あるいは、さらに愛子の行動化に拍車をかけてしまったのか。今になってみれば、正義を振りかざした考えを一方的に押しつけて自己満足に浸っていた、ということがわかります。親からの安心で安定した守りの得られない愛子の寂しさや空虚感にもっと耳を傾けられていれば、厳重説諭だけで帰宅してもらうのではなく、継続的な面接相談の誘いを持ちかけることができたはずです。その結果は、この親子がさらに難しい歩みに向かっていることを感じさせるものでした。自分の力不足を感じ、「もっと人間を知りたい」

「もっと人の役に立ちたい」と考えさせられることになった出来事でした。

(4) 家出する少女——幸子の命の重さ

勤続年数も八年目となり、所属警察署が四カ所目になったある六月の朝、「登校途中の女子高校生が年配の男の車に無理やり乗せられて連れ去られた」と通行人から通報がありました。警察官がすぐに出動してその車を発見して職務質問をしたところ、父親と娘の幸子で誘拐事件などではないことがわかり、父娘はすぐに解放されました。

報告を聞いた私は、親子のただならぬ様子が気にかかり、もう少し詳しい事情を聞くために家に電話をして、警察署に来てくれるように頼みました。間もなく母親が来て、一週間無断外泊をしていた娘を見つけた父親が、家に連れ帰ろうとしていたのだと話をしてくれました。父親は公務員で、母親は出産を機に幼稚園の先生を退職して、現在は専業主婦をしていました。幸子は長女で、進学率を誇る高校の一年生。中学二年生の妹と小学校六年生と四年生の二人の弟がいました。母親の話によると、父親はとても厳格な教育者ですが、幸子は高校に入学してから夜遊びや無断外泊までするようになってしまったというのです。しかも父親にどんなに叱られても、一緒に遊んでいる友達が誰なのかは決して明かさずに、行動が収まることもないのですが、学校は休まずに登校しているのです。私は母親に警察で行っている少年相談業務の説明をして、〈幸子と一緒に継続して相談に来てみませんか〉と誘いました。しかし母親は、「幸子は反抗期です。今日のことをきっかけに、もう一度両親共に信じている教育理念の初心に戻ってじっくりと幸子に関わっていくので大丈夫です」と言いましたので、そのまま帰ってもらい様子を見ることにしました。

しかし、夏休みに入るとすぐに幸子は家出をして、今度は二週間以上居所もまったくわからずでしたので、警察署に家出人捜索願が出されました。調査で、幸子の寝泊まりしている場所が、溜まり場になっている男子少年の家だとわかりました。午前九時頃、男子警察官と補導職員数名でその家に行き、数人の少年たちと雑魚寝をしていた幸子を起こすと、初めの頃は悪態をついていましたが、すぐに何も話さなくなってしまいました。

幸子はひどく憔悴している様子で、荒れた生活をしていたことが一目でわかりましたので、一旦はとにかく早く帰したほうがいいだろうと判断をして家に送り届けました。玄関のドアを開けると、土間も下駄箱まわりも部屋に続く廊下も整然と片付き、埃一つない綺麗さでした。六人家族で、しかも小学校高学年の男子が二人もいるとはとても思えないほどの生活感のなさに、違和感を覚えたことを思い出します。

幸子は玄関に入るなり出迎えてくれた母親から顔を背けて、堅く口を閉ざしたまま家の奥に入っていきました。私は改めて親子で相談に来るように誘いましたが、それから何日たっても幸子の母親からは連絡がありませんでした。家出の捜索願もその後はありませんでしたので、なんとか親子でやっているのだろうと思っていました。ところが秋も深まったある日、幸子が自死したという知らせを聞いたのです。家族だけの密葬が終わった数日後、母親が警察署を訪ねてきて私に、「今の住まいを売り、来月には遠く離れた南の島に引っ越して家族で一から出直します。今度こそ理想とする教育理念を実現していきたいです」と静かに話してくれました。あんなふうに体を張って親に刃を向けていたその少女が、その矛先を自らに向けてこの世から姿を消してしまったのです。

時が経つにつれて、私の内の「幸子の死」の意味は次第に大きくなっていきました。人の一大事に関わる仕事に携わっているということが、ひしひしと身に染みてくるのです。私は何回も母娘と接していながら、家族の語りを何も「聞く」ことができなかったのです。母親との初回面接で、共に歩みを進めていく者としての信頼を得ることができなかったのです。いいえ、それ以外にも何回かチャンスはあったはずです。その関わり方を変えなければ、違った結果を生むことはできない、今のままでは責任を果たせない、これから何をしたらいいのだろうと差し迫った気持ちになっていきます。しかしその答えは、薄曇りの空の雲をつかむようなものでした。〝性根を据えて心理療法を学ぼう〟という一つの思いが固まるまでに二年がかかりました。

(5) 薬物乱用と異性に依存する少女——涼子との関わりの限界

心理療法を学ぼうと動き始めたものの、周囲に本格的に勉強した人は見つけられず、目についた書籍を読んだり興味のある心理学の研修会参加のため休日を利用して県外まで足を伸ばすようになっていた頃です。警察でも被害者支援対策に重きが置かれるようになり、私も警察庁管轄の警察学校で、全国から集まった補導職員と共に約一カ月間のカウンセリング講座を受講する機会を得ることができました。そこでは各分野で活躍する心理療法家に身近に触れることができ、とても刺激を受けて帰ってきました。それから間もなく、中学三年生の少女、涼子に出会いました。

涼子は、九月半ばに一週間ほどの家出の後、母子で継続的な少年相談のために二〜三週間に一回、約半年間警察署に通ってきました。学校の授業には出たり出なかったりで、喫煙や校則違反の服装などで指導を受けたり、溜まり場に出入りしては時々そこに泊まってくるなどの生活が続いていました。家族は、建設関連業を自営する父親、パート勤務の母親、短大一年生の姉、高校二年生の兄と父方の祖母の六人でした。

涼子は、「二年生のときに部活の先輩からいじめを受けていた」「学校の先生に訴えたけど先生は何もしてくれないので信頼できない」「付き合っている友達は不良だけどみんな優しい良い子なんだ」「頑張ってテスト勉強したよ」と学校であった嫌なこと、友達のこと、それでも自分は頑張っているということを語ってくれました。私は〈ああ、そうなんだぁ。辛かったね。頑張ってるね〉とばかり言っていたような気がします。母親は「あの子は二歳のとき大きな心臓の手術をして生死をさまよってやっと助かった。それなのに今のあの子は何を考えているのか私にはさっぱりわからない」と言います。ここでも私は〈そういうことがあったんですね。そうですかぁ〉というようなことばかり言っていた気がします。母親の代わりに父親が来てくれることもあり「僕はサイクリングが趣味で、時々涼子も一緒に連れていくようにしているんです。涼子は僕には割合よくて、でも女房とはなかなかうまくいかないみたいで……。僕の母親が女房に口うるさいのが影響しているのかもしれないですが。僕も女房には年寄りだから聞き流せばいいと言っているんですが、なかなか……。女房もわがままなところもあって」と言います。私は〈お父さんが涼子さんとのそういう時間を大切にしてくれていることがうれしいですね〉。こんなにも親子ともに一生懸命なんとかやっていこうと考えているのに、どうして涼子は家や学校に落ち着いていられないんだろう、とケースの見立てもできないまま、とにかく会っては話を聞かせてもらっていました。この頃の私は、相談業務での厳重説諭にあまり意味のないことがわかってきたものの、それではいったい何を言ったらいいのかがわからずにただ相槌を打つぐらいしかできませんでした。そして涼子が高校受験に合格して新しい生活への期待に親子ともども胸を膨らませていたところで面接が終了となりました。

　ところがそれから約半年後、母親から「涼子は一週間で学校に行かなくなってしまって退学をして三つ上の男子と同棲をしている。二人ともシンナーに溺れてしまってどうにもならない。どうしたらいいでしょうか」との相談がありました。思春期を診てくれる精神科病院に紹介をすると、両親が素早く動き受診即入院となりました。涼子の家からは車で二〜三時間かかる遠方にありましたが、母親は根気強く看病や面会に通っていました。私は担当医から「虐待のPTSD（ポスト・トラウマティック・ストレス障害）の治療もあるので少し長くかかるかもしれない」と聞き、「どういうことだろう」と疑問を覚えたのですが、私自身の転勤のために涼子の担当は継続できなくなり、病院に任せて他の勤務地に異動をしました。

　半年間、警察署に通ってきて面接を繰り返したということは、それは涼子とその家族にとって何か意味があるものだったと思います。ただ、ついに涼子の口からは家族との間にある葛藤などは語られず、学校や友達との間の出来事という表層の部分だけで話がされていたのでした。私は涼子が心にしまい込んでいた辛さを聞くまでの器としてはまだまだ不十分だったのです。母親や父親が話す不安や迷いにもっと敏感に反応できていたら、もっと前に進むことができていたはずです。それでも会っている間はなんとか大きな非行のようなアクティングアウトは起こさず、高校進学という新しい道へ向かって行くことができたのは、心理療法を学び始めた初心者としての純真さで、ただただ話に耳を傾けて頷いて「聞く」ことで、「自由にして保護された空間」を多少はつくることができ、この家族が「人間の心の奥にある自律的な力」（河合、一九九二）を発揮することができ始めていたのかもしれません。ただ、涼子との面接からは私の限界を思い知らされたことも間違いありません。中学卒業後、荒れた生活をしていた涼子を医療機関に引き継いだのは、自分が引き受けるには力不足だということを私自身がどこかで直感していたのだと思います。

（6）警察での心理療法——終結を迎えた桃子との面接

学びを自分なりに進めていくと、今度は自分が少しは学べているのか、それとも山の麓をうろうろしているだけなのか、などの不安が湧いてきました。目についたところを啄むように学ぶのではなく、体系的に学ぶにはどうしたらいいのか。そんな疑問には、心の専門家と言われる臨床心理士を目指すことが指標となるような気がして、資格を取得したいと思いました。卒業大学は教育学部でしたので資格認定協会が指定する大学院を終了しなければ受験資格がありません。その頃の私は警察で出会う人との関わりを前提としていたので、仕事を続けながら大学院に通える道を探していました。それはちょうど放送大学大学院が指定大学院として出発し始めた頃でした。そこで、まずは放送大学大学院に入学することが当面の目標になり、地域の学習センターの科目履修生として必須単位を修得するところから勉強を始めました。

当時は、さかきばら事件や少年によるバスハイジャック事件、池田小学校の事件など、全国的にも少年事件の凶悪化・低年齢化と被害者支援が問題となっていた頃で、私の勤務する県警管内でも、集団リンチによる少年の死亡事件や少年の覚せい剤使用の増加、虐待による児童死亡事件などがあり、警察では一九九九年から少年サポートセンターが発足していました。少年サポートセンターでは、今まで以上に少年相談と被害少年支援が重要視されるようになりました。そんな社会の時代背景も、私を臨床心理士に向かわせる追い風となりました。仕事が終わり家事も一段落した夜一〇時から日付が変わるまで、何度も睡魔に襲われてうとうとしながら録画した放送授業を観ました。寝坊助の私がこのときばかりは朝、四時に起床して一～二時間ほど勉強してから出勤をしました。同時に大学院の受験をしますが、桃子と出会ったのは、一度目は不合格、二度目の受験に向かって勉強をしている頃でした。

桃子は中学三年生の夏に家出をして、家族や警察がどんなに捜してもまったく消息がわからなかったのですが、三カ月後、自分から交番に保護を願い出て自宅に帰ってきました。家出の動機やどのように生活していたのか、今の考えなどを聞かせてもらうために帰宅から二日後に少年サポートセンターに来てもらうと、桃子は酷く咳をしていて三八度の熱があると言うのです。桃子を連れてきてくれた両親には申し訳なく思いましたが、同時にその強引さにも驚きました。その日はまずは病気が治ることを優先してもらうように言ってそのまま帰ってもらい、一週間後に再び来てもらいました。桃子は家出中の詳細を素直に話し、そして「やっぱり家が一番いい」と言います。何らかの事件に関与することも被害に遭っているということもありませんでした。その正直な語りを聞いて、私は〈家でゆっくり休めるといいね〉と言い帰ってもらいました。ところがそれから約半年後に、両親が突然桃子を少年サポートセンターに連れてきたのです。

【面接経過】

初回　〈今日はどうしてここに？〉と聞くと「お父さんに事情を話すように言われたから」。口を開き始めると止まらずに話し続けます。同級生の女友達の父親の藤男と交際を始め、四カ月ほど前からその父娘と一緒に暮らしている、友達は高校生となり、桃子はわずかな生活費を預かって家事全般を切り盛りしているというのです。私が〈本当に今の生活でいいのか、一緒に考えてみない？〉と誘うと桃子は「そうしたい。ここで話をして考えながら成長していきたい」と言います。両親は、どんなに説得しても父娘の家に戻ってしまう桃子に怒りと焦燥感でいっぱいでした。それから桃子は約七カ月間合計二〇回、一人で自転車をこいで少年サポートセンターに面接をしに通ってきました。

第二回　「藤男の友達が窃盗容疑で捕まって裁判所の公判を聴いてきた。家に家賃や水道やガス代の取り立てが何回も来るのに、藤男はその男のために借金までして面倒をみて意味がわからない」「私も風邪をひいているけど、お弁当を作ったり、掃除や洗濯や買い物でゆっくり休めない。藤男を本当に好きなのか、親から逃げたくて藤男といるのかわからなくなっちゃった。でも今はまだ実家に帰れない。親は自分の考えを押しつけるだけだもん」。

第三回　風景構成法[1]の描画をしてもらうと、桃子は、黒く塗られた道、出口のないトンネル、エンジンがかかっているけれど走り出していない車、幅が狭くて渡れない橋を描きます。

第四回　一本の実のなる木を描いてもらいます。桃子は右上方に台風の渦巻きを描き加えて「直撃しそう。台風が来たら、葉っぱは全部飛ばされちゃうね」。私が〈この木に必要なものは何？〉と聞くと、「幹を太くして、葉っぱも増やして、生き生きした木にしたいかも。なんか弱々しい、この木。台風忘れないでね、まだちょっと遠いから大丈夫。でも上に来ると吹っ飛んじゃう運命」。そこで私が〈飛ばないようにするにはどうすればいいの？〉と聞くと、「幹をこのくらいにして（最初に描いた幹の外側に一周太い幹や一周大きい樹冠を何回もなぞりながら濃く描き加える）、根も強くしっかり地面まで張って、葉っぱが元気になればいい」。その回の後すぐに両親や姉兄と大喧嘩になり、家族とは一切連絡が途絶えます。

第五回　「藤男が、私がここに来るのをすごく嫌がる」「胃腸炎になったり喘息が出てすごく調子が悪い」。

第七回　「友達が藤男のお母さんに、『ご飯を作ってくれない』と言いつけたから私は叱られた」と泣き続けます。私が〈実家に帰ろうか〉と言うと「意地でも帰らない」。

第八回　「藤男はパチンコで遊んでいるのに、私はお金を貰えなくて朝も昼も食べられないことがある。なのに食わせてやっていると言う」。この三日後に桃子は自転車で車と接触する事故に遭い一週間入院します。

第一三回　桃子から「私の代わりに、お父さんとお母さんに私のことをどう思っているか聞いてもらいたい」と頼まれ、その翌日、私は両親と面接をしました。「帰る気持ちがあるならいつでも迎えたい。桃子の言葉を信用できない。本当の気持ちを知りたい」と言うので、〈帰りたい気持ちはあるけど、まだ決心はついていないように思います。ご両親からの働きかけが重要ですね。帰ったら桃子さんの居心地が良くなるように努力してください〉と話すと、母親が「娘に電話したり、声かけを増やします。あんたは怒鳴らないようにしなきゃね」と言い、父親は「お前は自分ばかり喋りまくらず娘の話を聞くようにするんだぞ」「親としても不適切な部分は改善するように努力します」と話して帰っていきました。

第一五回　桃子は父親と一緒に来所しました。父親は「昨日、赤ちゃんのときに亡くなった桃子の姉の墓参りに一緒に行きました」と報告してくれました。

第一六回　「先週、実家に帰ったよ。親が新しいカーテンなどを買って、戻る準備をしてくれた」。

第一八回　「親が、前のように家出などしないで嫁に行くまでは家にいてくれと言っている」。

第一九回　アルバイトに励んでいる様子。

第二〇回　両親と一緒に温泉旅行に行き、兄弟との関係も良好となり面接は終了となりました。

桃子は中学生でありながら、何カ月もの長い間家出をしても非行に走らずに生活していける底力を持っている少女でした。家出前はごく普通の中学生で、両親も社会生活を健全に営み、子育てにも熱心で桃子への愛情も十分に感じられました。しかし、父親に近い年齢で、犯罪者と親密な交際もある男性のもとに家出し、ここで妻や母親役を演じて生活していました。桃子はなんと、この家出先から警察署に通って来るというのです。

このような状況の桃子が、初回できっぱりと「ここで話をして考えたい」と言ったことに、私は一緒にやっていけるという可能性を感じました。このような家出をしなければいけない桃子には何が起こっているのか、何を捜しているのか、どこに向かって生きていきたいのか、桃子の意識や言葉で語られないところまで耳を傾ける気持ちで、桃子自身の気持ちが固まっていくのを待つように努力をしました。

主訴が「今の生活について考えながら成長していきたい」というもので、面接が終わる頃には桃子は家族との関係を再構築して家に帰っていきましたので、思春期の課題である「自我の確立と自立性」という心の仕事は、ある程度まではできたのではないかと考えています。私にとっても、心理療法的な面接ができた初めての事例と言えます。

母親は大柄で大声でよく喋り細かいところまで指図するという人で、父親は小柄で物静かで優しい人でした。河合隼雄（一九九二）が「わが国の文化が母性の強いものであるので、家族のことを問題としてゆくとき、その傾向を補償するものとして、治療者に強い父性が要求されることがあるのも、知っておいていいだろう。治療者の父性的態度が、崩れかける家族の支えとなるときもある」と述べています。面接者の私が母親モデルの一つとしての役割を果たすのと同時に、面接の場が強い父性性を持つ警察署だったことは大きく役立ったのだと思います。

3　臨床心理士への道

(1)警察を退職するという選択

早く良い仕事ができるようにと、がむしゃらに前を向いて走っていた私も、勤続一五年を過ぎて中堅となり、地区少年サポートセンター長としてある程度責任のある仕事を任せられるようになった頃です。少年警察での仕事に意義は感じていたものの、心理療法を学べば学ぶほど、警察活動の範囲を超えてさらに幅広く一般社会で役に立ちたい、と考えるようになりました。一方家庭では、会社員の夫が海外に単身赴任となり、二人の子どもは小学校低学年で母親としての役割も多く必要とされていて、職場と家庭のバランスをどのように取ったらよいのかもわからなくなっていました。

そんな頃、腰椎椎間板ヘルニアが再発して痛みで立っていられなくなりました。高校生のときに発症してから、大学生、妊娠時期など、人生の岐路に立ち、進むべき道を選択しなければいけない時期が近づくと腰が痛んでくるのです。それまでは通院や体操でなんとかしのいできたのですが、このときには鎮痛剤もいよいよ効かなくなり、手術を受けることになりました。自己像が揺らぎ立って歩くことができなくなるという心的イメージが重なります。

三カ月間の休暇をもらい、心身ともに整理する機会になりました。退院後、コルセットを腰に巻いたまま聴いた河合隼雄先生の講演での「創造の病」についての話が印象的で、私はまさに今その状態にあるのだと密かに思いました。復職して一年後に二度目の受験で大学院に合格し、並行して個人スーパーヴィジョンも受け始めました。二二年間守り育ててくれた職場から離れて新しい世界に出るということに怖さはありましたが、年齢的な順応性も考えて、大学院を卒業して二年後に思い切って警察を辞職しました。

（2）クライエントと共に——峰子さん

辞職後は、専門家として必要でありながら警察では学ぶ機会が少なかった弱点を補うことを考えました。すぐに私が志向する心理療法家・分析家に教育分析を受け始めました。そして二年間は、医科大学精神・神経科臨床心理研修生として精神医療と心理検査の知識・技術を精神科医や先輩の臨床心理士から教えてもらい、患者さんと向き合って学ぶと同時に、地域の精神科・心療内科クリニック勤務をしました。それまでは大学生と面接することもありませんでしたから、大学の学生相談室のカウンセラーも経験し、臨床心理士試験に合格しました。

資格を取得してからは、なるべく多くの心理療法の場を得たいと考えて大学の臨床心理教育実践センター相談員と、小・中・高等学校のスクールカウンセラーをしています。実践センターでは、有料で、年齢を問わず、多彩な内容で地域住民の方と心理面接を行うことができます。スクールカウンセラーでは、警察時代の非行や被害という側面ではなく、もっと幅広く発達、学業、生活面など児童・思春期やその親への心理的援助や、教師へのコンサルテーションや他機関との連携、地域住民との心理的関わりを持つことができるようになりました。

次は警察退職後の事例です。娘さんが何年間もうつの症状に苦しんでいる、五〇歳代の母親との第二〇回目の面接の語りです。

「娘は、他の人はみんな頑張っていないって思っているの。フリーターをしている人もできちゃった婚した人もみんな適当にやっている、自分はこんなに頑張っているのに、どうして苦しいんだって思っているの。本当は、それぞれ皆が頑張っているのに娘にはそれがわからない……。私も小さい頃、人を褒めることを知らない子だったのよ。同級生にお勉強も運動もできてかわいい子がいてね、私がその子のことを母に言ったら『あら？　あなたって人を褒められるようになったのね』って言われたの。それで初めて、まあ私って人を褒めたことがないんだってわかった。それからね、褒められるのもすごくだめね。小六のとき、先生に人前で褒められたらドキドキしちゃった。ドキドキして涙が出てきちゃった。中学生のとき、部活でつるし上げられて、先生から教壇の所で『あなたの考えを言いなさい』って言われたときも、べつに叱られているのではなくて自分の考えを聞かれているだけなのに、感極まってしまって……。いまだに同じだと思う」

「娘は、うつや関節症やその他のいろいろな合併症でそれはすごく大変なのはわかるのよ。でも『腰が痛い、背中が痛い』と言うから、私が〝さすってあげようか〟と言うと、『そこの痛みでなくて体の内側から来る痛みなの！』って。日々『痛い、痛い、痛い!!』。〝もうっ！　痛いって言うなら寝ててよっ!!〟って言いたいくらい。それで〝寝ていれば〟って言うと『痛くても私は頑張ってやる人なの。頑張ってやらないといけないでしょ！』と言う。いつも頑張ってるアピールをしている。それでこの頃思い出したことがあって。思い返してみると、私もそうだったの。小六のとき、かっこいいと思っていた書記係をやりたかったの。でも、先生が他の係をやれと言うの。それがすごく地味な係で〝その係だったら、私はやりたくありません！〟と言ったの。そしたら先生が『それじゃあお前は何もやらんでいい!!』と怒って。私は何もやらないことにプライドをくじかれたのね。それで後から〝先生が言った係をやります。すみません〟って謝りに行ったの。でも先生は『やらんでいい!!　それじゃあお前体育館のマット敷きをやれ』って。マット敷きなんて目立たないよね。マットが敷かれちゃったら誰が敷いたかなんか関係ないし。それでたぶん私、皆に言いまわったんだろうね。〝私がマット敷いたんだよ〟って。そしたら誰かに『うるさい!!』って言われたの。それを思い出したのね」

「それから高校一年生のときの部活での球拾い事件。これは今でもずーっとどうしたらいいか考えていて。娘にも〝これと同じじゃない？　お母さんにも答え見つかんないけど〟と言ったの。私も誰よりも一生懸命やる自負がある。部活も誰よりも一生懸命。準備体操もランニングもやって、そのあと先輩の球拾いをやるの。そのときに〝ファイトー!!〟って声出しをすることになっている。でもその前のランニングでもう立っているのもヘロヘロで、それなのに声を出さなきゃいけない。他の人は誰も声を出さないの。それでも私は頑張って〝ファイトー!!〟って言ったわけ。そしたら先輩から『そんなヘロヘロした声出すなー!!』って怒られた。私だって疲れていたのに頑張ったんですよ。先生、どうして怒られたのかわかります？　今思うと、私は皆より頑張っていることを認められたかったんだと思うのね。ああ、今の娘はあのときの私と同じかなぁって。息子はバリバリの体育会系で、この話をしたら、『元気な声で言うか、何も言わないかだ』って。相手からしたら、心から本当に応援する気持ちがないなら、迷惑ってことなのよね」

「娘は自分の身体のことをこれこれ（脳と内臓と食生活との関係を生理学的に詳しく話してくれる）だからこんなに痛いって説明するの。それは私にもわかるの。でも娘に何て言ってあげたらいいのか、私も自分に当てはめて考えることがあって、それを言えばわかるのか……。でもね、誰かにどんなに頑張っても相手と同じ人にはなれないと言われたのね。先生に、私はどうしたらいいのか教えてもらいたい。なんて言ってあげればいいの？」

〈ああ、本当に娘さんのことを真剣に考えているのがわかります。だからご自分の小さい頃のことにも考えが及んで。目の前の相手のことをよくわかりたい、わかりたいけどその人と同じ人にはなれない。でもわかりたいし、なんとかなってもらいたい。どんなことがその人の役に立つのか、それを言ったほうがその人のためになるのか、それとも言わないほうがいいのか、わからないけど、ひたすらその人の

ことを考えていくんですよね〉

峰子さんが、日々闘ったり躊躇したり、時には涙しながらそれでも諦めずに相当の努力をされていることがわかります。そして娘さんのことだけでなく、ご自分の対人関係のあり方についてどう振る舞ったらよいのかということがしばしばテーマにのぼります。しかし峰子さんは、この回以前はまだ自身の生育歴について詳しく語ることはしていませんでした。私も峰子さんの両親との関係や、幼少期のエピソードについてはもちろん関心がありますが、それでも必要なときにはそのような話が自然と話されるだろうと思っていました。この回では、小学校六年生のときと高校一年のときの峰子さんの重要なエピソードが語られ、私は、峰子さんは娘さんのことをやりながら、同時にご自分のことをされているのだと感じました。この回の最後は、私がこのとき心から湧き上がった気持ちを述べました。正解があるわけではない苦しい道だけれど、それにじっくり向き合っている峰子さんへの敬意とともに、自分がクライエントと向き合ったときの気持ちと同じようだと思ったのです。

4 おわりに

クライエントの考えや感じていること、語ることを「聞ける」「わかる」「共感する」というのはどういうことかと考えているとき、たまたま観た映画『アンダー・ザ・ワールド』のDVDに、愛し合う二人の人物の脳が共鳴して離れている相手が見ている物を同時に見ることができる、というシーンがありました。まさに、心理療法の場でそういうことができるならどんなに良いかと思いましたが、すぐに、たとえ同じ映像を見ても、私とクライエントでは、考えも感じ方も違うに決まっているということに気がつきました。しかし、少なくとも同じ場所に立っていれば、同じように感じ考える部分は格段と増えるだろうし、クライエントの話も理解しやすいのではないか、などとも思えます。脳が共鳴する能力は今のところ持ち得ませんが、クライエントは時々「先生はどう思いますか」という言葉を発します。かと言って答えを待つことなく話を進めていくことも多いのですが、そのようなときには、私も心の内で、河合（一九八六）の言うように「肯定と否定の感情の強い葛藤」を味わわされるような、ぐいっとクライエントとの共感に引き込まれるような感じを持つことがあります。少しはセラピストとしての「聞く」に近づいているのであれば、うれしい限りです。そして河合（一九九二）は、「治療者は、クライエントが語る、時には波瀾万丈とも言えるような個々の『事件』に注目するのではなく、そのような事件にまきこまれざるを得ないようなことまでして、その背後にあるたましいは、何を問いかけようとしているのか、それに耳を傾けようとするのである」と、述べていますが、私も「背後のたましいの問いかけに耳を傾ける」ことができるようになっていきたいのです。

また、警察を退職直後は、長年の勤務で知らず知らずのうちに身に染みついているであろう警察色というようなものが、心理療法家として邪魔になるような気がして払拭したいという一心でしたが、今は、警察で培った自分を融合した心理療法家になっていきたいと考えるようになりました。河合（一九八六）は「悩む人の伴侶として機能するためには、治療者自身もその途上にあること、ただし、どのような途上にあるかについての明確な自覚をもつこと、がいいのかも知れない」と述べています。私は自分がどのような途上であるかの明確な自覚を持つこともまだできませんが、「途上である」ということは明確に自覚をして、本稿を終わりたいと思います。

［注］

1　風景構成法（Landscape montage technique）とは、中井久夫によって一九六九年に創案された絵画療法の一つ。元来は箱庭療法の適応の如何を決定する予備テストとして考案されたが、現在では独自の価値が認められている。画用紙の四周をサインペンで枠取りし、これとサインペンを手渡して「今から私の言うものを一つひとつ順番にこの枠の中に描き込んで、全体が一つの風景になるようにしてください」と教示する。与えるアイテムは「川」「山」「田」「道」「家」「木」「人」「動物」「石」と「描き足したいと思うもの」。その後、クレヨンを渡して彩色して完成させる。

［文献］

河合隼雄『心理療法論考』新曜社、一九八六
河合隼雄『心理療法序説』岩波書店、一九九二
中井久夫「風景構成法と私」山中康裕編『H・NAKAI風景構成法――シンポジウム』岩崎学術出版社、一九八四

第3章

「児童福祉」における心理臨床

児童心理司だからできることを模索して

Takanami Keisuke 高浪恵介

1 はじめに

他の執筆者のなかには、特定のクライエントとの出会いがご自身の心理臨床の転機をもたらした方もいらっしゃることでしょう。私にも確かに転機となった何人かのクライエントはいました。しかしトータルに見れば、その時期ごとにたくさんの人々、特に子どもたちの「個性」に出会った経験が支えになり、次のステージにつながっていったように思います。

私は児童相談所に長年勤めてきました。「特殊な心理臨床の場」と言いたくなるような所で、どのような援助を行うことが心理臨床的なのかを模索してきた経緯や、そもそも私がなぜこの仕事に就こうと思ったかなどを振り返ってみたいと思います。

2 児童相談所に勤める前の出会い

「珍しいねぇ」と周囲の人から言われがちですが、私は高校一年のときには〝心理学者かカウンセラーか……とにかく人の心を手助けする仕事に就きたい〟と思うようになっていました。動機については今でも未整理な面がありますが、中学生になった前後の頃から、クラスメートから「高浪君、相談にのって！」と声をかけられることがなぜか増えたことは、きっかけの一つとなっています。当時は言語化できませんでしたが、私もそれ以前にいじめを受けたことがあったためか、〝世の中には自分のことがわかってもらえず、つらい立場に置かれている人が意外とたくさんいる〟といった感覚はすでに持っていたようです。それを感じとったクラスメートなどが（今になって考えれば、子どもたちが）「相談にのって」と声をかけてきたのかもしれません。

時間を作って話を聴き、浅い人生経験のなかから私なりに思いつくアドバイスをするといったことを試みました。毎回の相談後は、〝あんなに困っている彼・彼女のために何の役に立てたのだろうか〟といった後味の悪さを感じてばかりでした。陳腐なアドバイスしかできずに自己嫌悪に陥っている私とは裏腹に、彼・彼女らから「話を聴いてもらってスッキリした」と言ってもらうと、〝聴いてもらうだけで心が晴れることがあるのだろうか〟と不思議に思いました。このときにロジャース（Rogers, C.R.）の本に出会っており、その内容が理解できていたら、まったく違っていたかもしれません。それでも、相手に親身につき合うことが何らかの支えになることは経験させてもらえていたようです。

私は〝心理学を学べばもう少しマシなことが言ってあげられるかもしれない〟と思い立ち、授業中にこっそり読んでいても先生に見つかりにくいサイズの青年心理学や青年カウンセリングの本を中心に買いあさり、授業も上の空で読みふけるようになりました。当時は高校生でしたから、難解な表現が多くて理解できなかったり、〝フロイト？　誰だ、この人は？〟と読み流していたりと、今思えば驚かされるような読み方でした。しかしそれまでは〝勉強は教わるもの〟と思っていたので、生まれて初めて〝学びたい〟と自分から思った時でもあります。唐突に孔子のことを持ち出しますが、「吾《われ》十有五にして学に志す」は私なりに生じていたと思います。

忘れられないのは、本を読むなかで目を見張るような知見を見つけ、「これだ！」とばかりに相談を求めてきた相手に受け売りのアドバイスをしても、効果が乏しいことでした。むしろ、じっくり話を聴けたときや、自分も似たような気分になったことがあると率直に伝えたときのほうが、相手が晴れやかになりやすい印象がありました。

話は戻りますが、高校生のくせに心理学の本ばかり読んでいて受験勉強にはほとんど時間を割くことがありませんでしたので、大学生になれるのか高校の諸先生に心配されました。周囲の想定通りに浪人までしましたが、何とか心理学系の大学には入学できました。

さて、入学して心理学系の学習はそれなりにやったつもりですが、当時から情報収集のアンテナが低かった私ですので、〝ところで、卒業後に心理学が活かせる就職先にはどんな所があるのだろうか〟といった思いを抱きつつ通学する毎日でした。友人たちは「心理職の仕事なんてほとんどないから」と他職種への就職を志望しており、雑談などでも情報はほとんど入りませんでした。

やがて大学の就職ガイダンスに、児童相談所において、今で言う児童心理司［1］をされていた青木貴志氏が講師として訪れ、「児童相談所は、心理判定［2］と心理療法の両方が実践できる素晴らしい所です」と話されたのが魅力的に思えました。また、犯罪心理学のゼミでは担当教員の故・安倍淳吉先生から、その他の授業でも元・少年鑑別所長であった牧野勝先生などから、心理臨床現場で人の心に触れる魅力を常々聞かされていたので、憧れが膨らみました。しかし、児童相談所に勤めるには地方公務員の専門職試験に合格しなければなりません。非常勤採用の情報も周囲にはなく、数回受けた公務員の実力模試では「合格圏外」の結果が出ていました。それにもかかわらず、本当に今でも信じられませんが、地方公務員試験に合格し、スタートから児童相談所の児童心理司に配属となりました。シンデレラ的なストーリーに、〝夢が叶った〟と浮かれていた時期もありました。

3 挫折感を抱くなかでの「個性」との出会い

冷静に考えてみれば、大学の四年間だけで相談現場で通用するような知識や技術が身についているはずもなく、また出身大学には子どもの心理臨床の講義はほとんどなかったので、児童相談所（以下は児相と書きます）に勤められたのはいいけれど、友人・知人でもないケースの方々（児相ではクライエントを含めたご家族をこのように言うのが一般的です）をどう援助すればいいのか見当もつきませんでした。当時の児相は体系だった研修もなく、書籍を購入して独学し、外部の講座に自費で参加し、先輩たちの技を盗む方法が主でした。

勤め始めて数カ月経った頃の私は、何とかいくつかの心理テストがとれるようになったものの、ＩＱを出すだけに終わってしまう自分をなさけなく感じていました。教科書に載っている表現を参考にしても、つぎはぎの文章にしかならず、その子らしさが全然表せていない報告書しか書けませんでした。

また、当時は毎週でも継続的に相談に訪れる方がたくさんおり、私も子どもの担当者として、不登校、集団行動がとれない、親の言うことを聞かない、などを主訴とする何人かを受け持ちました。しかし、教科書に書かれている心理療法の技法をさまざま用いてみましたが、教科書のような変化はなく、〝自分は何をやっているんだろう〟と悩みつつ、〝本当に遊んでいるだけ〟のようなプレイセラピーを行っている感じでした。

児相内には児童福祉司[3]もいますが、彼らのほうが、家庭や学校の調整をする、家で子育てができない場合は施設入所の手続きをとるなど、わかりやすい援助が行えているように映ったこともあります。しかし、このときも高校時代の相談相手と同様、私の中の戸惑いとは裏腹に、子どもたちのほうは私に会いに来る日を毎回心待ちにして、来所早々に「今度も〇〇ゲームの続きしよう!」と誘ってきたり、「たくさん遊んでスッキリした〜」と言って帰っていったりしながら、だんだんと生き生きしてくるのが不思議でした。

おそらく役立っていたのは、大学時代にたまたまやることになった、キャンプ場の管理をするボランティア活動の経験でした。そこではキャンプ場に来る子どもたちにレクリエーションを教えたり、自由時間に一緒に遊んだりして過ごしていました。数年間で数百人の子どもたちと出会い、年齢や性別によって、個性の違いによって、一緒に来た友達との関係によって、私への接し方・距離のとり方が実にさまざまで、いろんな子どもがいることをいつの間にか体感していたようです。各々の来場団体の地域性によって、子どもたちの雰囲気が違うことも感じました。なかには、執拗に甘えてくる子ども、私の関心を引こうとあれこれ挑発をする子ども、大人を過剰に恐れている子どももおり、思いつく限りの関わりを試みていました。この経験を支えに、相談に来る子どもたちと接していたように思います。

心理アセスメントも心理療法についても、知識や技法をそのまま当てはめようとする前に、〝その子と素直に関わってみることで見えてくるものもあるのではないか〟と何となく感じ始めた頃、わずか二年で予想外の異動となりました。配属も自立訓練を行う施設の生活指導員で、対象も大人の方々になりました。児相では継続的に会う子どもだけでも一〇人くらいは担当するようになっていたので、子どもたちと中途半端なお別れになるような心残りを感じつつ新しい仕事が始まりました。

それでも、〝自分は臨床心理学をベースに援助を行う者である〟という思いは捨てたくなかったので、入所している方々に「指導をする」といったスタンスには馴染めず、〝相手の気持ちに寄り添うように努めよう〟

と半ば意地を張るような状態であったと思います。〝立場的に心理テストを使えなくても、心理療法が行えなくても、生活の様子をよく見守り、細やかに接する努力を通じて、相手の心に触れることができるはずだ〟と思うようにしました。

次第に、自立に向けた訓練を全然したがらない方が「ここに来なきゃならなかったときのことが頭から離れなくて、先に進めないいんだよ」と打ち明けてくれたり、施設内でトラブルメーカーの方が「元気だったときの自分を思い出すたび、今の不自由な自分はどうにでもなれって感じで、他の人にも強く当たっちゃってね」とこぼしたり、といった場面に立ち会い始めました。その方々が私との訓練時間を楽しみにして参加してくれるようになり、〝自分のような接し方もありではないか〟と思いました。周囲の職員にも私のスタンスを認めてくれる方が現れてきました。話は飛びますが、やがて受講した放送大学大学院の臨床心理学特論の放送授業で「心理アセスメントは、面接法、観察法、検査法（心理テスト）を総合して進められる」という説明を受けたときには、とても納得できました。生活指導員になる前は〝心理テストで人の心を知るものである〟といった思い込みがありましたので、子どもが気乗りしなくても何とかして心理テストを受けてもらおうと必死になっていました。児相に戻った後、たとえ児童福祉司・関係機関・保護者などから心理テストの要請があっても、〝子どもが同意しない限り心理テストはしない〟〝心理テストに同意しない場合はじっくり関わることで理解に努める〟というアセスメント姿勢をとるようになっていったのには、生活指導員時代に出会った方々との経験が大きいように思います。

4　教科書に書かれていない「個性」との出会い

異動により、前とは別の児相で再び児童心理司としての活動が始まりました。そこでは、登校渋りがある

A君と、入所中の施設で度重なる挑発行動により職員を疲弊させているBちゃんが印象深く残っています。二人とも数年間会い続けることができましたし、A君とは頻繁に面接を行ってきたこと、Bちゃんは施設からの定期的な来所に加え[4]施設や学校との話し合いがあったこともあり、かなり時間を費やしました。

二人は、「前の担当のほうがよかった」と言ったり、「お前は役立たずだ!」「話しかけるな!」「近寄るな!」等々、憎まれ口をたたいたりと、まるで口裏を合わせているかのように、ほぼ同時期に、同じような言動を私に向けてきました。絶対服従すべき家来のように私を扱うことも繰り返しました。A君は困ったときに親に相談しようとしても逆に怒鳴られることの繰り返しで、人と親しく過ごすことは恐いものと認識し、登校渋りもそのために生じていたようです。Bちゃんは施設入所前に暴力を受けていたので、自分を叩くことはないかを試すことなしには人と関われない様子でした。以前の児相でも似たような子どもを担当していましたが、このような子どもたちに本格的に関わり始めたのは、この時期とも言えます。

〝子どもが右記のような態度をとるとき、どのような技法が有効なのだろうか〟と四苦八苦し、色々な心理療法の教科書を読んではそこに書かれているやり取りを用いました[5]。しかし目立った成果はなく、彼らは要求や試しを執拗に繰り返しました。また、周囲の教科書には「心理療法は毎回一時間の枠を守る」といった記載が主流で、私もそれに準じましたが、時間枠を厳守しようとすればするほど彼らは反発し、あげくには「もう来ない!」と怒って帰っていくこともあり、いつも戸惑わされました。

この時期は精神分析家の故・佐藤紀子先生の事例検討グループ・スーパーヴィジョンに参加し始めていたので、A君やBちゃんの行動の背景はおおよそ理解できるようになっており、挑発に巻き込まれることなく関われたことは幸いでした。それでも、A君が「親とケンカして出ていけと言われた」と突然駆け込んできたり、外から「失くし物をしたので、家に帰ると怒られる」と電話をかけてきたりしたときは、〝緊急事態とはいえ、児童心理司が心理療法の枠を外していいのだろうか〟と迷わされました。Bちゃんについては、施設職員や学校の先生方などが対応に困っていたので、プレイセラピーのやり取りをとても知りたがられました。当時はプレイセラピー中の様子は絶対に秘密にするものだと認識していたので、〝みんな困っているとはいえ、心理療法場面以外に心理司が出向いて、(プレイの中味をそのまま伝えないにしても) Bちゃんの様子を話すことが許されるのだろうか〟と悩みました。折しも、所内の先輩心理司たちが異動でみんな他の所に行ってしまう事態が重なり、これらの悩みを自分で解決しなければならなくなりました。まさに「三十にして立つ」を求められたのです。

これに並行して、自己理解を深めたいと思っていた私は、阿世賀浩一郎先生の所でフォーカシングを受けていました。数十回通うなかで「自分の内に感じられることを言葉にしていく」習慣は備わりつつありました。そこで、〝セラピーの枠を外さなければならないとしたら、せめてなぜ外す必要があるかだけは自覚しながら行うようにしよう〟と心得て、両者の終了渋りやA君の突然来所、Bちゃんのことでの関係機関との協議に臨むようにしました。A君がある日のセラピーで散々渋った後、「今日は一五分も伸ばしてくれた」とうれしそうに言ったときや、Bちゃんが「高浪さんが施設に来て話してくれた通りに、担当保育士がほめてくれた」と伝えてきたとき、これらの子どもたちにはセラピーの枠を頑なに守るだけでは展開しないこともあるように思われました。

こうした試みを、本来はセラピーの枠をきっちり守る精神分析家である、先述の佐藤紀子先生に〝勇気をもって〟話してみました。すると、「枠を外している自覚は忘れてはいけないけれど、そのような子どもたちと関わっていると、どうしても外さなければならないときもあるでしょう」とコメントしていただきました。〝その子の心理的援助に役立つと思ったときは、自覚のうえで、既存の知見や技法にとらわれないで対応することがあってもよいのだ！〟と支えられた感覚でした。このことが自分の言葉として表明できるまでにはそれからも長い時間を要しましたが、現在の私なら以下のように言います。「心理療法は枠組みを守るべきものだが、時間の延長や、関係者と情報を共有することなどは場合によって必要である」「〝自分のために時間を割いてくれていた〟と愛着欲求が少しでも埋め合わされる体験や、〝周囲の大人が自分をより理解してくれるように働きかけてくれた〟と自分が守られるような体験をすることなしには、負っている課題の改善を促すことが困難な子どももいる」ということです。

プレイセラピー中も、A君の中に〝失敗したら非難されるに違いない〟とか、Bちゃんの中に〝素直に関わったら何を言われるかわからない〟といった恐怖感を感じ取りつつ、心理的・物理的な距離感に配慮しながら関わるようにしたところ、彼らから関わりを求めてくるようになりました。A君が「この遊びなら俺にもできそうだ。一緒に手伝ってよ」と言ってきたり、Bちゃんが「高浪って全然怒らない変な人！　じゃあ私がお医者さんになって、あなたの傷を治してあげる」とケアに関する遊びを始めたときには、〝心理臨床的に援助する者だからこそ、子どもたちの内面の大切な領域に触れ、寄り添える面もあるのではないか〟ということが垣間見えた気がしました。

A君・Bちゃんとも当初よりずいぶん落ち着きましたが、それでも安定化が促しきれたとはいえず、中途半端な異動となりました。したがって、児童心理司だからできることについては未整理なままでした。A君は「高浪が親だったらいいのに」とよく言っていて、不安定な家庭より施設で過ごしてもらったほうが改善を促しやすかったかもしれません。Bちゃんは突然家に引き取られることになり、その直前に「私、家がなくなるの」と電話をかけてきて、彼女にとっては施設のほうが自分の居るべき場所だと伝えてきてくれたのに、食い止められませんでした。

当時の児相は施設入所を決定したり入所を継続させたりする法的な権限を適切に活用できない面があったと思います。子どもたちを守るためには、それらの権限を積極的に活用できると望ましいと私も感じました。

5　心理臨床のあり方が揺らぐなかでの出会い

次の児相に移った数年後、「虐待環境に置かれている疑いのある子どもの通報が入ったら、四八時間以内に安否の調査・確認を行う」「場合によっては、親の意向に反しても強制的に保護する」という体制が始まりました。虐待はいつ起こるかわからず、先送りしたら重大な被害を受ける恐れがあるので、子どもたちを守るうえで画期的だったと思います。

ですが、あまりに急激な児相の体制変化で、職員の数はそれに見合った数にまで増えたようには思えず、職員内にノウハウが整備されていないなかでのスタートでした。子どもの安否調査のために突然の家庭訪問をされた保護者から「虐待していると疑われた！」と苦情の電話が殺到したり、強制的に子どもを保護されたことに立腹した保護者が「子どもを返せ！」と怒鳴り込んできたり、さらには「このままじゃ、お前らタダじゃおかないからな！」と執拗に威圧的な態度で臨んできたりと、対応に苦慮する事態が一気に増えました。多くの虐待ケースに時間をとられているうちに、他で重篤な虐待が生じてしまった場合にはマスコミの取材が始まり、それにも時間がとられるようになりました。激務に疲弊したり、虐待を防げなかった自責の念から精神的なバランスを崩したりと、辞めていく職員が続いて出ました。

児童心理司に限ってみても、不在がちとなった児童福祉司の代わりに初期調査に駆り出されたり、虐待が疑われる多くの通報電話の対応に追われるようになりました。その影響で、継続的に会っているケースの方が予約時間に来所しても長時間待たせてしまうなど、心理療法の存続自体が危うくなりました。心理アセスメントに関しても、その子らしさを見るより、虐待の事実関係の聞き取りを期待されるようになりました。保護される子どもが後を絶たないことから、単発的な心理アセスメントばかりとなり、継続的な心理療法はほとんどできなくなりました。

私は子どもの心理臨床が根底から揺らぐ感覚を覚えました。しかし、〝児童福祉司では対応できない、児童心理司だからこそできることは何なのか〟がわかりませんでした。A君やBちゃんとの関わりにはかなり力を注ぎ、関わっただけの手ごたえはありましたが、なにぶんセラピー途上でお別れになっているので、「体制変化に追従するだけでなく、児童心理司だから別の援助ができる！」と周囲に発信することはできませんでした。

そんな頃に関わったCちゃんは、生まれた直後から施設に入所し、自分から大人に関わりを求めるのが下手でいつもオドオドして過ごしてきた子でした。周囲の職員も今後を心配し、里親さんの所に移す案が出ました。まずは施設での集団生活から里親さんの家に移すことが適切なのかどうかを見るため、私が心理アセスメントの担当になりました。Cちゃんは数回会ううちに、私に会うことを楽しみにしてくれるようになりました。プレイによるアセスメントを行ったときは（心理テストばかりに頼らない姿勢はこの頃はかなり実践していました）、〝このままずっと先が予想できずに暮らすのか、自分をしっかり受け止めてくれる大人に出会えるのか〟といった心境を、言葉にせずともプレイで如実に伝えてくれました。この様子もふまえ、里親さんの家に移る手続きが始まりました。

ところが里親さんの家の都合で急に手続きが中止になり、児童福祉司はCちゃんに説明しに行かなければならなくなりました。このような事態で児童心理司が同行するのは異例ですが、依頼されて私も施設に出向きました。児童福祉司が事情を説明するとCちゃんは泣き崩れ、しばらく身動きひとつしなくなりました。児童福祉司以上に親しみを示すようになっていたこともあり、私だけ傍に付き添いました。一五分以上経った頃でしょうか、机に伏せていた状態から顔を横に向けて私をじーっと見つめ始めます。この頃にはCちゃんがどのような遊びが好きかわかっていたので、いくつかの遊具を用意していました。「またお人形やりたい」

と言ったCちゃんにいつもの人形を見せると、女の子人形がいったん谷底に落ちて「死んだ！」と言い、再び昇ってきて「生き返った」と演じました。そこで私に見立てた人形を出してみると、その人形に食べ物やお薬を次々に要求し、末に「元気になりました」という遊びを行いました。

児相内の検討会議でも、私との関係性を活かして、Cちゃんの傷つきを癒すことに時間をかけるべきであるという結論になりました。私はその後数回にわたってプレイセラピーを行いました。当時の力量ですから不十分なものでしたが、里親宅に行けなかったショックを扱ったり、担当保育士との愛着関係を再形成する援助はある程度行えたと思います。この体験を通じて、〝児童心理司だからこそ、子どもたちとじっくり関わることで、心のダメージをケアする援助に力を発揮できる〟と思えるようになりました。実はこの時期、西澤哲先生のポスト・トラウマティック・プレイセラピーを中心とした事例検討スーパーヴィジョンに通いだしており、その予習がなければ到底対応できなかったと思います。

ところで、自分が心理アセスメントを担当した子どもたちとは、たとえ予後が非常に心配されるような兆候が見られていても、入所したら関わりは途絶え、あとは施設の職員にバトンタッチすることが主でした。その子がしばらくして施設で問題を起こし始め、対応に苦慮した職員から再度の心理アセスメント依頼を受けたときに再会する程度でした。しかし、家で虐待を受けた子どもたちが心のダメージに十分なケアを受けないうちに施設の集団生活に置かれると、他の子に対して自分がされてきたように暴力や性的な関わりを再現させることがあります。それは、たとえそこが虐待を受けない環境でも、家で身につけた以外の人との接し方を知らないからです。施設の職員が配慮していてもどうしても十分に目が行き届かない子がいて、何年か経つうちに問題行動を表面化させていきます。私が心理アセスメントを担当した子どものなかでも、小学生時代は大人の目をうかがって無難に過ごしていて、思春期に入る頃から問題を起こし始め、あれよあれよと言う間にその施設では対応できないくらいに頻発するようになっていった何人かのことが耳に入りました。

そこで、私が数年前にその子に心理アセスメントを行ったときの報告書を読み返してみると、すでに予後の心配を記載しており、まさにその通りの問題行動を起こしていたのです。いつの間にか、予後まで見通した心理アセスメントができるようになっていたことに、皮肉にもそのような形で気づきました。

施設で長く過ごしてきたCちゃんとの関わりにも刺激を受け、自分が心理アセスメントを担当した子どもたちが、その後施設などでどのように過ごしているのか、とても気になり始めました。そして、〝せっかく縁があって担当になったのだから、予後が心配だと見立てたのなら、問題行動が表面化する前に児童福祉司や施設職員に理解と協力を求め、自らも心理的援助にあたる能動性が必要なのではないか〟と考えるようになったのです。児相は児童福祉司との役割分担が進み、徐々に職員数も増え、先述の急激な体制変化があった時期に比べれば、児童心理司は心理的ケアに時間をかけることが保障されるようにもなっていきました。

しかし、ある子どもに問題を感じても、場合によっては施設に出向いてでも心理的ケアが必要だと思っても、それを職種の違う児童福祉司や施設職員に対してどう働きかければよいのかわかりませんでした。多くの文献も読んで参考にしました。もはや就職間もない頃のように本に書かれていることを受け売りするのではなく、今課題だと考えている子どもへの実践を裏打ちする知見を検索したり、次の実践のヒントを得ようとしたりする姿勢で読むようになりました。それでも、自分の見立ての妥当性に確信が持てず、関係者への伝え方のノウハウもなかなか発想できませんでした。そのようなもどかしさに直面するたび、〝大学院に通えば、もう少し自分の実践を整理できるかもしれない〟と何度も考えました。再び〝学びたい〟が湧き起こってきたのです。

しかし、情報収集のアンテナの低い私のこと、大学院に合格するにはどのような学習が必要なのか、そこではどのようなことが学べるのかよくわからず、いくつか受験した所も不合格を繰り返していたので大学院進学は半ば諦めていました。

6　放送大学大学院を通じた出会い

相変わらず児童心理司のスタンスが発信できずにモヤモヤしていた最中、放送大学大学院が開設されたことは私の耳にも入り、授業自体はテレビやラジオでも聴けることもわかり、早速数科目の受講を始めました。大学院と言うと、先行研究の検討や、調査研究の進め方を学ぶことが中心といったイメージがありました。放送授業を受講してみたところ、例えば臨床心理面接特論の講義は具体的な実践の内容も多く盛り込まれていて、私のそれまでの子どもや親御さんたちに対する関わり方の見直しにつながりました。さらに〝あぁ、先生方がお話しされるように、自分もクライエントにじっくり寄り添うような関わりができていたときも多かったじゃないか……〟と勇気を得た感じでした。研究に関する講義も実践的で、例えば面接による研究法の回は、日々の実践を見直しつつ援助する姿勢自体が研究の積み上げであったことに気づかされました。地域援助に関する授業では（以前の私は地域援助とはどのような意味なのかピンと来ていませんでした）、〝臨床心理学の観点から、関係者同士をつなぐために出向くことも専門的な活動なのだ〟と視座が定まるような思いでした。もっとトータルに学べたら、自分のスタンスの足固めになると思いました。

地方公務員試験以来の奇跡で、受講を開始した翌年には同大学院に合格し、「二期生」として正規の大学院生でなければ受けられない科目も受けられるようになりました。私が大学院生になったときは異動と重なっていました。院生になったのですから、スクーリングのためにスケジュールを調整しなければならず、修士論文に備えた学習も求められます。ですが異動した児相は職員数が少ない所で、仕事量でも激務に見舞われました。負担が積み重なっていたのだと思いますが、突然歯が根腐れして折れ、頬が腫れて「ムーミン」のような姿で仕事や学習を続けた数カ月もありました。

それでも大学院は、期待通り自分の実践を見直す機会になる内容が盛り込まれていました。自分の実践を自分の言葉で整理する訓練が修士論文を書くことでした。私の修士論文の指導教員は滝口俊子先生でしたが、これがまた厳しく――指導を受けるうちに、修了後に専門家として恥じない、そしてクライエントを守れる力を私たちに備えさせるためにあえて厳しくされているのがわかってくるのですが――児相の仕事も論文執筆も、考えなければならないことが頭の外にあふれ出しそうでした。最終的には、これまでの自分のプレイセラピーの実践に理論的な意味づけを重ね合わせて考察できたことは、非常に有意義だったと思います。

もう一つ忘れられないのは、実習先である、精神障がいがある方々の地域支援機関「やどかりの里」で柳義子先生に指導を受けたことです。そこで見たものは、日中の限られた時間内だけクライエントに援助を行うといった形態とは異なり、さまざまな時間帯、さまざまな場面、さまざまな活動で対象者に寄り添う姿です。その関わりを通じて、必要な支援方法を見出して他のスタッフに伝え、対象者とスタッフとをつないでいくという援助でした。また、やどかりの里はいくつかの支援所を開設していますが、それぞれを見学させていただくと、〝同じ機関なのに、各所ごとにずいぶん雰囲気が違い、それに伴って援助のあり方も異なるものだ〟と感じました。私なりに考え、各所を取り囲む地域差が関連しているのではないかと感じました。柳先生に聞いてみたところ、地域差は援助のうえで無視できないというコメントをいただきました。

興味深いことに、この実習はとても懐かしい感じも湧きました。浮かんでくる感覚をフォーカシング調に言語化してみると、〝大学生のときに、キャンプ場で多くの子どもたちとレクリエーションをしたり一緒に遊んだりしたあの頃とそっくりだ！〟と気づきました。訓練施設で経験したこととも重なり、面接室やプレイルームなど特別な場所で専門的な視点でみることも重要ではあるものの、理論にとらわれず素直に相手と接してみることでその人らしさが伝わってきて、適切な援助方法が見出せることも多いのではないかと再認識しました。実習の振り返り時間を通じて、以上を言語化によって整理もできました。大学時代に担当教員の安倍淳吉先生から、「生活場面も見ることで、その人の心理的理解の幅がとても広がります」とすでに教えていただいたことでもあったと思い出しました。

7　臨床心理の専門家として「個性」と関わる

右記の実習体験は、子どもたちの問題行動が表面化する前に能動的に関わっていくスタンスに柱が備わった機会でもありました。問題行動は急に生じるものではなく予兆があります。また、必ずしも子どもたちの内的な課題から生じているとは限りません。もし本人にも課題があったとしても、それを増幅させるのも、軽減させるのも、取り囲む環境の影響が考えられます。特に家庭外で暮らしている子どもの場合、複数の援助者や年上・年下の子どもたちとの関わりがあり、環境から多くの影響を受けています。子どもを取り巻く環境に対しても児童心理司の観点からの見守りが加われば、問題行動を未然に防げる率は高まるのではないかと思ったわけです。

実習後、私が心理アセスメントを担当した子どもを施設で見学する機会を設定していただいたところ、面接室やプレイルームでは見せない表情や、相手による態度の違いなど、子どもたちをより幅広くリアルに見ることができました。後のことですが、岩佐（二〇〇九）が、児童心理司も子どもたちの生活場面を観察することで「子どもの姿をさらに立体的にみせてくれる」と記述しているのを見かけ、同様の援助姿勢を大切にしている方がいらっしゃるのだと感じました。

見学した後、職員の方に〈自分のわがままを押し通せる機会がないか、職員の方々の顔色をようかがっていましたね〉とか、〈個別に宿題を見てもらっていると頑張っていたけど、他の子が下校して職員の方の手がとられるようになると途端にフテくされだしましたね〉などのコメントを行うと、「へえ、あの子にそういう見方もできるんですね」「いつも一緒にいるからか、見落としてました」と感心されることが増えました。さらに「……あの子は今のところ問題行動はないんですが、何となく表面的に良い子でいる気がして、実は私たちも今後を心配していました。生活場面でどのように接したらいいんでしょうか」と質問されることも出てきました。アドバイスをするとしっかりメモをとって「わかりました。他の職員にも伝えてやってみます」と言われるようにもなりました。〝児童心理司の観点で見たことを他の専門家に伝えることで、子どもとの間をつなぐ役割をとれることもあるようだ〟と感じました。やどかりの里で学んだことを、自分自身の実践でも行うことができました。

ちょうどこの頃に里親委託されたばかりのDちゃんを担当したことが思い出されます。Dちゃんはなかなか里親さんに懐かず、小学校では暴言で周りを仕切ろうとすることが多いとわかり、心理療法のために継続的に児相に通うようになりました。Dちゃんは家庭ではずっとネグレクトに近い状況だったようです。そのため、甘えたいけれど甘えられない、欲求を表面化させると加減のつかない行動になってしまうといった課題を持っていました。プレイルームでは、最初は迎合するような態度をとっていたDちゃんですが、次第に執拗な要求を繰り返し、叩いたり噛みついたりも伴うさまざまな試し行動をしました。やがて「高浪さんは怒らない……」と先述のBちゃんが心を開いてくれたときと同じようなことを言いつつ、必要なときには甘えたり頼ったりしながら関われるようになっていきました。次第に「家では一人で居たことも多かったの」「里親さんの所のほうがいい」などの話をしつつ、里親さんに懐き始め、自分の気持ちや欲求を適度に表せるようになり問題行動が沈静化していきました。援助の開始がもう少し遅かったら、非行的な問題行動を起こし始めていたかもしれません。

この成果を早めたのは、時々里親さんの家庭を訪問したことだと思います。その里親さんは試し行動などへの対応にセンスのある方でした。しかし、ご自身のDちゃんへの日々の接し方が妥当なのかどうか迷っていたので、生活場面を見せていただき、適切な対応ができていることをその場でコメントすることが役立ったようです。また、児童心理司から見て気づいたこと、例えばこのご家庭には他の里子もいましたので、〈里親さんが他の子と話しているとき、Dちゃんは上目づかいに羨ましそうに見てましたね。まだ自分を抑えているところがありそうですね〉とか、〈さっきのようにお手伝いさせることはDちゃんはとてもうれしそうでした。甘えを受け止める場面を作りだそうとしなくても、一緒に楽しいことをする時を大切にするほうが、無理なく関わってあげられると思います〉といったアドバイスも、生活場面で行うほうが実感していただきやすく、Dちゃんとのより良好な関わり方の参考にしていただけたようです。

以上のような実践を通じて、〝人の心に触れるには、まず相手と素直に接してみることが大切である〟〝心を通訳し、人と人とをつなげられる可能性を持っている職種である〟等を感じるようになりました。同時に、〝自分は臨床心理学をベースに人の援助を行う専門家である〟というスタンスを積み上げてきたような気がしました。ちょうど大学院の終了時に四〇歳になっていたので、「四十にして惑わず」を実感しました。さらに以降も、児童心理司としての活動を続けているところです。

8　おわりに

その後も自分の基本スタンスは同様に持ち続けていると思います。しかし〝今まで通りのやり方で十分〟といったことはなくて、その後も歳をとるほど、経験を重ねるほど、新たな援助が必要な場面に出くわすことに驚かされ続けています。それまでの経験や知識を応用して関わるよう努めていますが、基本は〝まずは素直に関わってみよう〟という姿勢で臨むことを心がけています。ますます新たな「個性」と出会い続けています。

同時に、持病の腰痛が日に日に悪化し、腰を押さえつつプレイセラピーを行うなど、若い頃には考えられなかったことで自分のスタンスを見直さなければならない面も生じています。

ところで、この原稿を頼まれたとき、ちょうど次の異動と重なりました。直前の児相で一定の水準まで援助を積み上げられた子どもたちを思い出す一方、援助半ばでお別れしなければならなくなった子どもたちには申し訳ない気持ちが溢れつつ、書き進めています。異動の多さから、せっかく子どもとの間で形づくった信頼関係の維持が難しい場所ですが、今後さらなる「個性」との出会いのなかで、私の心理臨床はどのように進んでいくのか、見極めていきたいと思います。

冒頭にも述べたように、特定のクライエントとの出会いではなく、子どもを主にした多くの人たちとの出会いが大事だったと思っているので、そのぶん、自分史的なトーンが濃くなってしまいました。しかし、そうした多くの人たちに出会ってきたのは、他でもない私自身の「個性」であり、その個性が他の人の個性と接するなかでどのような影響を受け、心理臨床を変遷させてきたかを述べさせていただくことが、本書の主旨に沿うと思いました。

最後に、間もなく五〇歳になる私ですが、できればポジティヴな方向に「五十にして天命を知る」ことを期待したいものです。

［注］

1　児童相談所運営指針に定められている名称で、当時は心理判定員と呼ばれていた。
2　心理アセスメントを行うことを、児相では心理判定と呼ぶことが一般的である。
3　児童福祉司は一般にケースワーカーとも呼ばれている。
4　当時は施設心理士という職種がなく、子どもが施設で心理的な問題行動を起こしていれば児童心理司が関わっていた。

現在でも必要に応じ、施設から来所してもらって会ったり、児童心理司が施設に出向いて会う形態をとることはある。

5　このときは、西澤（一九九四）などが児童虐待やポスト・トラウマティック・セラピーを日本に紹介する以前であった。

［文献］

Gil, E. (1991) *The healing power of play: Working with abused children.* The Guilford press. New York.（西澤哲訳『虐待を受けた子どものプレイセラピー』誠信書房、一九九七）

岩佐和代「児童養護施設と児童相談所」前田研史編著『児童福祉と心理臨床――児童養護施設・児童相談所などにおける心理援助の実際』福村出版、二〇〇九

西澤哲『子どもの虐待――子どもと家族への治療的アプローチ』誠信書房、一九九四

佐藤紀子『白雪姫コンプレックス』金子書房、一九八五

橘玲子・馬場謙一・滝口俊子編著『臨床心理学特論』放送大学教育振興会、二〇〇二

鑪幹八郎・名島潤慈編著『心理臨床家の手引』誠信書房、一九八三

III

学校・会社

第4章 教育と心理の往還
教師が心理臨床の眼を持つとき

Sato Masaaki
佐藤雅明

1 教師の倦怠と生徒の変質

（1）倦怠

判で押したような毎日が続いていました。一九九〇年代後半、高校教員となって一〇年余りが経ち、二校目の赴任先となるA校に勤務していました。授業や生徒指導のコツもそれなりに覚え、時間をただ埋めていくような毎日をやり過ごしていました。学校自体も表面的には平静な状態が続いていて、のんびりとした時間の余裕が持てるようになり、教科（国語）に関連した書籍をたくさん読んだり、スポーツや音楽などの趣味に没頭したりもしていました。A校は進学率が高く、生徒の気質も穏やかで、特に手を焼くような、いわゆる指導困難な生徒にエネルギーを割くようなこともありませんでした。そんななか、職員室から向かい側の棟の古びた壁を眺めては、日々続いていくなんとも言えない倦怠感にため息をつくようになっていました。大げさに言えば、このまま一〇年も二〇年も経つのだとしたら、自分の人生っていったい何だろうみたいなことを考えていました。

教員となって最初に赴任した学校では、まだ校内暴力の吹き荒れた雰囲気が残っていて、張り詰めたものがありましたが、新任当時の新鮮な気分や仕事に対する熱意も消えて、その日その日のルーティンを機械的に処理していました。A校に異動したのは、校内暴力の熱が冷め、〝登校拒否〟が〝不登校〟として社会問題になり始めた頃です。バブル経済が破綻し、阪神淡路大震災とオウム真理教の地下鉄サリン事件があった一九九五年あたりから社会の空気が変わり始めていました。何がどう変わったかと問われるとうまく言えませんが、学校現場でも生徒の行動の傾向が変質してきたことを肌で感じることが多くなりました。ポケベルから携帯電話、インターネットの普及と、コミュニケーションのツールが目まぐるしく切り替わり、私たちの生活環境も大きな過渡期を迎えていました。

(2) 生徒の変質――A子

受け持っていた二年生のクラスの生徒A子が、当時流行のポケベルを通じて知り合った不特定多数の人間と交友関係を持つようになり、失踪するという事件が起こりました。早朝や深夜に保護者から問い合わせがありましたが、なぜA子が失踪しなければならないのか、訳もわからず混乱するばかりでした。ポケベルなど考えたことも使ったこともなかったのですから。個人情報に関する守秘義務の意識も薄い時代でした。冊子の名簿が毎年作られ、保護者と教員は互いに住所や電話番号を知っていることが当たり前の時代でした。まさか不特定多数の人間に情報が流され悪用されるとは、教育現場では考えにくいことでした。保護者から昼夜を問わず電話がかかってくることが日常茶飯事でもありました。そのことに特に不満や抵抗はありませんでしたが、A子の失踪を通して、われわれもまた不特定多数のなかの一人であることを、少しずつ認識し始めていました。名簿とそこに記載されている個人を繋げるツールさえ第三者の手元にあれば、いつ何時でも呼び出される可能性はあるわけです。学校の名簿くらいで済めば大した被害や損害もないのでしょうが、

A子は確かに、どこかに存在する大きな名簿を通して不特定多数の人間と繋がっているのかなと思われました。おそらくA子の交友関係は、本人の意思を超えて大きく広がっていたのでしょう。密度や質の高低こそあれ、A子の住む世界は教員や保護者が知っているそれよりも、はるかに大きな領域を持っていたと言うほかありません。そんなA子にこちらの思いが届かない、何かもどかしいものを感じ始めていました。

A子に対して有効な指導を行おうとしても、A子だけでなくA子のようなタイプの生徒の行動がなんだか理解できなくなっていましたので、電話連絡一つにしても、何のために自分がそうしているのか理解していないのではないかという感覚を持つようになっていました。ある情報を頼りにA子の言動に迫ろうとしても、A子はまったく違った次元に飛んでしまっていました。SF映画などで宇宙空間をワープすることがありますが、足跡を辿っていってもどこかでプツンと切れてしまっていて、それ以上は追跡不可能という感じです。生徒同士の関係も変質し始めていたのかもしれません。普段一緒に行動しているように見える子たちに、それぞれ相手のことを尋ねてみても、「よくわからない」という答えが返ってくることが多くなったような気もしました。いわゆる生徒同士の関係の希薄化が起きていたとも言えます。表面的には親しく談笑していても、それぞれはお互いに別々の方向を見て、違う次元に身を置いているかのような状態です。同時に大人の世界もそうなりつつあったのかもしれません。幸いA子は保護者と教員が右往左往していることをよそに一〇日間ほどで戻ってきました。親しい男友達と行動を共にしていたことはわかりましたが、母親が握っていた情報とは違う名前で複数の者だということも判明し、A子のような行動をとる生徒の不可解さが印象づけられました。

(3)〝登校拒否〟から〝不登校〟へ——A男

同じ頃、A男という不登校の生徒がいました。両親と妹の四人家族です。〝登校拒否〟から〝不登校〟という表現に切り替わろうとしていた時期です。二年生の始業式当日に顔を出した後、二日が三日、一週間が二週間、一カ月と欠席が続きました。クラス替えしたばかりで、担任としてもまだよく生徒の顔と名前が一致していませんでした。それでもA男の母親は毎朝電話で欠席の連絡をくれました。現在ですと、欠席が長引くと学校側からも連絡して、生徒の詳しい様子を保護者の方に教えていただき、どうやって生徒を登校させるのか、あるいはしばらく様子を見守るのかなどを、一緒に考えていくのが不登校生徒への一般的な対処法になっていますが、その頃はまだ不登校の概念や指導方法が教育現場でも確立されておらず、単なる長期欠席の生徒として扱っていたように思います。目前の授業や雑用で手一杯ということもありますが、高校の場合、基本的に義務教育ではないので、休むということは単に欠席や欠課の数が増えるだけだという感覚があり、小中学校の先生方に比べて鈍かったと言えます。そう言えば、A校にスクールカウンセラーが配置されたのがこの直後のことでした。ですから、長期に欠席するような生徒がいた場合、普通の教師にとって、いわゆる心理臨床的な視点で生徒の心を推し測ってみるような指導方法などは思いもよりませんでした。

一学期も半ばに差しかかった頃、遅ればせながらA男の家を訪ねてみました。実は前任校でも不登校（登校拒否）の生徒を受け持ったことがあり、結果的にどうなるかは別として、どんな指導をしていけばいいのかは漠然と頭の中にありました。欠席が続いて科目の単位が取れなくなったときに、担任として成績会議などでどのように説明するのかは大きな問題でしたので、A男とその家庭と頻繁に連絡を取り、様子を詳しく記録しておくことは重要な仕事でした。指導の実績を残しておきたかったとも言えます。

まずはテーブルを挟んでA男と母親に向かい合いましたが、A男は何にも言いません。こちらが訊きたいのは、どうして学校に来ないのかというわかりきったことです。当然ながら沈黙が続きます。母親も自分の息子にこの問いを何度となく繰り返してきたはずです。苛立ちとともにやるせなさが滲み出ていました。おそらくは母親と同じ思いで、卓に出していただいた苦いお茶を飲んでは、ただただA男の返答を待ちます。

その間にまたお茶を何口か啜ります。なんとも言えない時間が過ぎていきます。学校や勉強のことでA男に水を向けてみますが、A男はじっと下のほうを向いたまま沈黙したきりです。母親が見かねて、A男の単調な生活の様子などを話してくれます。食事は階下に下りてきて家族と一緒に食べて普通に話もするけれど、それ以外は自室に籠もっているそうです。話と言っても、こちらから何か訊けば「はい」か「いいえ」で答える程度で、自分から話すことはないとのことです。〈そうですか〉と相槌《あいづち》を打ち、またお茶をいただきます。A男は自分のことが話題になっているのにあまり反応らしきものもなく、やはり黙ったままです。そんなA男に何と言っていいかわからず、こちらも言葉が続きません。何か訊いても、虚ろな顔で、眼鏡越しの小さな目を余計小さくし、戸惑った表情をするだけです。そうしてまた長い時間が過ぎていきます。学校を休んで一日中家に居ることについてA男自身がどう考えているのかを、どうしたら話してもらえるのか、知る術《すべ》もありません。A男と母親と私と、そこにいるのを忘れるくらい長い沈黙が続いた頃、時間を見計らってお暇《いとま》することにしました。そして何度か同様の家庭訪問をすることになりましたが、ある日の帰りがけに玄関先までA男が来て、「先生、今日はどうもありがとうございました」と言ってくれたことがありました。A男の誠実な表情を見て、どんなにかうれしく徒労感が癒されたことでしょうか。A男は思いやりが深くて心根の優しい子なんだなとつくづく思いました。

夏休みが終わり二学期に入りました。県の教育センターで心理カウンセリングが受けられるという情報を耳にし、母親を通じてA男に勧めてみました。人のよいA男は周りに勧められたこともあって応じてくれました。担任としては(ご両親もそうだったでしょう)藁《わら》にもすがる思いというやつでしょうか、とにかくなんとかならないものかと期待し、しばらく下駄を預けて待ってみることにしました。

A男は二週間に一度のカウンセリングを受けることになりました。そして四、五回通った頃、教育センターのカウンセリング担当者から連絡がありました。「(登校しないのは)なぜかはわかりませんが、とにかく教室に入れない理由があるようです。それが特定の生徒が原因なのか他のことなのか判然としませんので、とにかくまた様子を見てください」とのことでした。A男の重い口はカウンセリングでも開かなかったのです。もうA男に対して何もしてあげられないという無力感がじわじわ込み上げてきました。すでにA男の欠席数が進級単位を修得するには不可能な数に達しそうになっていたことにも追い討ちをかけられました。

A男は留年することになりました。A男の力になれない情けない思いと、ご両親に対する申し訳ない気持ちをどこかに残しながらA男との関わりが終わってしまったのです。受け持っていた生徒でも年度が変わって担任が交代すると、関係が切れてしまうのが学校というものです。もちろん、新しい担任への引き継ぎはしますが、きちんと生徒の情報を伝えるには困難が伴います。情報の共有もそうですが、新担任が旧担任から受け取った情報をどのように評価し処理するかで生徒への対応の仕方が旧担任とは一変することがあるからです。教師の価値観や人間性もまた生徒との関係に影響をもたらすことはある意味必然で、新担任が旧担任以上にA男とのよりよい関係を築いてくれればそれに越したことはないのですが、せっかくA男と関わってきたのにそこで終わってしまうことに悔しい思いを抱きました。しかしそれは私の身勝手な感情でしかありませんでした。次の年度になって留年したA男は再び登校し始めたのですから。A男には何かしらの不登校の理由があったと推測するほかありません。その後新担任からA男について取り立てて説明があったわけではありませんので、A男の不登校の原因や理由がどのようなものであったのかは不明のままですが、担任としての力量のなさと新担任への負い目を感じざるを得ませんでした。

ともあれ、社会の変化に伴う生徒たちの変質や不登校の生徒との関わりを経験しながらも、教員二校目となる職場で倦怠感に苛まれていたわけです。教員となって一〇年以上経過しても充実感が得られないまま、人生そのものに対してさえ否定的になっていました。

（4）倦怠からの脱出の試み

私の両親は片田舎で教師をしていました。変哲のない毎日を教師として勤め上げ、その頃は孫たちの成長を楽しみにしながら悠々自適に暮らしていました。孫と言っても当時は姉の子どもたちですが、そんな両親の生き方にはどうしても共感できませんでした。私も結婚し家庭を持ち始めた頃です。父は私に幼い頃から教員になることを勧めていましたが、高校生になると父の望む通りに教育の道を選ぼうとはしませんでした、大学に入ってからも同じです。もともと何かに対して一生懸命に打ち込むことがなかったというか、打ち込めなかったのです。何かに打ち込みたいけれど打ち込めない自分に苛立ちを感じていたのかもしれません。それがA校に赴任してから表面に出てきたとも言えます。毎日をやり過ごしているうちに安定した仕事を持っていることへの感謝も渇望もなくなっていました。

そんな気怠い教員生活を送っていたある日のこと、夜間中学のドキュメンタリー映画を目にする機会がありました。一斉に大きな集団で動く学校というものに疑問を持ち、精神的にも疲弊していたからでしょうか、少数クラスで、生徒の年齢がまちまちで、先生ものんびりゆったりしているように見える夜間中学に目を奪われました。学校と言っても、いろんな学校があるものだなと思いました。それまで抱いていた学校のイメージは、教室いっぱいに生徒が詰め込まれ、教師が生徒たちに向かってよく通る声で自信たっぷりに何かを指示しているというものでした。そこには学年やクラスがたくさんあって、いわば縦と横がきれいに整列され箱の中にきちんと収まっていて、どれ一つとして瑕疵《かし》があってはいけないのです。私がそれまで働いてきた職場としての学校とはそういうものでした。ところが、夜間中学ではほぼ逆になっています。当時の私には大変興味深いことでした。映画の中でのことなので、どれだけリアルなのかは未知数でしたが、自分を動かすきっかけとしては十分でした。A校で最初の卒業生を送り出した年、定時制高校への異動希望を提出しました。管理職からは「本当に異動しますか？」と念を押されましたが、妻の了解も得てすでに意思は固まっていましたので、その言葉の意味もわからずに承諾しました。同僚にも「どうして行くの？　大丈夫？」と訊かれましたが、説明するのが面倒で適当な返事をしていました。

2　異質な職場への異動

(1)自閉症スペクトラムへの気づき――一年目：B子

年度が変わり、B校定時制に異動になりました。校長室で辞令を受け取って、通された職員室はこぢんまりとしていて、迎えてくれたのは教職員七人ほどでした。これまでは教職員が五〇人から六〇人規模のところにいましたので、こんな職場もあったのかと少し力が抜けるようでした。そして一年生の担任を受け持つことを知らされました。赴任して一年目は担任を外れるのが慣例みたいなものですから、これにも少し面食らいました。入学式を終え、教室に行くと四〇人ほどの生徒がいます。B校は一学年一クラスで四学年あり、定員は一クラス四〇人ですが、定時制で四〇人は多いほうだと、あとで同僚が教えてくれました。確かに一年生を除く二、三、四学年はそれぞれ一〇人前後でしたので、その年度は新入生が多かったのでしょう。全日制の高校とは違い、皆私服を着ていて、髪の毛の色や形もさまざまです。年齢も普通の高校一年生とは離れている生徒が何人もいます。窓の外はすでに暗くなっていて、蛍光灯の光が青々と教室の中を照らしています。全日制では昼の入学式の後、式場から教室に移動した新入生と顔を合わせて新しい出会いの雰囲気に浸るわけですが、定時制では時間が夜に移行しての生徒との対面です。馴染みのない時間感覚に戸惑いながら、もう今日からは夜間学校の教師になってこの子たちと過ごすことになるんだ、と不思議な感慨に耽《ふけ》っていました。望んだ異動でしたのになぜか以前の職場に郷愁さえ感じ、陽の当たる場所から下ろされたような気分になっていました。

翌日からさっそく授業です。一年生の受け持ちクラスでは、夕方六時前の始業時に生徒がまだ半分も教室に姿を見せておらず、開始していいものかどうか躊躇しました。それに生徒の様子が全日制の学校とはずいぶん違います。ザワザワしていて、なんだか学校のような気がしません。教壇にいながらいつもの自分ではない違和感を覚えていましたが、ともかく始業のチャイムが鳴ったわけですから、軽く自己紹介をして、授業の内容や進め方などの説明をします。ところが生徒はまったく話を聞いてくれません。こちらの説明に耳を傾けるように注意を促しますが、ほとんどの生徒は何も聞こえないかのような素振りです。それまでの経験だと、大事な話になると生徒はそれとはなしに注目してくれたものです。ところが、語気を荒げてみても生徒たちの態度は変わりません。何とか授業になるように強く押してみますが、自分の意図する授業の形にはなりません。次第に焦りと憤りで平静ではいられなくなりました。そんな気持ちのまま生徒に話しかけてもうまくいくはずがありません。以後、生徒とうまく噛み合わなくなり、泥沼のような授業が続くことになりました。定時制に憧れすら抱いていたつもりだったのに、眼前の状況に目を向けようともせず、全日制で培ったやり方のまま授業を進めようとしていました。授業が始まったら生徒というものはきちんと着席して授業を受ける準備をするものだと思い込んでいました。どういうわけかドキュメンタリー映画で観た夜間中学の光景をすっかり忘れて、自分の考える授業形態を生徒に押しつけようとしていたのです。

日を追うごとに教室は私語や立ち歩きが目立ち、注意しても生徒とぶつかることが多くなり、無法地帯のようになってしまいました。ゲームやトランプを始めたり、携帯電話で話をしたり（その頃は携帯電話が一般に普及し始めていました）、教室を出たり入ったりと、およそ授業と言えるものではなくなっていました。生徒同士が喧嘩を始めて、片方の生徒がどこからか野球のバットを持ち出して相手に殴りかかろうとしたときは、さすがに体を張って止めるしかありませんでした。そのなかに少数ではありますが、まじめに授業を受けようとする生徒もいました。その子たちのためにも何とかまともな授業をしようともがきながらも、有効な指導ができず無力感に襲われる日々が続きました。同僚たちも気にしてくれていましたが、教師というものは傍から見るより孤独なものです。自分で何とかするしかないのです。

すでに幾つかの高校を辞めて入学してきたB子という生徒がいました。大声で「先生、これよくわかんない！」などと、こちらが授業で話している内容や脈絡とは無関係に、周りの生徒たちへの配慮もなく唐突に大声で訊いてきます。学校に提出する書類などは、休み時間や放課後に扱うことが一般的ですが、B子にはそのような時間の区別などないのです。ある授業のときに教科担当の先生を相手に揉め事が起こりました。暴言を吐き、担当の先生に食ってかかったのです。職員会議（と言っても七人ですが）でB子のことが議論され、教師への暴言ということで無期限の謹慎になりました。保護者に来ていただき学校からの言い渡しがあり、しばらくB子は自宅で待機することになりました。B子の家には肢体に障がいを持つ弟がいて、母親は付きっきりで世話をしていました。謹慎が二週間ほど続いた後、B子から退学願いが提出されました。もう学校へ行く気がなくなったとのことです。今であれば、多動ぎみなB子をもう少し理解し、保護者と一緒に学校への適応について話し合い、どんな指導をしていくのかを考える余裕が持てるのかもしれませんが、当時は広汎性発達障害（後の自閉症スペクトラム）という概念もまだ教育現場には普及していなかった時期で、B子をただ学校の指導に従わせるだけの処置しかできなかったのです。彼女がどんなふうにものを見て感じていたのか、どのような学校生活を送りたかったのかを丁寧に聞き取って、担任としてできることをしたうえで、学校を続けるかどうかのぎりぎりの決断を促す手立てを講じるべきだったでしょう。しかしその頃の私には思いつかなかったのです。本当の意味で支えてあげることができないまま、今度こそなんとかしようと入学してきたB子は去っていくことになったわけです。私がそのことに自覚的になるにはもう少し時間が必要でした。

一カ月二カ月と思い通りにいかない授業が続き、とうとう一学期も終わりに近づいてきました。すでに何人かはさまざまな理由で退学していましたが、長期欠席や考査で欠点を取る生徒が続出し、まとまった指導をしなければならない時期に入っていました。一人ひとりと面談し、生活習慣を改めて勉強にしっかり取り組むように話すことにしました。授業をさぼったり、出席しても妨害ばかりしている生徒には、特に強く話をしておくことが大事かと思われました。ところが実際に話をしてみると、高校の進級制度というものを理解していない生徒が多かったのです。履修している科目の単位を修得しなければ上の学年に進めないわけですが、ほとんどの生徒は小中学校と同様になんとかなるものだと考えていたようでした。入学式当初などに説明していてもおそらくピンと来ていなかったのでしょう。結果として二学期が始まっても同じような状況が続いていくことになりました。ただ一学期とは違い、出席日数が足りなくなって自動的に進級できない生徒が出てきたことで他の生徒にも緊張感が出てきました。自分がそれほど欠席していないと思い込んでいる生徒は、教師側への苛立ちをぶつけてくるようになりました。もちろん私も含め教員側では単位修得に必要な時間数をかぞえていて、あと何時間欠席したら単位が取れなくなると生徒に予告します。ところが、始業時間すれすれで飛び込んでくる生徒の扱いはきわめて微妙なものです。チャイムが鳴ってすぐというわけではなく、開始後ある程度の時間までに来れば出席となる決まりです。それでも遅れるのですから、普通の学校であれば弁解の余地はないのですが、いろいろ理由をつけてなんとか出席にしてもらおうとするのです。

定時制高校と言えば、高度経済成長期の頃は働きながら学ぶという勤勉なイメージがあったはずですが、その当時は勤労青少年はごく少数で、たいていは無職で、昼間は寝ているか街をブラブラしている生徒が多かったのです。働いている生徒のほうが勉強意欲があって、時間を守る意識が高いと言えます。遅刻してくる生徒の大半は、勉強は嫌だけど高校卒業の資格を取得したいというのが本音です。紙切れを発行するように、いわば黒を白にするように単位を認めるわけにはいきません。（それができたら教師側もどんなにか楽なことでしょう）ですから、欠時数を超えそうな生徒（あまり勉強熱心な生徒ではないことがほとんどですが）とは瀬戸際での攻防が展開されることになります。生徒からの激しい罵倒で言い合いになっても毅然として譲らない態度が必要になります。生徒も必死ですから、双方とも相当のエネルギーが費やされ、教師側としても精神的なストレスが蓄積されることになります。とにかく二学期以降は、出席不足だけでなく、不登校や問題行動など、さまざまな理由で連鎖反応的に退学者が増えていき、一学年を終えることになりました。生徒一人が退学するとそれに伴う書類も膨大な量になります。教師になって退学関係の書類を作ったのは、それまでせいぜい二、三人だったと記憶しています。ところが、この年だけで二〇人余りの退学書類を作成しました。最初のうちは一人の退学書類を揃えるのは大変手間のかかる作業でしたが、慣れてくると雛形に沿って書き進めていくことができるようになりました。これも定時制高校でなければできなかった得がたい経験と言えます。

(2) 障がい者との関わり——二年目：B男

ようやくB校での担任二年目に入りました。一年間でクラスの半分ほどが退学し、新しく転入してくる生徒を迎えてのクラスです。いろんな局面を経験しましたので、生徒との関わり方も勢い慎重になりました。私より長年定時制に勤務されている先生方の生徒への接し方を参考にしたり、自分の生徒への対応の仕方を振り返ってみて、授業の方法や形態、生徒とのコミュニケーションの取り方を真剣に考えるようになりました。そのためか、二学年から新しく加わった一〇人ほどの転入生たちとは、それまで接した生徒たちとは違った関わり方が持てるようになってきました。わずかながら生徒との信頼関係も築けるようになったのです。こちらから話しかけたり、反対にちょっとした相談を持ちかけられたり、いわゆる声をかけたりかけられたりの双方向的な関係が少しずつ持てるようになりました。高々それだけのことでしたが、私としては一年目に比べたら格段の進歩でした。生徒と他愛もない雑談をすることで距離の近さを感じ始めていました。定時制の生徒が想像以上に劣等感や学校への不信感を持っていることに気がついたのがよかったのかもしれません。生徒の脆弱な部分に触れないように、慎重に試行錯誤しながら、新しい関係が動き出したのでした。

Ｂ男は交通事故で身体に障がいを負うことになった生徒でした。全日制の高校を中途退学し、父親の仕事を手伝っていたのですが、ある日、バイクに乗っていて事故に遭い、脊髄を損傷し下半身不随になったのです。医師に「君はもう自分の力で歩くことはできないんだよ」と言われ、車椅子の生活に入ることになりました。しばらくリハビリに励んでいましたが、将来のことが気になりだして二〇歳代半ばで定時制高校に入学しました。自動車免許を持っていて、いつも車で登校していました。一人息子の彼は、両親がやや年老いてから生まれた子でしたので、母親にとっては将来が気になるところでした。保護者面談で来校されたとき、本人の今後について話し合う機会がありました。どうしてもＢ男の進路の方向性が見えなくて、途方に暮れた感じになって涙を流され、こちらも貰い泣きするということがありました。障がい者とその家族の持つ深刻さを教えていただいた気がしました。

本人は普段障がい者であることをそんなに気にしている素振りを見せることはなかったのですが、時々体調が悪くなることがあって、高熱が続いたり、便が出にくくなったりしました。そんなときは本当に辛そうな訴えをしてきたものです。また、Ｂ男は成人していましたが、学校での喫煙は年齢を問わず禁止されています。ある日、喫煙の現場を見つかり謹慎処分になりました。定時制ではよくある生徒指導案件で、あまり深く反省しない生徒も多いのですが、そのときのＢ男が申し訳なさそうに、泣きそうな目をして「先生、ごめん！」と言ったのが印象に残っています。

B男はクラスではずいぶん年齢が上のほうでしたから、たいていの子に対しては先輩的な態度をとっていましたし、車椅子だからといって萎縮したり下手《したて》に出るようなことはありませんでした。級友たちも歳が離れていたからでしょうか、B男を先輩扱いして、ごく自然に行動を共にしていたようです。しかし、後で考えてみると車椅子での生活は決して楽なはずはなく、生きることの大変さを身をもって知っているB男は、精一杯楽しく高校生活を送りたかったのではないでしょうか。一度中途退学も経験していますし、身体に障がいがあったとしても、今度こそは悔いのない高校生活をするために歳の離れた級友たちを同じ仲間として大切にしていたのだと思います。限られた時間がいかに貴重なものであるかをどこかで意識していたのかもしれません。

とにかく二年目も生徒指導ではごたごた続きで終わるのですが、さまざまな生徒と関わり合うことで、わずかながら定時制教師が板に付いてきた年でした。

(3)自殺未遂、在学中の妊娠・出産――三年目：C男、C子

そしてB校定時制三年目。

C男は一学年上からの原級留置の生徒でした。前年、複雑な家庭環境を苦にして飛び下り自殺を図り、未遂に終わっていました。治療のための手術の影響が体全体に残り、雨の日などは傷跡がじくじく痛むようでした。ある夜「もういやだよ、先生。まったくいやになるよ」と漏らしていました。励ましの言葉をかけてもあまり反応を示してくれず、まもなく学校を休み出し、夏休みが過ぎ二学期なっても登校する気配がありませんでした。真面目なところがあり、深く思いつめてしまう性格と軽度の妄想を訴えるような言動がある生徒でした。電話連絡しても、自殺未遂の後遺症と抑うつ状態で、しゃべることさえ辛そうな感じでした。

そこで管理職や同僚の先生方にも相談し、家庭訪問をして様子を観ることにしました。本人も母親も嫌な顔をせずに迎えてくれて、C男の部屋で話をすることになりました。窓際にはベッド、壁には当時のアイドルのポスター、床にはテレビやゲーム機器などが雑然と置かれている、いかにも一〇代の子が暮らす部屋でした。母親が運んできてくれたのは季節外れの冷たいお茶でした。意外にもC男は饒舌で、趣味のことやテレビの話題、元同じクラスの仲間（留年していましたので）や定時制の先生たちの噂まで、いろいろと話をしてくれました。自分の身の上を不幸なことだとし、「みんなうまくやっている、先生たちも何か新聞に載るような事件を起こしてくれたら面白いのに」とやや奇異に思われるようなことまで話すのです。とにかくC男が登校できるきっかけを摑みたかったのですが、何と受け答えしてよいかわからないまま聴きつつ、冷たいお茶を飲み下しました。

その後週に一度、C男の家を訪れることになりましたが、毎回同じように世間話から始まり、急に暗い身の上に話が及ぶというパターンが続くのでした。欠席時数が増えて進級が危うくなりそうだったので、学校側の考えを調整するため、職員会議ではその都度C男の様子を報告しました。その後、C男には欠席時数のことと各科目の授業の進み具合などの情報を伝えながら、何とか学校との接触が途絶えないようにしました。いわば現状を突きつけることで現実検討を怠らないように仕向けていたのだと思います。C男自身がだいぶ落ち着いてきたことも私の行動を助けてくれました。そしていつのまにか二カ月以上経ち、二学期の終わり頃になってC男は登校を始め、年度末にはなんとか進級が確定しました。

C子はもともと摂食障害を抱え、一度入学した近くの高校を退学していました。明るく素直な性格で、友だちとうまく接しているようだったので、どこにも問題があるようには見えない子でした。三年生の二学期になって突然妊娠が明らかになり、通学しながら出産すると言い出しました。〈そんなことはとうてい無理じゃないか〉とC子にも話したのですが聞いてくれませんでした。出産の前後はさすがに欠席が続きましたが、体調が回復してからは子どもを学校に連れてきて、仕事帰りの夫を外で待たせるという生活が始まりました。定時制高校では給食があるのですが、余った食べ物を持ち帰っていく光景をよく目にしました。給食の職員もそれとわかっていてC子のために用意してくれていました。逞しいC子親子の生活の一端を見て、なんとか応援してやろうという気持ちになっていました。実を言うとC子が出産して間もなく、私生活でも結婚一三年目にして子どもが誕生し、子育ての大変さを実感するようになるのですが、C子の出産と時期が近かったので、とても他人事とは思えない緊張感を持ちながらC子の様子を観察していたのでした。特別休暇の後、教室に行って生まれた子どもの話をすると、生徒たちが喜んでくれたことに驚きました。まさか生徒たちが担任の教師にそんなに関心を持ってくれているとは思えなかったからです。生徒への眼差しの向け方を考えさせられました。C子は誕生する生命の尊さを教えてくれた生徒と言ってもいいのかもしれません。

3 心理臨床との出会い

(1) 統合失調症、思春期女子の関係性——四年目：D男、D子とE子

ようやく四年生まで持ち上がりました。

ふとしたきっかけで県の学校カウンセリング研修に出向くことになりました。定時制に勤務しているうちに昼間の世界と隔絶したような感覚になっていましたから、たまには県の機関に出張するのも気晴らしになっていいかなくらいに思っていました。カウンセリングと言われてもおぼろげな知識しか持ち合わせていなかったのですが、講義を聴いていて我にもあらず惹き込まれてしまいました。

そこではまずロジャース（Rogers, C.R.）のカウンセリング理論やエリス（Ellis, A.）の論理療法を知ること

になりました。恥ずかしながら、〝ロジャース〟など聞いたことも読んだこともありませんでした。他人に悩み事を相談するというスキルの必要性などそれまで考えたこともなかったのです。ところがそこでは共感や受容など、心理療法の基礎的な概念を学ぶことができました。生徒と話すときのコツのようなものをモデル化するとこんな感じなのかなというところが大いに腑に落ちました。

わずか数回の研修ながら、生徒との関わり方が変化しつつあった頃なので時宜を得たものでした。この研修には翌年も継続参加し、カウンセリングのロールプレイやアサーショントレーニングなど、実際場面でも役立ちそうな訓練を受けさせてもらいました。また、これが機縁で、後に『ロージァズ全集』（岩崎学術出版社）、『フロイト著作集』（人文書院）、『河合隼雄著作集』『河合隼雄著作集Ⅱ期』（岩波書店）など、心理療法や精神分析に関する書籍を渉猟し読破することになりました。

D男は三年生から編入した統合失調症（当時は精神分裂病）の生徒でした。以前、全日制高校に通っていましたが、病気のために中途退学し、三〇歳近くになるまでアルバイトを転々としていました。体調不良を訴えたので、少し休ませようと談話室に連れてくると、「先生なら話せそうだから」と病気のことをためらわずに話し始めたのです。困惑しながらもとにかくその場は話を聴くことにしました。まだ本格的に臨床心理学を学ぶ前のことでしたので、統合失調症が実際にどんな症状を呈するものなのか知りもしませんでしたが、幻覚や幻聴、妄想、特有の臭いなど、今から思うとD男の状態はまさしく統合失調症の症状そのものでした。（後に放送大学の実習で、閉鎖病棟の統合失調症の患者さんたちと接する機会を持つことになりました。）通院と服薬もしていて、一日中ボーッとして青白い表情をしていました。急性期は過ぎているものの残遺した症状が続いていたようです。父親も同じ病気で苦しんでいることなども話してくれました。

ある日、県の施設で就職に関する説明会があり、D男を含め生徒数人を引率したときのことです。各校の生徒たちは希望する会社のブースで話を聞くことになりました。引率教員たちはその間待つことになったので、久しぶりに顔を合わせた前任校の同僚と世間話をしていました。すると、D男は不安げな顔をしてこちらをしきりに気にしています。じっとしていられないようで、私のところまでやって来て何やら意味不明のことを口走ります。そしてまたブースの列に戻るのですが、少しすると、またこちらにやって来ます。それが何度も繰り返されました。

D男は結局、会社の説明に集中できないまま帰ることになり、電車の中でも落ち着かない状態が続きました。あとから考えてみると、どうやらD男は自分の悪口を言われていると思い込んでいたらしいのです。私は知り合いと世間話などしている場合ではなかったのです。その後もD男の就職活動は厳しいものがありました。もし心理臨床の知識やスキルを幾らかでも持ち合わせていれば、D男に付き添って不安を緩和してあげられたかもしれませんが、当時は私が見立てられる限度を超えていました。

実はB校定時制ではD男の他にも統合失調症の生徒が何人か在籍していました。いったん全日制高校に入学しながらも病気のために通常の学校生活がうまくいかず転入してくるケースが少なくないのです。

仲の良いD子とE子は、入学時から登下校、授業中、給食の時間と一緒に行動することが常で、およそ他の生徒と話しているところを見たことがないくらいでした。D子は話し方がいわゆるヤンキーみたいで、よく暴言を吐く扱いの難しい子でした。家庭の経済事情により会社勤めをしながら通学していました。E子もまた昼間はアルバイトをしていました。二人は言動が似通っていて、反抗的な態度には辟易していましたので、とにかく何事もなく過ごしてくれればそれで構わないくらいに思っていました。ですからこの二人の内面を、それほど深く考えたことはありませんでした。

二学期も後半のある日、E子が体調不良で欠席するとの連絡が家庭から入りました。始業前だったのでそのまま気にも留めずに授業の準備をしていたところ、さっき電話をくれたばかりの母親が突然現れ、E子の退学願いの用紙を請求してきたのです。母親は「E子はずっとD子のことが嫌で仕方がなかったんです、もう我慢できないみたいです」「D子には内緒にしておいてくれますか」と言ってきました。さすがに絶句し、〈卒業まであとわずかしかないのでなんとか頑張れないでしょうか〉と慰留しましたが、E子の意志は固くて撤回できないとのことでした。急いでいるふうでしたので、仕方なく所定の用紙を渡しました。何か家庭の事情でもあるのかとも思いましたが、早々に退学願いが送付され、学校としては受理するしかありませんでした。

女子生徒同士の関係の難しさを思い知らされた事例でした。女子数人のグループで行動を共にする光景をよく目にしますが、その場では互いに楽しそうにしていても、心の中では別のことが起きてしまっているのです。話題となる当人と実際に顔を合わせているときと、そうでないとき（当人を除く他の子といるときやネット上での交流）とでは、その子に対する態度や言動が豹変するという報告を、さまざまなメディアを通じて耳にするようになりましたが、当時そのようなことに無頓着だった私は、奇妙に思うと同時に女子生徒同士の関係に戦慄するしかありませんでした。

ともかく多くの経験をしながらも、年度末になって初めて定時制高校の担任として卒業生を送り出すことになり、ようやく一仕事終えた気分になりました。

（2）卒業生の結婚――五年目：E男とF子

B校五年目を迎え、担任をいったん外れて教務主任となり、事務的な仕事とカウンセリング研修の年度を過ごすことになりました。

E男とF子は在学中から交際していた生徒ですが、卒業した年の初夏に結婚しました。E男は二一歳、F子は一九歳で、結婚と言っても入籍しただけでしたが、二人から報告を受け、食器棚で眠っていたモーニングプレートのセットを贈り、会食しました。E男は明るくておしゃべり好き、F子は控えめだけど思慮深い性格で、お似合いの二人でした。定時制高校で蒔いた種が育ったようなうれしさを覚えました。結局、教師が仕事を続けていく喜びや糧《かて》となるものと言えば、生徒からの励ましやつながりといったものなのです（佐藤、二〇〇七）。もし生徒が元気で輝かしい人生を歩んでいたらそれに越したことはありません。

秋になって、長期研修に出てみないかという話を管理職から持ちかけられました。現場を離れて専門の部門について大学院で一年間学ぶというものです。県の学校カウンセリング研修に足かけ二年にわたって参加してきて、臨床心理学を深く学んでみたい気持ちが芽生えていましたので受けることにしました。幸い受け入れ先も決まり、県の審査や選抜の面接もすんなり通りましたが、後で振り返ってみると、これが大きな転換点になるとは思いもよりませんでした。

（3）定時制高校でのコムニタスな体験

B校定時制での経験はコムニタス[1]な体験（Turner, 1969）だったと言えるかもしれません。全日制の高校では学校自体の生徒指導体制が確立されていて、大方の生徒は教師との立場の違いをわきまえ、その傾斜した関係を壊して教師に迫ってくることはありませんでした。世間的な常識とか暗黙の了解というものが学校全体を覆っていて、教師は教師、生徒は生徒であればよかったわけです。言葉遣いを例にとると、生徒は教師に敬語で話しますが、教師の側はそうとは限りません。上下の傾斜した関係が当たり前のことでしたので、私を含め教師たちは上位の立場に安住していましたが、生徒は下位のそれに甘んじていられたでしょうか。必ずしもそうではないはずです。B校で気づかされたのはそのことでした。無意識のうちに教師という立場に固執しすぎていたということです。こちらが上位の意識で話しかけてみても、生徒には自分が下位だという感覚がないのですから通じるはずがありません。最初はなぜ話を聞いてくれないんだと内心憤ることが多く、その先になかなか進めませんでした。教師や生徒という立場をどうのこうの言っていられない状態が長く続くことになり、これは何か違うなと感じたのが一年ほど経過してからですので、よほど鈍かったとしか言いようがありません。

生徒の言うことに（生徒はいちいち細かいことで何か言ってきます）よく耳を傾けてみると、確かに彼らの言う通りだなと思うことが多々ありました。それを少しでも受け入れられるようになると相手もこちらの言うことを受け入れてくれ、互いに相手を信頼する雰囲気が生まれてきたように思います。例えば、ノートの使い方について説明した後、生徒からさまざまな質問や意見が出てくることがあります。ノートの形状や大きさ、縦書きか横書きか、線の引き方、色の使い分け、筆記用具など、こちらが説明したことに対して、なぜこれではいけないのかといったことです。「（Ｂ５ではなく）Ａ４のノートか学習帳を使いたいんだけど」「横書きでもいいじゃん」「（線を引くのは）三分の一じゃなく二分の一（のスペースのところ）でいいでしょ」など、全日制の学校では予想もしなかったようなことを訊いてきます。定時制に来る前は常識論で済んでいたことが通用しなくてしばしば困惑させられました。しかし、そこであれこれと言い合うことで生徒との交流ができてきたのだと思います。まるで子ども時代に経験するような話かもしれませんが、子どもの場合、いわゆる喧嘩を繰り返しながらも共に遊び相手との繋がりが途切れない関係となり、果ては互いに相手の存在を必要とするようになっていくのではないでしょうか。

例えば誰がボスなのかとか、その後の子どもなりの社会構造を構築していくということです。子ども同士では上下の傾斜関係などというものはありません。いわば最初から身分関係の境界性（リミナリティ）に置かれているので、そこで行われたことが儀式化されやすいと言えます。これは思春期を経てある程度大人の社会に入ってくると頻繁には起こらない現象でもあります。しかしＢ校定時制のように生徒と私に初めから上下関係など存在していない状況では、その場で相互行為がなされることで社会的な関係が築かれていったものと思われます。この儀式化の過程こそコムニタスな経験だったのではないでしょうか。付け加えるに、生徒のおよそ九割以上が親との関係に機能不全をきたしている複雑な家庭状況を抱えていましたので、それを鑑みると、愛着（Bowlby, 1969）が未発達な生徒たちが思春期になって愛着欲求を示していたと言えるかもしれません。また、私自身も、職業を持っていた母への思慕が満たされない幼少期を送っていましたので、善くも悪くも生徒との適度な相互行為により生徒以上に遅れて愛着を形成していったものと思われます。

また、その他にも生徒たちが次々に難題を出してきて、その前で立ち尽くしてしまっていたのですが、定時制高校という環境は決まりごとが少ないぶん、自分の頭でじっくり物事を考えることを許してくれました。また、教員の数が少ないので、普通の学校だったら事務や業務の方がやってくれるようなことも自分でしなければなりませんでした。教員というのは授業だけやっていればいいというのは大間違いで、学校によっては雑用の占める割合がかなり多くなります。

定時制高校の雑用には思いもよらないものがありました。時には生徒の家庭に深く関わらなくてはならないこともありました。雑用ではなくてむしろ本業と言えるのかもしれません。雑用だという意識が頭を占めていたら仕事への意欲がなくなりますが、これが本業だと思えば興味も湧いてきます。授業料を徴収するため深夜に当の家を訪ねて行くと、食器や雑誌や家具などが散乱した部屋の様子や兄弟の人数の多さに圧倒されたり、そこの家に出入りする不審な人物に出くわして身動きが取れなくなったことがありますが、その生徒を理解するのにちょうどよい手がかりとなりました。全日制高校では考えられないことですが、定時制高校ならではの経験となりました。

4　学校現場を離れて

（1）長期研修

翌年は長期研修の年となりました。教員として学校という場所に二〇年近くも勤務し、それ以外の世界に出るのは初めてでした。現場を離れるということは、倦怠に苦しんでいた頃では考えられないことでした。平凡な生活も変わることがあるものだという実感が湧き、まるで新入生のように緊張していました。身分は内地留学生ということで、大学院では教育学研究科に籍を置き臨床心理学を学ばせていただくことになりました。

大学院でのゼミや論文指導、カウンセリングの演習、各施設での実習、ボランティア活動、レポート作成やゼミの予習など盛りだくさんの毎日でしたが、楽しくて仕方ありませんでした。学生時代にまるっきり勉強しなかったツケを払うかのように、何でも吸収してやろうと朝から晩まで動き回り、図書館には夜の閉館時間ぎりぎりまで詰めていました。また、長期研修を利用し、教師についての研究をしようと小・中・高の現役教師たちにインタヴューを試みていました。当時は予定外でしたが、後に質的な研究方法でまとめて放送大学大学院に修士論文として提出し、その後も加筆修正を加えて『心理臨床学研究』（日本心理臨床学会学会誌）に掲載していただくことになりました。

あれほど前向きになった自分というのは、いつ以来だったでしょうか。子どもの時分も中学高校時代も、まして大学や社会人になってからもおよそ厭世的で否定的な人格を続けていた自分をどこかで転換し、生きている感覚を摑みたかったのかもしれません。統合失調症の方は「現実との生ける接触」を持てていないという現象学的な見解があります（Minkowski, 1953）。実は私にもそのような傾向がないわけではなく、何とかその暗雲が垂れこめている世界から本気で抜け出し、「生の輝き」(Minkowski, 1953) を放ちたくなっていたのだと思われます。

思えば、小学校二年生から母方祖父、父方祖母、父方祖父と、毎年肉親の死を経験し、どこか病的で離人感のような感覚が付きまとうようになりました。中学時代は運動部で猛烈な練習をして全国大会でも上位に入賞するくらい体を動かしていましたが、高校時代は進学校に入学したにもかかわらず、ちっとも勉強に身が入らず、茫漠とした毎日を過ごし、将来に対する展望も描けずに、いつのまにか体も虚弱になっていました。子どもの頃から続く両親の不和もあり、大学入学という名目で一刻も早く家を出たいと思っていました。そして上京するのですが、そのくせ一人暮らしに慣れないうちは実家を頼りにしていたものです。大学では授業に顔を出すことが少なく、四年生になっても単位の取得に汲々としていました。会社訪問などしたくてもできなかったのです(する気もありませんでしたが)。そこで、公務員か教員(なぜか教職課程を履修していました)なら試験さえ通ればなんとかなると思いました。そういうわけで、幼い頃から父に勧められていた教員を目指すことになったのです。父の言葉が脳裏にあったのかもしれません。反抗していたつもりが、頭のどこかで従っていたということでしょう。とにかく卒業するのだから自活しなくてはいけないという気持ちだけでした。

(2) 放送大学大学院

多くの経験をさせていただいた長期研修も半ばに差しかかった夏の終わり、電車に乗っていると、偶然ある広告が目に飛び込んできました。〝放送大学〟です。放送大学……? 名前は知っていましたが、最初はピンときませんでした。大学院で臨床心理学が学べる学科があり、しかも実務経験を経て臨床心理士資格試験の受験資格が得られるというのです。せっかく学び始めた臨床心理学を資格という形で残し、突き詰めてみたい気持ちが沸々と湧いてきました。試験は秋で、目前に迫っていましたので、試験の要項を取り寄せ、すぐに受験勉強を開始しました。門外漢でしたが、必要な問題集や過去問題を手に入れ、関係する書籍や文献を読んで試験当日に備えました。

そして運よく放送大学大学院に合格し、臨床心理士の資格取得に向けて踏み出すことができました。学科の内容をラジオで聴くという体験も新鮮でしたが、年三回の面接授業で、実際に先生方のお話を伺ったり演習に参加したりするのは、新鮮などという言葉では形容しがたいほど胸を躍らす経験でした。また、たくさんの異なる業種や職種の仲間と出会うこともできました。長年学校という狭い世界しか知りませんでしたので、いろいろな仕事をされている人たちの話を聴くのは心楽しいものでした。二年目には修士論文を書き進めながら都内の中学校の相談学級に実習に通わせていただきました。修了して数年たった現在でも同期の方々を中心としたつながりは貴重な財産となっています。なかでも滝口俊子先生のゼミから始まった「なずなの会」は毎年開催され、仲間同士の近況を伝え合う場にもなっています。

(3) 実務経験

修了後、臨床心理士資格試験を受けるため、休日を利用し実務経験として某心療内科クリニックにお世話になることになりました。院長には主に初診の患者さんの面接をするように言われました。医療領域での初めての実践で、先輩の臨床心理士に教えていただきながら面接の経験を重ねていくことができました。多い日には八〜九人の患者さんの初診面接をしたこともありました。他にも集団でのデイケアや心理検査など、臨床心理士の基本的な仕事をさせていただきました。本業を抱え週一日の実務経験でしたので、一年で済むところを二年かかりましたが、何しろ教育現場しか知らない身にとって医療現場、それも民間のクリニックでの経験もまた外の世界を知るよい機会となりました。

5 再び教師として、新たに臨床心理士として

(1) 違和感

さて、長期研修を終えた後は、辞令により全日制の学校へ異動していました。そして二年間の放送大学大学院と二年間の実務経験が続いたので、四年間は仕事をしながら学んでいたことになります。因果は巡ると言うか、まさに定時制高校の生徒と同じ立場で同じ四年間を過ごしていたわけです。新しい職場C校では、大学院を修了し、実務経験が始まってから学級担任を持つことになりました。心療内科クリニックで心理臨床の経験を積みながら、再び教師としてじっくり生徒と向かい合う機会がやって来たのです。

院生時代は学ぶことに夢中で仕事にあまり熱が入らないままだったので、ようやく現場への復帰が実感されました。けれども臨床心理学にどっぷり浸かり過ぎたのか、教師としてよりも心理臨床の眼で生徒に接しようとする自分がいました。まだ臨床心理士資格試験の準備をしている頃で、正式な臨床心理士となったわけでもないのにそんな意識を持つとは妙なことですが、教師としてのアイデンティティはどこかに置き去りにしていたのです。生徒は私に教師を見ているわけで、それ以上の何を期待するわけでもありません。どこか噛み合っていない感じで（定時制高校とはまた違った意味で）生徒と過ごすことになりました。教育現場を離れた感覚が長く続き、現実とのズレが生じていたのかもしれません。

(2) 心理臨床の眼

とはいえ、学校現場は常に生々しく動いているものです。不登校、いじめ、精神疾患、反社会的行動、摂食障害、自閉症スペクトラム、種々の学校不適応等々、日々問題が立ち現われてきます。〝心理臨床の眼〟を持っ

て学校を眺めていると、どうしても気になる生徒が出てくるものです。以前なら生活指導的な視点でやり過ごしていたものですが、校内の空き教室や準備室などを利用し、個別的な指導に力点を置くことが多くなってきました。生徒だけでなく保護者との面接も積極的に行うようになりました。集団療法よりも個人のセラピーを志向していたと言えばそれまでですが、自分の中に〝心理のプロ〟気取りの部分があったことは否めません。そこから解放されたのが臨床心理士の資格を取得した後だったことを思うと、自分の未熟さを必死で守ろうとしていたのかもしれません。集団から個人、個人から集団、どちらも生徒を見守っていくアプローチとしては大事なものですが、学級担任を受け持つ教師としては、集団全体に働きかけるのが本務であって個別指導は二次的なものというのが一般的だと思われます。にもかかわらず、当時の私は後者に傾倒していたのです。

ただその頃、知人に誘われて月一回のサイコドラマに参加し、集団精神力動的な見方には興味を持っていましたし、修士論文を書くうえで有効な示唆を与えられたナラティヴ・セラピーの多くの知見（McNamee & Gergen, 1992 など）にも触れていましたので、それらを意識することは学校現場においても有益なものでした。つまり、第三者から見た自分を表象することと家族療法的な視点で生徒を凝視することで、生徒だけでなくその背後にいる家族にも視線を延ばし、保護者の方々の語り［2］に耳を傾けることが可能になり、生活指導の幅が広がっていくのを実感していました。単純ではあれ、語りを丁寧に聴き取り、個人の物語をつなぐ（河合、二〇〇一）お手伝いをするという姿勢が、いろいろな問題を負った生徒や家族を変容させていくのを目の当たりにするのはちょっとした驚きでした。

脚色や潤色を用いた表現だけでは守秘義務を保てないので、詳しく紹介できないのが残念ですが、ある事例では、事件を起こした当該生徒が社会的に抹殺され、そのままでは家族全体が崩壊しそうな状況でした。学級担任である私にできることと言えば、単に保護者の心痛を察してその語りに意識を集中することだけでした。ところが、そこでは保護者が懸命に語ることによりご自身がエンパワメントされ、家族の再生を望む強い意思が子どもの更生の鍵となり、傍から見ていても家族の機能を取り戻していく様子が手に取るように見えるのでした。偶然だったのかもしれませんが、私は何もしていないのに、いわば何もしないことに力を注いでいたのに（河合、一九九九）、家族が変わっていかれたことに、「語る力」の強さと畏ろしさを思い知らされました。

問題の当事者だけでなく家族全体に目を向けると、必ず解決の糸口となるもの（構成員に限らず）が存在することは、学校現場において途方に暮れたときに大いに助かるものです。生徒だけを観ていたのでは行き詰まってしまう事例でも、家族の誰か（あるいは何か）が動き出してくれることで光が見えてくるのです。家族の見取り図（構成図）を描いてみて、解決の手がかりを探り、仮説を立て、対象との繋がりを試みると、なぜかそこから何かが動いていくのです。そんな見方が少しはできるようになったのも教師としての私が臨床心理学を学んでみて以前と変わったところです。そういう意味で右記の事例ではとても貴重なことを教えていただきました。

しかしそれが私の一つの心理臨床的なアプローチとなっていく一方で、依然として教師である自分の姿勢が学校現場にそぐわない感覚も味わっていました。おこがましくも生徒の心に向き合うという責任に比べて、高校教師としての担当教科の指導もまた決して軽くはない使命です（特に文学の抗しがたい魅力は、私が教師を続けてきた必要にして十分な理由でもあります）。両方抱えて仕事を継続することへの不安がどこかで私を脅かしていました。いわゆる心理か教育かのアイデンティティの葛藤に晒されていたわけですが、そのことに気づいたのはもう少し後になってからでした。

（3）異変

二年間の実務経験を終え、臨床心理士資格試験にも合格し、もう少し心理臨床とその研究に深く携わりたいと準備をしていた頃、人間ドックを受診すると病気が見つかりました。宣告を耳にした瞬間、目の前が真っ暗になり時間が止まりました。一瞬のうちに暗黒に突き落とされ、未来に横たわる死の影が頭を掠め、しばらく医師の前で身動きできないでいました。幸いにも早期のうちだったので内視鏡で病巣を切除することができたのですが、恐怖に打ち震える日々が続きました。それまでしてきたことに関心が持てなくなり、ただ生と死の境目を彷徨する感覚が長きにわたって続きました。それでも、でき得る限り長く生きたい、妻と娘と共になるべく長い時間を過ごしていたいと思いました。まだ小学校低学年だった娘の成長をある程度見届けなくては諦めがつかない気持ちでした。医師には二週間ほどの抑うつ症状は正常な反応だと言われましたが、人心地ついたのは二、三カ月経ってからでした。「（悪いところが）見つかってよかったですね」との言葉を信じ、自分にも言い聞かすことにしました。

6　終わりある旅と終わりなき旅［3］

（1）教師と心理臨床——終わりある旅

果たして心理臨床を学んだことは教師として正解だったのか。もともと教師という仕事に思い入れが少なかった私は、A校に勤務していた当時、倦怠の中で仕事を続けることに意味を見出せなくなっていました。担当教科への興味はありましたが、生活指導に関しては疑問を抱くことが多かったのです。例えば、生徒の髪の長さや色、スカート丈の長さなどを指導していると、なぜこんなことをしているのかと自分自身に屈辱を感じてしまうのです。教員数人で生徒を取り囲んでいるときなどは、嘔吐感すら覚えていたものです。そうした折に気持ちが向かったのが夜間の学校でした。昼から夜へ、この転換が意味するものは何だったのか。自分の意識が何か目に見えない力で動き始めていたことは確かです。四〇歳を迎えようとしていました。ユング（Jung, C.G.）は人生の後半に至るための転換期だとし（河合、一九六七）、レヴィンソン（Levinson, D.J.）も「人生半ばの過渡期」（Levinson, 1978）と呼んでいますが、今まで見ようとしなかった夜の部分に興味が向けられ、再評価し、向き合おうとする私の態度は、発達心理学的な見方に合致していたものと思われます。

しかし定時制高校から長期研修に出て、後に待っていたのは再び全日制への異動でした。これまでと違う眼で昼間の生徒に関わることには何かわくわくするものを感じましたが、一方で、定時制で過ごすうちに生徒の心を理解しようと臨床心理学を学んでおいて、再び全日制に戻ってくるのには、何か肩透かしを食らったような気がしました。心理臨床の世界に踏み込んでしまったことで教員としてのアイデンティティが混乱し、生徒に向き合いながらも何かそぐわないものを感じていました。心理臨床が本当の意味で実りあるものになるのには少し時間が必要でした。この後に控えていたのは放送大学大学院と実務経験と臨床心理士資格試験という決して短くはない道のりでしたが（定時制の生徒と同じ境遇を生きることで未だに夜の世界を引きずっていたのでしょう）、そこを通過してようやく教師としてアイデンティティの混乱なく生徒に向き合う覚悟ができたように思います。定時制に異動した年からすでに一一年もの時間が経過していました。（アイデンティティについては、エリクソンの人間の発達段階の図式［Erikson, 1963］と照合するなら、青年期に未決定だった問題が取り残されていて［青年期の危機は「同一性対役割混乱」］、それがここで解決されたと考えられないでしょうか。）

（2）走ること、生きること——終わりなき旅

病気の後、痩せて体力の衰えが目立つようになったので、アルコールを止め、食生活も改めるようになり

ました。体力をなんとか維持するために時間を見つけて散歩の習慣も持つようになりました。一度始めてみると、意外なことに近所を歩き回ることが楽しくなりました。自宅周辺の家屋の建築デザインや庭の配置、建築中の進行具合などを雀躍《じゃくやく》として見て回りました。ふと見上げた空に浮かぶさまざまな形の雲や道端に咲く色とりどりの草花に自然や生命の不可思議を感じるようになりました。遠景を見晴らせる場所では富士山をシルエットにして沈む夕陽を眺めて身が震え、世のすべての人々にその光景を伝えないではいられない衝動に駆られもしました。

そうして一週間から一カ月、二カ月から三カ月と散歩を続けるうち、いつの間にか途中で小走りするようになりました。初めは三〇メートルくらい進むと立ち止まっていましたが、だんだん走る距離が長くなって、歩いたり走ったりを繰り返すうち、途中から終わりまで走り通せるようになりました。いつのまにか散歩がジョギングになり、走ることの新鮮さと自分の存在を一歩一歩大地に穿つ心地よさを堪能していました。走行可能な距離が延びるにつれ、何かの大会に出てみたいとさえ思うようになりました。楽しさのあまり走り過ぎて腿やふくらはぎや足の甲などを痛めもしましたが、そのうち一〇キロメートルのレースやハーフマラソンに出場するようになり、走り始めて一年半で初めてフルマラソンを完走することになったのです。

達成感よりは、まだまだこれからだという気持ちのほうが強くなりました。また、走ることで忘れていた以前の身体感覚が戻ってきたように感じています。体をどこかに置き去りにして心理臨床に没頭しすぎ、心と体のバランスが崩れていたのかもしれません。心身一如、心と体はどちらも疎かにしてはいけないことを身をもって知りました。

体の感覚が戻ったことで、再び生徒に正面から向き合えるようになりました。生徒との関係を付け焼刃の精神分析的な力動論で考えていた頃に比べて、違和感が減退し明確な反応が返ってきます。自分を壁に見立てて跳ね返すイメージで、言われたことを直截に受け止め、思ったことをそのまま口にして返すと、屈折した思春期の生徒たちには安心感を与えるようです。心理臨床家がそうであるように教師もまた善人であろうとする必要はないのです。〝ねばならない思考〟に囚われると自由度が減り、ひいては生徒をも縛ることになりかねないのではないでしょうか。現在約五・一キロメートルの周回路を練習コースにしていますが、周縁を繰り返しぐるぐる回ることで、その中心を固めていこうと心がけています。私の裡では走ることが強くしなやかで分厚い壁を構築していく作業となっているのです。

東日本大震災が起きる数カ月前、私の病気と前後して父が死去しました。私の病気のことは最期まで打ち明けられませんでしたが、それ以来しばしば父の人生を自分に重ねて考えるようになりました。父は地元の人々や自然に囲まれて教師の仕事を全うし、退職後も家を守ることと人との付き合いを第一に考えて毎日を過ごしていました。まるでそれが当たり前であるかのように。

朝暗いうちに床から起き上がり、ゴミを纏めて収集所に出してくると、朝食の準備をし、食べながら新聞に眼を通します。洗濯などの雑用を終え、テレビを点けてゆっくりすると、昼からは散歩がてら近所を冷やかして回ります。夕方には野球や大相撲（本場所中に限りますが）の中継を観戦し、刺身をつまんでは焼酎を少しずつ口に運びます。顔が最もほころぶ時間帯です。そして人々が仕事を終えて疲れを癒している頃にはおもむろに床に入ります。

晩年、父は何のために生きていたのでしょうか。日々の暮らしをコツコツと積み重ねることが目的であり手段であったかのようにも見えます。だとしたらそれは、今目の前にある状況を生きるために生きていたのだと思うのです。生の目的はそれ自体にあったわけです。生きるのを止めたとき生は終わるのです。飽くことなく繰り返される毎日を生きぬくためには、忍耐と、忍耐を超えたところで生を享受しようという構えが必要であって、それがいかに困難なことであるかが最近になってほんの少し理解できるようになりました。

父の看病と介護のために度々帰省していた一〇カ月余り、バッハの平均律クラヴィーア曲集をよく携帯音楽プレーヤーで聴いていましたが、これらの楽曲群が生の意味を直《じか》に伝えてくるかのように今でも私の頭の中で響いているのは、その微かな証《あかし》かもしれません。

心理臨床の経験は、教師としての私の再生を促してくれました。心理臨床の眼を持った教師として、私は今日も生徒の前に立ちます。私の終わりなき旅はまだまだ続きそうです。

［注］

1　コムニタス（Communitas）とは、スコットランドの文化人類学者 Victor Turner（1920-83）が提唱。構造と対になる概念で、通過儀礼の中での、身分の上下や男女の区別、財産の多寡等を超えた自由で平等な人間関係のあり方をいう。

2　語り（narrative）の概念は一九八〇年代以降、人文科学をはじめ心理臨床にも影響を与え続け（Spence, D.P.,1982; Polkinghorne, D.E.,1988 など）、特にナラティヴ・セラピーの理論的な支柱として臨床の場に持ち込まれることになった。

3　フロイトのパロディをお許しください（Freud, 1937）。

［文献］

Bowlby, J. (1969) *Attachment and loss: Attachment.* Penguin Books. Harmondsworth. Middlesex.（黒田実郎ほか訳『新版（改訂増補版）母子関係の理論』第一巻 愛着行動、岩崎学術出版社、一九九一）

Erikson, E. H. (1963) *Childhood and society.* W.W. Norton. New York.（仁科弥生訳『幼児期と社会 1』みすず書房、三五〇～三五一頁、一九七七）

Freud, S. (1937) *Die endliche und die unendliche Analyse.*（渡邉俊之訳「終わりのある分析と終わりのない分析」『フロイト全集 21』岩波書店、二四一～二九四頁、二〇一一）

河合隼雄『ユング心理学入門』培風館、二三六頁、一九六七
河合隼雄『カウンセリングを語る　上』講談社、二八九頁、一九九九
河合隼雄編『心理療法と物語』講座心理療法：第2巻、岩波書店、二〇〇一
Levinson, D. J. (1978) *The seasons of a man's life.* (1st ed.) Knopf. New York.（南博訳『ライフサイクルの心理学』講談社、一九九二）
McNamee, S. & Gergen, K. J.（eds.）(1992) *Therapy as social construction.* Sage Publications. London.（野口裕二・野村直樹訳『ナラティヴ・セラピー――社会構成主義の実践』金剛出版、一九九七）
Minkowski, E. (1953) *La schizophrénie: psychopathologie des schizoïdes et des schizophrènes.*（村上仁訳『精神分裂病――分裂性性格者及び精神分裂病者の精神病理学（改版）』みすず書房、一九八八）
Polkinghorne, D. E. (1988) *Narrative knowing and the human sciences.* State University of New York Press. Albany.
佐藤雅明「30代長期研修教員の自己の語りに関する一考察」『心理臨床学研究』第二五巻第三号、三〇二頁、二〇〇七
Spence, D. P. (1982) *Narrative truth and historical truth: Meaning and interpretation in psychoanalysis.* W.W. Norton. New York.
Turner, V. W. (1969) *The ritual process: Structure and anti-structure.* Aldine Pub. Co. Chicago.（冨倉光雄訳『儀礼の過程』新思索社、一九九六）

第5章 学生と共に歩む心理臨床
学生相談とボランティア活動

Kimura Saeko 木村佐枝子

1 はじめに

このような仕事をしていると「なぜ、心理臨床家を目指そうと思ったのか」と尋ねられることが多くあります。この問いに、明確な答えはないだろうと思っています。高石（一九九五）は、このことを「カルマ」と表現しています。そして「いつでも辞められるのに、辞めてないから〝カルマ〟なんです」と記しています。私と心理臨床との出会いは、何か劇的な出来事があったわけではありません。気がつくとそこに居て、なんとなくそのことを仕事とし、それを続けてきているという感じです。一言で言えば「縁」があったのだと思います。ただ、ここに至るまでには目には見えない何かしらの大きな力に導かれてきたような気がしています。心理臨床の入口は「たまたま」の偶然だったのかもしれませんが、それぞれの節目で出会ったクライエントや多くの師、共に学んだ友人たちが、この場へ導いてくれたような気がします。

私が生まれ育った街は、二〇〇年ぶりの噴火となった雲仙普賢岳を見下ろす長崎県の南東部に位置し、あちこちから湧き水が溢れ出る豊かな自然に恵まれたところです。私が幼少期を過ごした祖父母の家の前には、二階建ての家をはるかに超す大きな木がありました。その木は闇夜の中でもひときわ大きく、黒い影を映し出していました。繁った葉っぱは風が吹く度にサワサワと大きな音を立てていました。子どもの頃はその木がとても怖く思えて、小走りで家の中へ逃げ込んでいました。その木は、私が小学生のとき、中学生のとき、高校生のとき、そして成人になっても、豊かな堂々した木としてずっとそこに立っていました。大学入学とともに故郷を離れ、祖父母の家に行く機会もなくなり、いつしか私はその木のことをすっかり忘れていました。

祖父が亡くなり、ある日、久しぶりにその家を訪ねました。何か違う風景でした。そう、あの木がなくなっていたのです。大きな木は幹の部分を残してばっさりと切られていました。木の下に建てられていた住宅を圧迫していたため、切られることになったのだそうです。私の成長と共にあったその木は、これから先もずっと変わらず、大きな木としてその場所に立っているものだと思っていました。

いつまでも変わらない風景は安心感をもたらしてくれます。変わらずそこに存在することは、大きな意味を持つでしょう。しかし、生あるものは必ずいつか別れが来るということも、どこかで覚悟しておかなければならないと思います。

私の心理臨床との最初の出会いは大学の学生相談室でした。学生相談は、学生の大学時代という限られた時間になります。ある意味、期間限定のものです。学生として籍がある限り、いつでも何回でも利用することはできますが、学生でなくなれば利用することはできなくなります。

学生相談室は、学生にとって大きな木のような存在であると思います。大きな木は時に実や花を咲かせ、その場を和ませてくれるでしょう。暑い夏は日差しとなって、太陽から守ってくれるでしょう。時には木の下で人々が集い、お茶を飲んだり、たわいもない話をするのにも付き合ってくれるでしょう。そんな心地よい場が学生相談の一面ではありますが、学生たちはこのような場からもいつかは「卒業」していかなければなりません。

大学の中で学生のための心地よい場を保っていくことは、実はそう簡単なことではないと思います。つまり、その場を守っていくためには工夫や努力が必要であり、一方で、日々変化していくニーズにも対応していかなければならなくなります。心理臨床のスタンスは変わらないという基本を持ちながらも、柔軟な態度を持つことも心理臨床に求められる一面であるでしょう。

心理臨床との出会いが「カルマ」であるとするならば、それぞれの節目に出会えた人々に恵まれたからこそ、今の私が存在しているのだと思います。つたない自分自身の経験を語ることで、この本を手に取ってくださる誰かの〝道しるべ〟となることができるかもしれない、そんな願いを込めて筆を執ることにしました。

2 心理臨床家への道のり――大学院入学まで

私の心理臨床の現場への入口は、二四年前（一九八九年）に遡ります。大学内に設置されている学生相談室でインテーカー（最初の面接担当者）として勤務したことが、心理臨床との初めての出会いでした。ここでたくさんの学生との出会い、生涯の師との出会いがありました。

私が勤務していた大学の地区には、一二〇超の大学が加盟する学生相談に関する研究会があり、年三回、学生相談の専門家や担当職員を対象とした研修会が行われていました。このような学生相談に関する専門的な研修を継続的に実施している地区はなく、他大学とのネットワークづくりにも役立つ研究会でした。ここで、学生相談領域の事例に多く触れる機会をいただきました。今思えば、とても恵まれた環境の中で心理臨床の世界に身を置かせていただいていたのだと痛感します。

当時、大学に専任のインテーカーを置く大学は珍しく、その役割や業務も明確にされていませんでしたので、試行錯誤のなかでの毎日でした。学生相談室で最初にクライエントと会うことになるのは、インテーカーです。そこでの対応次第で、その後の面接に大きな影響を及ぼすことになります。つまり、インテーカーはただの受付ではないということです。

インテーク面接は、「クライエントと治療者が心理療法という共同作業を共に行いうるか否かを判断するための、最も重要な面接である」（伊藤、二〇〇四）とされ、ここでアセスメント、すなわち見立てが必要となります。クライエントの病態水準はどうなのか、心理療法が可能かどうかなど、この見立てが今後の面接の組み立てにおいて大変重要となります。また、インテーク面接は、単に病態水準の把握のみならず、「次回につなぐ」ことが重要であり、面接への動機づけを行っていくことも必要となってきます。

しかし、大学組織の中では、インテーカーはあくまで受付でしかなく、その専門性はまったく重視されていませんでした。研修会や学会、勉強会などの自主的な学びには限界があり、私は臨床心理の世界でやっていこうと思うなら、専門的に学び直す必要があると感じました。それが放送大学大学院進学を目指すきっかけになりました。しかし、ここに至るまでには、結婚や出産もあり、心理臨床の世界に入ってから大学院進学まで、一五年という月日が流れていました。

3　心理臨床家への道のり——臨床心理士資格取得まで

大学院に入学したのは、娘が三歳になった二〇〇四年のことでした。放送大学大学院には、科目履修生として臨床心理プログラムのいくつかの科目が履修できるシステムがあります。私は臨床心理プログラム三期生として入学しましたが、入学一年前から科目履修生として、大学院修了に必要な単位を修得する計画を立てました。さらに科目履修生として学ぶことで、一定の条件が整えば「教育訓練給付制度」を活用でき、学費の一部の補助を受けることができました。

大学院の二年間は慌ただしく、修士論文を書き、外部の実習機関で現場実習を行わなければなりませんでした。修士一年目の頃は幕張にある大学のセミナーハウスにおいて、約一週間の集中講義が年三回行われ、セミナーハウスに泊まり込んで勉学に励みました。同じ目的や希望を持つ仲間との出会いは、まさに「寝食を共にする体験」でした。

このときのある講義で、「距離が遠い」と言われ、教室内の前後の席を入れ替えるということがありました。おそらく先生は「精神的な距離」を指摘されたのだと思います。教室内の座席は定位置が暗黙の了解となっており、私は一番後ろの端に席を構えていました。「距離が遠い」と指摘されたとき、自分自身のことを指摘されたような思いになりました。前後の席が入れ替わり、友人たちは次々と自分の座席を見つけていきました。そのとき私が移動することになった場所は、一番前の真ん中の座席でした。つまり、先生の目の前に座ることになってしまったのです。私はますます自分のことを指摘されたのだと思い、その講義の間、ずっと複雑な思いでいました。この出来事は、「私は何のためにここに来ているのか」「心理臨床に真摯に向き合っているのか」という覚悟を問われたのではないかと感じています。

放送大学大学院臨床心理プログラムは、第二種指定大学院に認定されており、修了後一年の心理臨床経験を経て、臨床心理士資格試験の受験資格が与えらます。日々の仕事をしながら、また、子育てをしながらの受験勉強は大変過酷なものでした。多忙ななかでどのように受験勉強の時間を確保するのかは大きな課題でしたが、資格試験一年目は「何とかなるだろう」と甘い考えでいました。そればかりか、資格試験の申請に必要な証明書の名前が間違っており、これらの資料を再度取り寄せる作業に一カ月近くかかってしまいました。これは「受験をするな」ということなのだろうか、あるいは、「受験に備える準備はしっかり整っているのか」という問いなのではないだろうか、というさまざまな思いを抱いたままの受験となりました。結果は惨敗。一次試験で不合格でした。

資格試験二年目は、苦手な心理査定を中心に友人と勉強会を始め、並行して過去の問題と徹底的に向き合うことに時間を費やしました。共に受験勉強に励み、励まし合える友人がいたからこそ、この時間を何とか過ごすことができたのだと思います。

心理臨床の世界に入り、大学院修了を経て、臨床心理士資格取得まで二〇年という長い道のりでした。

4　心理臨床家への道のり――心理臨床家として

最初に記したように、私の心理臨床現場への入口は学生相談という領域でした。二〇〇五年に現在の職場に転職し、教員として学生を教育するという新たな道へ進みました。ただし、大学内の学生相談室も兼務というかたちで関わることができ、現在も学生相談が主な臨床現場となっています。学生相談は私の心理臨床の原点であり、これからもずっと学生相談に関わっていきたいと考えています。二〇一二年からは大学院担当となり、臨床心理士資格認定校の教員として、同時に、臨床心理実践教育センタースタッフとして心理臨床家を育てるという立場になりました。

大学教員となってから、教育と研究に加えて、大学の使命としての社会貢献に、より力を注ぐようになりました。なかでも大学の社会貢献活動の中心となるものは、学生自身が学び、知識を深め、自らの意思と行動により実践するボランティア活動であり、学生のボランティア活動を大学として支援していくことは、学生の学びの深化と人間的成長を育むための重要な使命であると考えています。

中国・四川省大地震を契機に学生と共にボランティアサークル ThunderBirds を立ち上げ、国内外の災害ボランティア活動、地域プロスポーツの運営ボランティア、地域警察署との防犯ボランティア活動、地域小学校の発達支援ボランティア、地域力向上事業など、多くの活動を実践してきました。二〇一〇年には学内に学生のボランティア活動を支援するための、社会貢献・ボランティアセンター（HUVOC）を立ち上げ、組織として学生のボランティア活動を支援してきました。二〇一一年に起こった東日本大震災においては、学生と共に被災地に入り、現在も継続した支援活動を行っています。また、転居されてきた被災者の支援や震災を風化させないための活動も継続しています。

私たちが継続支援を行っている石巻市雄勝町《おがっちょう》は、リアス式の海岸が広がる漁村の街で、漁港を中心に海岸線に集落が密集しているため、壊滅的な被害を受けた地域でした。立浜地区は四五軒中四〇軒が流され、水浜地区は一二〇軒のうち、わずか一〇軒しか残っていません。震災前に約四五〇〇人であった人口は一〇〇〇人まで減少しており、過疎化、高齢化が深刻となっています。街の中心にある石巻市立雄勝病院は、海辺に建つ六〇床三階建ての総合病院でしたが、震災で患者四〇人と医師、看護師、職員の二三人が亡くなりました。震災当時、患者らは三階の病室に避難していましたが、三階建ての建物が丸ごと津波に飲み込まれ、ほとんどの方が亡くなるという大惨事でした。無医となった街には、青年海外協力隊としても活動してきた医師が関西から移住し、現在は仮設の小さな診療所が開設されています。

廃墟となった街を見たとき、私たちは何もできず言葉を失いました。被害のあまりの大きさに無力な自分自身と向き合うしかありませんでした。そして、改めて私には何ができるのだろうかということを考えさせられました。

震災から一年後、学生企画による「3・11はままつ東北復光プロジェクト」を立ち上げました。鎮魂の祈りと震災の風化防止を目的として、浜松駅前のアクト通りにキャンドル一万個を並べ、「絆3・11」の文字を浮かび上がらせました。翌年も同プロジェクトを実施し、学生たちが企画運営を行いました。二〇一三年は、「想（おもい）」をテーマに被災地の復興を祈りました。

ここでの活動が、私が心理臨床家として生きていくための大きな転機となったと感じています。そして、これからも学生と共に活動していきたいと思っています。

もう一つ私の人生を大きく変える出来事がありました。放送大学大学院修了後、私は大学教員と学生相談室カウンセラーという「二足のわらじ」を履きつつ、博士課程に進学しました。しかし、仕事と学業の両立で多忙をきわめ、大きく体調を崩しました。自分自身の身体感覚でしかありませんが、訳のわからない異物が身体の中に広がっていくような明らかな違和感がありました。何かが違うという「違和感」を感じることがなければ、今、私はここに居なかったかもしれません。

検査の結果、その異物を取り除くための手術と二カ月間の休職、さらに大学院は二年間の休学をすることになりました。その後も長い治療と副作用に悩まされる日々が続きました。

そして、二〇一一年三月一一日、東日本大震災は起こりました。その夜、学生から電話をもらい、翌日には学生と共に被災地支援活動を始めていました。これらの体験は心理臨床場面でも同じで、「目の前のクライエントのために私は何ができるであろうか」との問いと共通するものであります。困っている人、助けを必要としている人たちを目の前にして、自分には何ができるのかを考えることこそ、心理臨床と向き合うことではないかと思います。

大袈裟かもしれませんが、社会に貢献できる学生を育て、社会に送り出すことが私自身の大きな使命であると感じています。病気も震災も起こらなかったほうがいいに決まっていますが、これらの経験が自分を守り、さらにクライエントを守ることにもなったと思っています。博士課程入学から六年を経て、二〇一三年三月に博士の学位を取得しました。入学当時、小学校一年生だった娘は中学生になりました。

5　イニシャルケースが意味するもの

杉岡（二〇一三）は、「すべてのセラピストにイニシャルケースというものがあり、それがうまくいってもうまくいかなくても、その人の人生の中で大きな意味を持つ」と言っています。人生の岐路に立ったとき、私はイニシャルケースを何度も読み返しています。その時々で感じるものは異なってきますが、ここで再度、イニシャルケースについて考えてみたいと思います。なお、事例の内容は本質を変えない範囲で若干の変更を加えています。

〔事例概要〕

クライエント　Aさん　二二歳　女性　大学四年生

家族構成　父（五〇歳代・会社員）Aさんが高校時に離婚し、別居

母（五〇歳代・会社員）

姉（二三歳　大学生）

主訴「人前に出ると緊張する。何とかしたい」

来談経緯　X年一〇月、Aさん本人が学生相談室の窓口で申し込み。相談申し込みカードの「相談したいこと」の欄には、「対人関係」「性格のこと」に〇印。希望するカウンセラーの欄には「できれば女性」との記載あり。

臨床像　小柄。中背。幼くてあどけない感じ。中学生みたいな感じ。小さな声で甘えた感じの口調。言葉の語尾を伸ばすのが特徴的。自信のなさそうな感じ。化粧っ気なく地味。

見立て・方針　神経症圏。医療機関への紹介はせず、学生相談室で受理できる範囲。卒論を書き、卒業することを援助していく。

【面接経過】

五カ月間、計一二回の面接。大学院への進学が決まり、無事卒業。終結。

#1　初回面接では、対人場面での緊張感を訴える。特に、スピーチ場面での赤面や、授業で意識すると顔が上げられなくなること、人前で発表することへの大変さなど、対人場面による苦痛が語られた。また、緊張すると笑う癖があり、誰かに見られているという不安やみんなに嫌われているという思い込み、妄想的な訴えも見られた。両親はAさんが高二時に離婚。母親について「怖い人」、父親は「やさしい人」と言う。姉は三月までAさんと同居していたが、姉が別の大学を再受験し現在は実家から通学しているため、四年生の四月から一人暮らしになったと言う。本学志望動機は「語学がやりたかったから」。今後の進路については、就職を考えているがどうなるか未定。学生相談室に来ることへの抵抗や、来ることで人からどう思われるのかという強い不安を持ちながら、「ここに来るまで大変でした」と語る。年上や年下よりも同年代の友人との対人関係に強い不安を抱いていることなどが語られた。週一回五〇分で継続面接へ。

#2　友人と向かい合って座ることができない、視線が気になって食事ができないと語る。また、そのことを友人にも指摘されたと言う。授業では、「発表すると人の視線が集中して耐えられない」と語る。

#3　母親との歪んだ親子関係に関して語られる。「常に母親を怒らせないようにしないといけないということが負担になっていた」と語る。母親の怒りは、飲酒と子どもたちへの暴力に向かい、父親はそれを止めなかった。また、両親の離婚以来、父方の祖父母と会うことを禁止され「会ったってわかったら殺される」と言い、泣き出す。

＃4　Aさんが高校時、一年間の留学から帰国した日に、母親が包丁を持ち出して暴れ、「その日に向こうに戻りたいと思った」と語る。

＃5　母親から、就職しないなら大学院へ進学したらと勧められる。

＃6　村上春樹の小説を題材にその夫婦関係を分析する課題に取り組むが、その分析について自分自身の意見をはっきり述べる。

＃7　最近、親しくなった友人ともっと親しくなりたいが、自分のことを知られることや他人に自分のことを言われてしまうのではないかと強い不安を持つ。化粧について「自分をつくっている。本当の顔じゃない」と嫌悪感を語る。今後の進路について、進学することに決めたと語る。

＃8　卒論を英語で書くと言う。「枚数が少なくて済むんで……」という理由。卒論提出後、祖父母に会いに行く、とうれしそうに語る。

＃9　卒論の進捗状況報告。

＃10　大学院は三校を受験する予定。授業で行うプレゼンテーションについて「いらないことは説明しない。できるだけ最小限しかしゃべらない」いうAさんなりの工夫を語る。

＃11　次回は、受験終了の約二カ月後に約束。

＃12　いつもとガラッと変わって女性らしく華やかな印象。大学院への進学決定の報告。これまでの五カ月を振り返る。「しょうもない話をいっぱい聴いてもらって……」と涙を流す。最後に「やっぱり、新聞記者を目指そうと思います」と、言語を使った世界で生きる夢を語り、終結となった。

【考察】

①面接の振り返り

本事例は、対人場面での緊張感、赤面、人と眼が合わせられない、授業での発表の苦痛、友人と向かい合って座れない、視線が気になって食事ができない、人に見られているという具体的な対人不安の訴えをきっかけとして来談しました。

Ａさんはこれまで、幼い頃から同じ境遇にあり、同じ思いを共有してきた姉とお互いを支え合って生きてきました。しかし、姉自身もＡさんと同じ問題を抱えており、Ａさんの思いを受け止めてあげられるだけのゆとりはなかったと考えられます。同じ思いを共有してきた姉に去られ、危機状況に陥り、学生相談室の来談へとつながったのでしょう。

初回面接では、大学生とは思えない小柄で華奢な風貌、猫背でトートバッグいっぱいの教科書や参考書を重たそうに抱えるＡさんの姿は、学習塾に通う中学生のように見えました。Ａさんの実年齢と外見的なズレが面接の中でどのように修正されていくのかが、大きなテーマとなるように思えました。

＃３、４では母親から受けた暴力の体験が語られました。母親の暴力によってＡさんは常に母親の機嫌をとり、顔色をうかがい、黙するしかありませんでした。「緊張したら笑ってしまう」という訴えは、実はこの経験から来ているのではないかと考えます。Ａさんは母親の機嫌をとることで怒りの場を鎮める努力をしてきたのではないでしょうか。やさしすぎた父親は母親を制止することができず、娘たちを守ることができませんでした。このことから、Ａさんにとって安心できる守られた環境がなかったことがうかがえます。Ａさんは面接の中で何度か涙を見せましたが、ただ静かに涙だけが流れるのが印象的でした。おそらく、母親の機嫌を損ねないために隠れて泣くしかなかったＡさんの体験から身についてきたものだと考えます。母親が包丁を持ち出して暴れるという場面は、ともすれば死の危機を連想しますが、実際にＡさんが「殺される」と語ったのは、祖父母に会いに行ったことを知られる恐怖でした。しかし、その恐怖を犯しても祖父母に会いに行けたことから、Ａさんの持つ芯の強さが感じられました。

横山（二〇〇三）は、ユングの言う、娘における母親コンプレックスの第四番目の分類である〝母親に対する心理抵抗〟に注目し、否定的なコンプレックスを持ちながらも母親を拒否し離れることもできず、さまざまな症状を呈する娘たちを例に取り上げ、これらの娘たちが母親からの守りが得られず、母親の激しい感情の受け手になってきたことを指摘しています。また、高石（一九九七）は、娘が母の愚痴のはけ口となって母を支え、家族の調停役を引き受けるという場面を取り上げ、これらのやり取りを面接で再現する能力について、〝自己治癒の衝動〟〝個性化過程〟としています。これらは、それぞれの発達段階において守られたという感覚を得ることができず、母親の一方的な感覚を向けられてきたAさんの環境とも重なり合う部分ではないでしょうか。

＃6では村上春樹の小説が話題となり、面接の次元が変わり、第二ステージへと進んでいきます。小説の内容を分析して書くという課題のテーマは「離婚」でした。Aさんにとっては両親の離婚を思い浮かべる重たいテーマですが、Aさんはこのテーマにそれほどひっかかることなく、分析をしています。この小説がAさんにとって治療的に働いたとも考えられます。つまり、小説の内容を受け止め、簡潔な分析ができたということは、Aさんが両親の離婚をそれほどネガティヴなものとして捉えていないことも考えらえます。また、Aさんが持つ自我の強さとも言えるかもしれません。ここでのAさんの語りは、これまでには見られなかったはっきりとした口調で、教養に満ちた言葉が使われ、簡潔な内容分析で自分自身の持つイメージを見事に言語化することができました。初回面接での甘えた口調、自信のなさそうな発言、申し訳なさそうな感じはまったく現れず、Aさんの新たな一面として誇らしげに思えたところでもありました。

＃7では化粧についての嫌悪感が語られました。Aさんはいつもノーメイクで化粧をする習慣がないと言いながら、＃8以降、これまで見ることのなかった色つきグロスやアイシャドウのメイク、アクセサリー、スカート、ファー付きのコートなど年齢相応の女性らしい服装に身を包んで現れました。このような外見上の変化とともに、自分が感じたことを自分の言葉で語るという作業が、面接の中で少しずつ行われてきました。同時に卒業に向けての準備が大きなテーマとなり、ぼやけていた進路や卒業論文に向けて本格的に取り組む時期となってきました。鶴田（二〇〇二）は、卒業期の学生相談の特徴として、〝現実的な課題への取り組みと内的な課題への取り組みが相補的な形で行われる〟としており、本事例においても卒業論文や大学院受験という現実的な課題への取り組みと、幼い少女から大人の女性への変化という内的な課題への取り組みがなされたのではないかと考えます。

②見立てについて

Aさんの症状は、誰かに見られているという妄想、強迫症状や不眠、平衡感覚のなさが身体症状として訴えられました。Aさんの見立てについて私は神経症圏とし、学生相談室で対応可能と考えていました。卒業までわずか五カ月の期間で何ができるだろうかと考えたとき、私はAさんが卒業できなかった場合を想定していませんでした。目の前にいるAさんのために何ができるのか、唯一そのことだけを考えて面接を重ねてきたように思います。

山中（二〇〇三）はAさんの症状について敏感関係妄想（sensitiver Beziehungswahn）[1]という診断名を挙げています。一九一八年にクレッチマーによって提唱され、〝一つの特徴ある疾患類型ないし偏執性反応型〟とされます。このレベルは多様ですが、これが続き妄想の世界に入り込んでしまうと統合失調症と間違われるほどの重い疾患でもあると指摘しています。一方で、自我の強さがあってAさんの思いをきちんと受け止める環境があるならば、まったく触れずして治りうることもあるとしています。この面接では、本来Aさんが持っていた自我の強さが面接によって支えられ、立て直すことができたのではないでしょうか。

島（二〇〇四）は、敏感関係妄想の性格特徴として、〝一面では情性の柔らかさ、弱さ、繊細な傷つきやすさを示すが、その一方ではある種の自意識に満ちた野心、我意を見せる〟としています。Aさんの持つ、やさしく控えめで穏やかな一面と、恐怖を乗り越えてまで祖父母に会いに行こうとする大胆な二面性とのズレの感覚は、この病理の特徴と言えるかもしれません。

Aさんが受けた母親からの暴力、あるいは一方的な押さえつけ行為を虐待と見るかどうかは微妙なところですが、実年齢とはかけ離れた小さく華奢な風貌、幼く中学生のような感じという外見のズレはどこから生じたものなのでしょうか。

女子の思春期は九～一四歳に始まり、一八歳までには完了すると言われています。この時期の身体的な大きな特徴として月経が始まります。外見的には身体全体が丸みを帯び、乳房が発達するなどの変化が見られます。これらは間脳にある下垂体より分泌される成長ホルモンによって調節作用され、女性ホルモンもここで形成されています。この時期、何らかの障害により成長ホルモンが産出されなければ、発育不全に陥ることになります。虐待の背景にあるストレス過剰な環境下で育った子どもの低身長低体重傾向は、この成長ホルモンの欠乏が一因とされていますが、本事例においても、第二次性徴とされる中学、高校時代をAさんがストレス過剰な環境で育ち、成長ホルモンの失調によって心身の発達が妨げられたとも考えられます。Aさんの女性としての内的成長もストレス過剰な環境要因によって中学生ぐらいの少女のままで停止し、それが外見的な印象としても現れてきたものと考えられます。あるいは、女性としての母親像を見たとき、〝母のような大人になりたくない〟という思いがあるとすれば、女性にならないまま、少女のままで成熟することを拒否していたとも考えられないでしょうか。この時期、女性にとって母親は同性としての将来の具体的なモデルとなるものですが、Aさんにはモデルとなる女性像が存在せず、内的成長に影響したとも考えられます。

③言語の世界で生きるということ

Aさんにとって高校時代の海外留学は、離婚直前の荒れた家庭から飛び出すためにできる限りの有効な手段であり、外国語を学ぶことがそれに通じる近道であったと考えられます。海外留学という大義名分のもと、一時的には家族の問題や母親との関係を回避することはできましたが、残された課題を大学卒業時期になってやらなければならなくなりました。

友達との関係において「近づきたいが近づけない。近すぎることに不安がある」「自分のことを知られるのが怖い」という訴えは、家族や母親との歪んだ関係から、人との距離を上手く築くことができずに青年期を迎えてしまったためではないかと考えられます。幼い頃から両親の不仲が日常的にあり、荒れた家庭環境で育ってきたAさんは、本来、獲得すべき親子関係、特に親密な母–娘関係を経験することができませんでした。母親の一方的な思いを押しつけられ、母親の言いなりとなってきた環境を考えれば、Aさんの発する言葉があまりにも希薄で幼く、人の顔色をうかがうような言葉遣いや、重みのない口調だったことも当然だと思います。Aさん自身が、自分の思いを語ったり、それをじっくり聴いてもらえるような関係を持てず、基本的信頼感や安全感が形成されなかったわけですから、Aさんの内面は最初に会ったときに感じた中学生で止まっていたのかもしれません。おそらく、最も多感な中学、高校時代が、Aさんにとって最も大変な時期だったのではないかと思います。

甘えた口調の背景には、母親がAさんの甘えを許さず、強制的な躾によって子どもを自己の管理下に置くような子育てをしてきた可能性が考えられます。母親に甘えられず、受け止められたという実感が持てないまま、母親との信頼関係を構築することができなかったAさんの母子関係の現れとして、甘えた口調が表出されたのではないでしょうか。

また、言語の希薄さという点において、Aさんの語る言葉が誰を指し、誰が発した言葉なのか、曖昧に語られる部分が多数うかがえました。注意深く聞けば話がつながりますが、混乱してしまうような表現が多々見られました。Aさんは自分が発する言葉に自信が持てず、曖昧な表現でしか自己を表すことができませんでした。ここにAさんの持つ独特な日本語の希薄さがあるのではないかと考えます。

さて、Aさんはなぜ語学を専攻したのでしょうか。それはAさんが母国語である日本語で自分の思いを語り伝えることができる環境ではなかったからだと考えられます。その思いを間接的に伝える手段として、語学を専攻したのかもしれません。あるいは、日本語の曖昧な表現よりもストレートな表現ができる語学があれば、別の生き方ができるかもしれないというAさんの内なる反抗とも言えるかもしれません。

山中（二〇〇三）は、母国語を〝母なる言語〟[2]と言い換え、〝Aさんの中に母国語、つまり母なる言語が明確に根づいていない〟と指摘されました。〝母なる言語〟とはグレート・マザーと見ることもできるでしょう。Aさんが成長過程で獲得してきた〝母なる言語〟は、グレート・マザーの否定的な機能である〝自立を妨げ呑み込む〟という面に強調されています。子どもを管理下に置き、ものを言わせない、絶対的権力を持つ母親像が想像されます。子どもは母親の言いなりになり、あるいはなった振りをして、怒り狂うグレート・マザーを鎮静化させることにエネルギーを注ぐことになります。Aさんの少女時代をわずか一二回の面接で補うことができたとは思いませんが、Aさんの立ち止まったままの少女時代を少しだけ後押しすることができたのではないかと思っています。そして、Aさんが持っている本来の自我の強さに支えられて、卒業、そして進学へとつなぐことができたのではないでしょうか。

一方で〝母なる言語〟のもう一つの役割として、Aさんのアイデンティティの確立にも関係したように思います。Aさんは最後の面接で新聞記者を目指すという夢を語りました。自分の思いを言葉にして社会に伝えていくということは、Aさんのアイデンティティが如何に形成されたかを、〝母なる言語〟の獲得によって表現していく過程であり、未熟な言語からの新たな旅立ちとも言えるのではないでしょうか。Aさん自身が自分の思いを自分の言葉で語るという体験をすることによって、まずは第一歩を踏み出すことができたのではないだろうかと考えます。大学院進学は〝母なる言語〟で生きていくための準備期であり、ここで生きていくための道のりの始まりです。Aさん自身が発する言葉が、自分の言葉として思いを伝えるためのアイテムとなるとき、本当の意味で〝母なる言語〟と言えるのかもしれません。

④まとめ

母‐娘関係は、女性性の獲得には欠かせない重要な関係です。母親は女性としての先輩であり、将来の女性像の最も身近なモデルとなります。そのため、母‐娘関係において基本的な信頼感が結べなかった場合、その成長過程において相当なダメージを受けることになります。

本事例は、基本的な母‐娘関係を構築できずに青年期を迎えた女子学生が、自己の内的成長とともに、〝母なる言語〟を獲得する過程を検討してきました。高石（一九九四）は、学生相談において母‐娘物語が頻繁に語られる理由の一つとして「自立を準備する物語である」ことを挙げています。つまり、この時期が社会へ出るためのステップの時期とされるのです。どのような母‐娘物語であっても、その母‐娘だけに生じるこの世に二つとない物語です。面接過程において、この母‐娘物語が再現されることが自立への準備期であり、女性性の獲得への道のりであると思います。自分自身の物語を自分自身の言葉で語るからこそ大きな意味があるのです。

本事例は、学生相談の分野においてインテーク面接を担当してきた私が、母となって初めての事例でした。そのため、あるときは娘の立場から母への思いを共感し、時に母の立場から幼い娘を見守るように、そして、少し歳の離れた姉のような立場からも、Aさんの語る世界に寄り添うことができたのではないかと思います。

6　おわりに

近年、心理臨床家としての社会貢献の役割がクローズアップされるようになってきました。特に東日本大震災以降、社会からの期待は大変大きいものであると感じています。

私は、常に学生と共に心理臨床の道のりを歩んできました。学生相談とボランティア活動はその中心となるものであり、今後も自分のスタンスを守りつつ、学生と共に歩む心理臨床家でありたいと思います。

〔注〕

1　「敏感関係妄想（sensitiver Beziehungswahn）」という診断名は、二〇〇三年三月二二日、日本臨床心理身体運動学会第一五回研修会（第三一回SPACE）での山中の指摘である。

2　母国語を「母なる言語」としたのは、注1の同研修会での山中の言葉である。

〔文献〕

伊藤良子「インテーク面接」氏原寛ほか共編『心理臨床大事典』培風館、二〇〇四

木村佐枝子「女性性と『母なる言語』の獲得過程――女子大学生の事例から」『臨床心理身体運動学研究』第七、八巻合併第一号、二〇〇六

島弘嗣「敏感関係妄想」氏原寛ほか共編『心理臨床大事典』培風館、二〇〇四

杉岡津岐子「中島法子論文へのコメント」『浜松大学臨床心理事例研究』第四巻第一号、二〇一三

高石浩一「母を支える娘」『京都女子大学学生相談室紀要』第二五号、一九九四

高石浩一「辞められないというカルマ」『臨床心理学と人間』三五館、一九九五

高石浩一「母と娘の物語――その精神分析学的考察」『母を支える娘たち――ナルシシズムとマゾヒズムの対象支配』日

本評論社、一九九七
鶴田和美「卒業期の特徴」『学生のための心理相談――大学カウンセラーからのメッセージ』培風館、二〇〇一
横山博「母なるものとこころの病」松尾恒子編『母と子の心理療法――困難な時代を生きる子どもたちをどう癒し育むか』創元社、二〇〇三

第6章

会社員から臨床心理士へ

産業臨床における葛藤とやりがい

Takata Toshihiro
高田俊博

1 はじめに

産業分野における臨床心理士は、普通の会社員の経験があるほうがよいと思っていました。しかし実際の面接場面では、この経験が時としてクライエントの真の理解や共感の邪魔になることがあります。また、会社組織のマネージャー職という立場と、臨床心理士としての立場では、異なる判断や行動をしなければならない場面にも数多く遭遇します。

そんな、普通の会社員から臨床心理士になり、産業分野の現場で奮闘している私の、葛藤とやりがいの日々をご紹介できれば幸いです。

2 一般企業での会社員時代

私は、一九八一年に心理学とは関連のない理工系の学部を卒業し、一般企業に入社しました。以来二五年間、主に営業の仕事に従事してきました。その間に、社会情勢や労働を取り巻く環境は大きく変化し、特に九〇年代には、バブル到来と崩壊を企業戦士として肌で直に体感しました。私が会社に入る頃には、絶対に倒産しないと言われていた銀行や証券会社などの金融機関が相次いで経営破綻し、会社や仕事そして人生に対する私自身の認識も大きく変わりました。

また、IT技術の目覚ましい進歩により、企業における業務遂行の方法も大きく変化し、私の会社でも全社員に一人一台のパソコンが配置されました。会社からの通達・指示・情報提供だけでなく、社内の従業員同士の報告・連絡・相談や社内決裁まで、パソコンやメールで行われるようになり、社内のコミュニケーションの大きな変化を経験しました。冗談のようですが、隣の席の同僚から「昼飯に行かないか」とのメールが来たこともあります。

また、こういった社会の変化に伴い、会社の人事諸制度も大きく変わりました。まず、上司と部下が年度初めの面接で部下の業務課題についての目標を設定し、年度末にその目標の達成状況や成果を確認して評価するという「目標管理制度」の導入や、その評価を給与に反映させる「業績給与制度」の導入がありました。私はちょうどこの頃中間管理職（課長）になっていたので、本制度の導入の趣旨や意義について部下に説明し、彼らを評価する側であるとともに、私自身も上司との間で、目標を設定し評価され給与が増減するという双方の立場を同時に体験しました。

またこの頃、今後の私の人生に影響を与えた「早期退職制度」や「管理職の複線化」も導入されました。早期退職制度は、定年前までに早期に退職すると割増退職金が支給されるという、今はもう多くの企業でも導入されている制度です。管理職の複線化は、部下や組織のマネジメントを業務の中心とするマネージャー職だけでなく、部下はいないが高度な専門知識を有する専門職や自分で業務を担当するキャリア職など、複数の管理職をつくった制度です。

マネージャー職である営業課長に就任し、課のマネジメントや営業目標にも意欲的に取り組んでいた頃、私の人生に大きな転機をもたらしたエピソードが発生しました。当時は、営業課長として部下に指示や命令をするだけでなく、部下とも仲間のように親しく接し、風通しのよい活気溢れる組織をつくり上げているつもりでした。

ところがある日、課の中の一人の若手社員が、急に会社を辞めると言い出しました。最初は二、三日会社を休むという連絡があり、風邪かなと思っていたのですが、三日目の夕方、若手社員の母親から「子どもが会社に行けないと言っているので、辞めさせてほしい」という連絡がありました。驚いて自宅を訪問すると、「朝起きて会社に行こうとすると、頭痛や吐き気がして会社にいけない日が続いている。どうも会社の仕事に向いていないようなので、辞めさせてほしい」とのことでした。詳しく話を聞くと、会社での人間関係や仕事の進捗がうまくいっていないのが原因かもしれないとのことで、課の責任者の私としては、若手社員の不調に大変責任を感じました。

私は、まず母親と本人に「会社を辞めるのは、もう少し考えてからにしてほしい。課長としても職場の環境改善に努めるので、まずは医療機関で治療に専念してほしい」と伝え、取りあえず医療機関を受診し、退職は再検討してもらうことになりました。そして、会社の健康管理室の保健師さんと相談し、知り合いの心療内科の先生と臨床心理士を紹介してもらい受診させました。「適応障害」と診断され、薬の処方と、臨床心理士のカウンセリングを受けることになりました。

このとき、私は心の病気やカウンセリングについてほとんど知識がなく、臨床心理士という職業も初めて知りました。本人のサポートや、精神科医や臨床心理士との今後の連携のためにも、心の病気のことが記載されている精神医学や臨床心理学の本を購読し、少し勉強しました。

並行して、本人の話を聞いて職場の人間関係の課題を明確にし、改善のための対策を打とうとしましたが、本人が周りの先輩を気遣ってなかなか本当のことを言ってくれませんでした。

そこで、本人の了解を得て、主治医や担当臨床心理士に話を聞きに行きました。主治医の先生からは、「薬が効いてきて症状は改善の方向に向かっているが、職場でのストレスの軽減が必要」と伺いました。臨床心理士の先生の話はもっと厳しくて、課の中の人間関係の悪化に気づかず見過ごしていた課長の責任であると明言されました。それまで自分のことを「課内の人間関係にまで踏み込んだ話しやすい課長だ」と思っていましたので、大変ショックでした。

さっそく課員の一人ひとりに話を聞いたところ、課の中の人間関係の難しさは相当深刻であると痛感しました。この問題を解決するには、ある程度の期間を要する状況でしたが、体調を崩した若手社員のためにはそのような時間的余裕がありませんでした。いろいろと考え、上司や人事とも相談のうえ、本人の職場の環境を変えるために、別の部署で勤務してもらうこととなりました。別の部署に異動した後、その若手社員は幸いにも体調を回復させ、新しい職場にもうまく適応して元気に仕事を続けられるようになりました。

私が臨床心理学という学問に初めて出会ったのは、このことがきっかけでした。最初は必要に迫られて勉強していましたが、次第にその魅力に引き寄せられ、その後も引き続きこの学問を学ぶことにしました。最も魅力を感じたのは、臨床心理学は実践の学問であり、学んだことを日常の生活や職場でも活用できることでした。この頃から、学んだことを自分自身のストレスマネジメントやセルフケアに実際に活用し、また、職場においても部下や同僚のストレス状況把握や、社外の対人理解や折衝に大いに活用することができました。学びを深めていくうちに、心理療法やカウンセリングにも興味を持ち、本格的に臨床心理学を勉強したいという気持ちが強くなりました。

またこの頃「営業だけでなく、直接的に人のお役に立てる仕事をやってみたい」「心の不調や、生き方や仕事に悩んでいる弱っている人に対して、何かしらの援助ができる仕事をしたい」と思い始めました。そこで、悩んだり弱っているクライエントをカウンセリングや心理療法で援助する「臨床心理士」になりたいという希望を持つようになりました。

また、「困っている人のお役に立ちたい」という気持ちだけでなく、今後企業の従業員を取り巻く環境は厳しくなる一方で、従業員のメンタルヘルス対策がますます重要な経営課題になると思われましたので、産業分野で、つまり一般企業で、営業や管理職の経験がある臨床心理士として活躍したいという思いもありました。

そこで、臨床心理学や臨床心理士に関する本や情報を収集し、五〇歳までに臨床心理士の資格を取得する、そして今の会社は五〇歳で早期退職して臨床心理士として働ける仕事に転職しようと決めました。ちょうどこの頃、西暦二〇〇〇年でしたので、「ミレニアム人生再出発計画」と称して、五カ年計画を立てました。この〝人生の再出発計画〟は、妻や子ども、両親も賛成・応援してくれて、とても幸運でした。

3　放送大学大学院時代

まずは、臨床心理士の資格試験の受験資格として、臨床心理士資格認定協会の指定大学院を修了しなければならないので、受験する大学院選びから始めました。近くに社会人を受け入れる夜間の大学院がなかったので、全国どこからでも働きながら学ぶことができる、放送大学大学院の臨床心理プログラムを受験することにしました。当時の放送大学の同プログラムは人気が高く、高倍率・大激戦の入試でしたが、二〇〇三年一二月に運良く合格することができ、二〇〇四年四月から全科履修生として入学することができました。当時、私は宮崎で勤務していましたので、大学院生と仕事の二束のわらじを履くことになりました。

両立には、まず周囲の理解を得ることが肝心でしたので、臨床心理学を学ぶことの意義や自分の将来への思いを理解してもらうために、周りの人たちに何度も説明を重ねました。これからの会社員は、自らのキャリアデザインを描き、そのキャリアアップのための能力開発を自ら研鑽しなければならないという労働環境の変化も追い風になり、何とか理解と支援を得ることができました。また、学業の時間を確保するのも大変でした。平日はほとんど毎晩客先や課のメンバーと飲み会があったので、毎日早朝に起床して出勤前に勉強時間を確保し、通勤時間もウォークマンに放送大学の放送授業を録音したものを聞いて過ごしました。単身赴任でしたので土日に家族サービスをする必要もなく、近くの放送大学の宮崎学習センターに一日中こもりっきりということもできました。このように両立は大変でしたが、修士一年次に約一週間のスクーリングが三回あり、放送授業では味わえない生の実習や、実際の箱庭や知能テストを使った演習は、とても楽しく有意義なものでした。また、多くの修士生が地方居住者だったので、スクーリング期間中はセミナーハウスに泊まりこみで参加し、夜も一緒に学んだり、時には仕事や人生について語り合ったりしたことが、とても貴重な経験になりました。このときの同期生とは今でも付き合いがあり、通学制の大学院と同じか、ひょっとしたらそれ以上の友人や人脈ができました。

　ちょうどこの頃、私の勤務する会社も、経営資源の効率化や合従連衡《がっしょうれんこう》の波を受け、同業他社の一社と企業合併することになりました。新聞などで読む一般的な企業合併では、合併による大幅な人員削減が大きく取り上げられておりましたが、私の会社の場合は対等合併で、人員削減はなく、いわゆる合併の悲劇は少なかったのですが、それでも営業現場はかなり大変でした。

　お客様の引継ぎや、商品・事務処理の統一化、物理的統合や社名の変更などは予想できた大変さでしたが、一番大きかったのは、同業他社といえども「企業文化や風土が異なる違う会社が一つになる」ことでした。具体的には、社内用語が同業でもかなり異なり、出身会社の違う社員には伝わりにくいこと、会議や報告の仕方もまったく違い、従来は小一時間で終わっていた会議が二、三時間かけても終わらないこと、上司から部下へ伝えたことが正しく伝わらず、誤解やズレがあることなど、職場は多忙を極めました。当時、営業課長としての私の最大の仕事は、この多忙で混乱した状況をうまく解消し、合併後もスムーズに業務を遂行し、逆に合併したことのプラス効果を営業に活かすことでした。そこで、この企業合併による社員へのストレスの影響を調査し、解決のための対策を講じることを大学院の修士研究のテーマにし、現場での仕事と修士研究をオーバーラップさせることにしました。結果としてこの方策が幸いし、合併前後は仕事も学業も合併対策に専念でき、双方共に何とか無事に切り抜けることができました。

また、修士二年次のカウンセリング機関での臨床実習では、カウンセリングに陪席させてもらうなど臨床心理士の仕事を直に体験することができ、貴重な経験となりました。特に印象深いエピソードは、若い社員がクライエントで、会社の上司との関係がうまくいかないという悩みが主訴のカウンセリングに陪席したときに、私の頭が素直にクライエントの話に共感できず、どうしてもこのクライエントの上司の考え方に共感してしまう自分を発見したことでした。企業での管理職経験が産業分野で仕事に悩む会社員のカウンセリングに役に立つと自惚れていた自分を大きく反省し、逆に管理職としての経験がクライエントの共感の邪魔をするのだという事実を真摯に受け止め、バランスのとれた心理臨床家になる研鑽が他の人よりも多く必要であることを痛感しました。

この臨床実習をしているときに、私の勤務する会社のグループ会社で、ＥＡＰ事業をやっている会社があることを知りました。ＥＡＰ事業とは、Employee Assistance Programs の頭文字をとったもので、従業員のメンタルヘルスをサポートして企業の生産性を向上させるプログラムのことで、アメリカで普及し、日本でも導入する企業が、この頃、増えはじめている状況でした。放送大学で学んだ知識やスキルと、今まで会社員や管理職として経験してきたことを、ＥＡＰ事業で活かしたいと強く思い、このグループ会社への異動を希望することにしました。幸いにも、社内には希望する部署への異動を申請することができるジョブリクエスト制度がありましたので、応募することにしました。EAP事業においては、一般企業での会社員経験のある臨床心理士が必要である旨を、人事やキーマンとなる部長に熱く訴えました。熱意が通じたのか、ジョブリクエスト制度に合格し、希望通りEAP事業を運営している現在の会社に二〇〇六年七月に異動し、東京に転勤しました。

4 EAPプロバイダー勤務

希望するグループ会社へ異動することができましたが、最初の配属は営業部とEAP室の兼務でした。この会社は、トータルヘルスケア・コンサルティング企業をめざしており、EAP事業だけでなく、企業の産業医業務受託などの産業保健支援事業や、二四時間三六五日年中無休で健康医療相談を電話で受けるメディカルコールセンター事業、医療におけるリスクマネジメントのプログラムを提供するメディカルリスクマネジメント事業など、企業における健康を支援するいろいろなサービスを提供している会社です。私も、営業部として企業の健康を取り巻くいろいろなサービスを取り扱うことになり、企業における産業保健に関連する幅広い知識を修得し理解することができました。

また、営業として企業の人事の方を訪問したときに、メンタルヘルス対策に苦労されている企業が多く、どういったサービスを必要とされているかを、具体的に聞くことができました。

その後、二〇〇八年四月に幸運にも臨床心理士の資格を取得し、同年の一〇月には、営業部兼務でなく「EAP室」専属となり、本格的にEAPプロバイダー業務を中心に担当することになりました。

EAP室の業務内容としては、契約している顧客企業の従業員を対象とした、対面・電話・メールによるカウンセリングの提供、企業人事や産業保健スタッフへのコンサルテーション、従業員向けのメンタルヘルス研修、管理職向け研修、従業員向けの心理テストの開発、心理テストの集計結果を基にした組織分析など、非常に多岐にわたります。相談の内容も、自身の精神状態・体調のことや、職場での人間関係、パワハラ・セクハラ、キャリア相談など勤務に関連するものだけでなく、育児や子どもの不登校、親の介護など、あらゆる相談が寄せられます。

EAP業務を担当していくにしたがって、産業カウンセリングの知識やスキル、そしてメンタルだけでなくキャリア相談に対する対応力の必要性を痛感し、「シニア産業カウンセラー」や「キャリアコンサルティング技能士」の資格も取得しました。

このように、私は心理臨床とはまったく縁のなかった一般企業の会社員からキャリアチェンジし、臨床心理士などの資格を取得し、現在はEAPプロバイダーの仕事をしております。

次に、一般企業での会社員時代の経験やキャリアチェンジの経緯がカウンセリングに影響を与えたと思われる二事例について、ご紹介したいと思います。

5　事例1

【事例の概要】

相談者は、メーカーの中間管理職（営業課長）であるAさん。最近部下の一人が体調を崩し、どうも「うつ病」が疑われるが、どう対応したらよいのかわからずに困っているという事例です。

【面接経過】

第一回

Aさん 私のことではなくて、職場の部下のことで相談したいのですが、よろしいですか。

私 結構ですよ。部下の方の、どういったご相談でしょうか。

Aさん 実は、部下のB君が、最近体調を崩しまして、本人は風邪だと言うのですが、どうも心の病のようなのです。心の病の部下を持ったのは初めてなので、上司としてどう対応していくのがよいかわからなくて困っています。

私 心の病が疑われるって、どのような状況なのですか。

Aさん 最近、急な休みや遅刻が多く、どうしたのか聞いてみると、風邪をひいてなかなか治らないと言うんですが、表情も暗く覇気がないので、風邪ではないような気がしているんです。

私 Aさんは、お医者さんじゃありませんので、心の病気かどうかはわかりませんよね。仕事上はどんな支障があるのか、教えていただけますか。

Aさん そうですね。休みや遅刻が多いことと、最近仕事上のミスやトラブルが多くなりました。客先に訪問すると言って会社を出るのですが、どうも実際は訪問していないようです。先日お客様から、B君がなかなか来ないといった苦情がありました。

私 どうしてなのか、Bさんに理由は聞かれましたか。

Aさん いいえ。どう聞けばよいのか、ちょっと怖くて聞けてないのですよ。

私 怖い？

Aさん ええ、どうもうつ病じゃないかと思うので、私の聞き方が悪くてもっと悪くなったり、自殺でもされたらたまらないなと思いまして、なかなか話せずにいます。

私 Bさんは、死にたいと言っておられるのですか。

Aさん　いえ、そういうことは言っていないのですが、うつ病の人は対応を誤ると自殺に追い込んでしまうことがあると聞いたので。

（ここで、私からAさんに「うつ病」の症状や治療、対応方法について正しい知識をお伝えし、まずAさんの偏見や知識不足から来る恐怖心を軽減するように努めました。）

私　ですから、Bさんが病気かどうかは医師や専門家に任せて、上司としてはまずBさんの話を聞いてあげ、辛い気持ちに共感してあげることが大切です。

Aさん　わかりました。では、来週にでもB君と面談して、話を聞くようにします。そのときに、どんなことに注意すればよいですか。

私　そうですね。まずは、とってもデリケートな内容ですので、当然、他の課員に聞こえないような場所で面談してください。

Aさん　会社の会議室でもいいですか。

私　他の人に聞こえないところなら、いいと思います。また、Bさんにいろいろ質問をするのでなく、「上司としてBさんのことをとっても心配している」ことを伝え、Bさんが自ら話し出すのを待ち、話し出したらじっくり聞いてあげる姿勢が肝心です。

Aさん　なるほど。質問するより、B君の話を聞いてあげる。

私　特に最初は、お医者さんでの診断名や薬の話は聞かずに、仕事を進めるうえでどんなことに困っているのかを中心に聞いてあげてください。

Aさん　わかりました。自信はないですが、とりあえず、やってみます。ありがとうございました。

第二回

私　どうですか。Bさんの話は聞けましたか。

Aさん　いやあ、最初は失敗しました。小さな会議室で、「心配している」と伝えたのですが、B君は「心配かけて申し訳ない、早く治してご迷惑をかけないようにする」の繰り返しで、あまり自分の話をしてくれませんでした。でも、あまり深追いせずに、「体調が思わしくないのなら、専門のお医者さんに診てもらったら楽になれるのでは。またいつでも声をかけてくれ」と言ってその日は終わりましたが、二、三日後、B君のほうから声がかかりました。

私　ああ、それはよかったですね。Aさんは B さんに信頼されておられるのですね。

Aさん　B君の話によると、少し前からお客さんに会うのが辛くて仕事が進まず、実はとっても困っていたとのことでした。少しでも楽になれたらと近くの心療内科へ行ったら、「抑うつ症状」と診断されて、薬を処方されたそうです。また、しばらく会社を休んで治療に専念したほうがいいと言われたとのことでした。

私　Bさんのご希望は聞かれましたか。

Aさん　やっぱり、今のままでは皆に迷惑をかけるだけなので、しばらく休みたいと。

私　そうですか。Aさんはご自分の会社の休職のルールをご存知ですか。

Aさん　いやあ、今まで部下が休職することがなかったので、あまり詳しく知りません。

（ここで、一般的な企業の休職・復職規定の話や、休職に入るルールと流れを説明し、Aさんの会社の実際の規定を人事に確認してきてもらうことにしました。）

私　今後、人事や産業医とも、上司として打ち合わせしなければなりませんが、よりBさんの症状を理解しておくために、Bさんの了解をとって主治医の先生にお話を聞かれたら如何ですか。

Aさん　主治医の先生に話が聞けるのですか。

私　Bさんの了解があって、会社としてもBさんの今後の治療をサポートするため上司としての留意点などをお聞きしたいと頼めば、会ってくれる先生も多いですよ。なかには不可能な場合もありますので、無理強いはできませんが。

Aさん　部下のことで、お医者さんと話すのは初めてのことなので緊張しますが、とりあえずやってみます。

第三回

私　主治医の先生とはお会いできましたか。

Aさん　ええ、上司の私に対しても、とっても親切で丁寧に対応していただけました。B君の症状や今後の治療だけでなく、職場における留意点まで教えていただけました。ある企業の産業医もされているようです。

私　それは、とってもよい先生に巡り会われましたね。よかったですね。

Aさん　ただ、B君の治療には休養が必要で、会社を二、三カ月休職したほうがよいとのご診断でした。さっそく診断書を出してもらい、人事へ提出しました。

私　人事のほうはなんとおっしゃってますか。

Aさん　社内規定に従って、産業医との面談が設定され、その後、私と人事と産業医で打ち合せ、結局主治医の診断書どおり、三カ月の休職に入ってもらうことになりました。

私　そうですか。Bさんのご希望通りになったのですね。

Aさん　そうです。先生にいろいろアドバイスいただいて、ここまで来れました。ありがとうございました。

私　いえいえ、Aさん。これからですよ。Bさんの休職中に他の方で仕事を回さなくてはならないだけでなく、Bさんとのご連絡や、場合によってはご家族とのご連絡、主治医との回復状況の情報共有や産業医との連携など、休職中に上司としてやらなければいけないことがいっぱいありますよ。

Aさん　そうですね。これからもご相談させていただきますので、よろしくお願いします。

第四回

Aさん　B君は先日三カ月の休職に入りました。なんとか課員の理解も得られ、B君の休職中の仕事の分担もできました。また、最低月一回は、状況を上司経由で人事へ報告することになっています。

私　そうですか。Aさんの会社は、休職の規定だけでなく、具体的運用のルールもしっかり決められているようですね。

Aさん　この時期に上司として留意しなければいけないことはありますか。

私　やはり、まずはBさんにゆっくり休養してもらうために、会社からの頻繁な連絡は極力控えることが肝心ですね。また、残されたBさん以外の課員が加重労働にならないように配慮をお願いします。一人休職者が出た職場で、もう一人ダウンされたら大変ですものね。

（その後、復職に向けた留意点や、復職後の周囲への配慮や業務内容などの環境調整についても、Bさんの回復状況に合わせながら、具体的な対応について相談を受けました。）

【考察】

一般企業勤務時代における同様の経験から、企業組織においては、メンタル不調者の回復には直属の上司が重要なキーマンを務める必要性があること、またAさんのマネジメント能力に信頼がおけるとの認識により、カウンセリングと言うよりもコンサルテーションを重視した面接となりました。まず、上司として不調者の部下の「辛さ」をじっくり傾聴し共感してあげることの重要性や、心の病であるか否かという「疾病性」よりも、業務上でどんな支障があるのかという「事例性」に焦点を当てることの必要性を強調しました。その後、主治医との情報共有と人事・産業医との連携により、Bさんがスムーズに休職に入れるようAさんが主体的にリードでき、休職以降は詳細を記述できませんでしたが、最終的には順調に回復し復職に成功した事例です。

6 事例2

【事例の概要】

相談者は、技術系企業の五〇代の管理職（部長職）であるCさん。現在まで順調な会社生活を送り、順調に昇進してきたが、最近、社内の急激な業務革新についていけないことがあり悩んでいるという事例です。

【面接過程】

第一回

Cさん 仕事は、ほとんどは順調なんですが、最近うまくいかないことも出てきて少し困っています。

私 うまくいかないことって、具体的にどんなことですか。

Cさん 社内の報告や分析資料がエクセルっていうんですか、パワポとか、パソコンで作成されることが多いですよね。これは、使いこなせる若い人たちには便利なんですが、私のように苦手な人間にとっては、逆に時間や手間がかかるんですよね。

私 なるほど、パソコンで作られた報告や資料は逆に手間がかかると。

Cさん ちょっとした訂正や修正をしたいときも自分でできないし、チェックするポイントもわかりづらくて。

私 確かに修正や訂正はしづらいですね。

Cさん　若い人に聞くのも迷惑そうだし、あまり基本的なことを聞くのは恥ずかしい気もしますし。ついついチェックや決裁が億劫になって、後回しになってしまうのですよ。

私　社内で、パソコンソフトの使い方などの勉強会とかはないのですか。

Cさん　社内の勉強会もあり、参加したことはあるのですが、なかなかついていけなくて。

私　実は、私もエクセルやパワポとかは苦手で、苦労しているのですよ。

Cさん　また、役員決裁が必要な稟議書や報告は英語が標準になっていまして、私は英語も苦手で時間がかかってしまうのですよ。

私　私も英語は苦手で、ついつい英語のできる部下に頼ってしまいます。英語の稟議書は多いのですか。

Cさん　多いというほどではないですが、出てきたときは時間がかかって苦労しますね。

私　日に何件も挙がってくるのですか。

Cさん　いや、毎日ということはないです。たまに二、三件一度に挙がってくることがありますが、稀ですね。

私　そもそもC部長のところへは、一日に何通ぐらいのメールや報告、稟議等が来るのですか。

Cさん　うーん、あまり数えたことがないですが、一〇〇件は超えていると思います。

私　それは大変ですね。そのうち、パソコンによるチェックが必要になる報告や英語の稟議書は、何割ぐらいありますか。

Cさん　（うーんと少し腕組みをして考えて）三、四割かな、いやもっと少ないかな。

私　C部長は、机で報告書や稟議書を読んだり、実際に報告や相談を受けたりする以外のお時間は何をされてるのですか。

Cさん　（ちょっとむっとしながら）そりゃいろいろ有りますよ。会議とか、役員に呼ばれるとか、地方の事業所へ出張もあります。トラブル処理だって。

私　それは、いろんなことをされて大変ですね。大変失礼しました。今後ご相談いただくにあたって、カウンセラーの私に、C部長のお仕事の内容をもっと具体的に教えていただきたいと思いますので、「タスクシート」というのを、一週間つけてもらえませんでしょうか。できるだけ時間をかけずに、簡単に自分でわかる略語でも結構ですので、かかった時間と内容をご記入いただければ幸いです。

Cさん　今でもとっても忙しいのに、こんなシートを書くのですか。

私　可能な範囲で結構です。どうしても無理なようだと結構ですが。

Cさん　まあ、先生がそうおっしゃるなら、一週間だけつけてみます。今日はありがとうございました。

第二回

私　「タスクシート」は、書けましたでしょうか。お忙しいなか、作成ありがとうございました。

Cさん　先生、このタスクシートは、先生に私の仕事の実態を見てもらおうと書き始めましたが、一週間作ってみて、私自身いろんなことに気づきました。

私　そうですか、ちなみにどんなことですか。

Cさん　まず、私が苦手としているパソコン絡みの仕事とか、英語関連の業務は結構少なくて、他の報告やメールの件数のほうが、思ったより多いということに気づきました。

私　確かに、苦手な業務は大きく感じられますからね。

Cさん　しかも、会議や出張、外出は思っていたとおりの比率ですが、決済や報告に対する返信、課題の検討などの時間がとても長いことが、よくわかりました。

私　それは、以前に比べて件数が増えているのですか。

Cさん　以前に比べると確かに増えてはいますが、こんなに大きくはなかったと思います。

私　というと一件あたりの処理時間がかかっている？
Cさん　そうですね。難しい案件が増えてきたのですかね。
私　そのあたりのことをもう少し一緒に考えてみましょうか。では次回に、この間に特に時間がかかった案件を三つ具体的にピックアップしてきてもらえますか。当然、会社の機密情報に関することでしょうが、私には厳しい守秘義務がありますので、ご安心ください。

第三回

Cさん　今日は、先週に時間がかかった案件を三件持ってきました（具体的内容は省略）。
私　なるほど、稟議案件と、人事案件と、報告案件ですね。具体的にどのところで、お時間がかかられますか。
Cさん　この稟議案件は、私の決裁を求めるものなのですが、承認するか否とするか迷って後回しにしてしまい、最終的には決裁が遅くなり、会社に迷惑をかけました。人事案件は部下に振ることができない案件で、自分で一から資料作成をしなければならないので、億劫で締め切りギリギリまでかかってしまいました。報告案件は、これは膨大な枚数と細かい分析資料が添付されており、老眼のせいですかね、なかなか読むのに時間がかかってしまいました。
私　なるほど、それぞれ理由がご自分でわかっておられるわけですね。
Cさん　いやあ、こうやって先生に見せに持ってきたので、自分で言い訳を考えてしまいました。
私　というと？
Cさん　よく考えると、以前はどの案件もこんなに時間はかからず、ちゃっちゃとやれていたのですよ。それが最近はなぜかできない。歳のせいですかね。
私　夜は、よく眠れますか。

Cさん　寝酒をしてるので、一応眠れます。
私　朝まで、ぐっすりと？
Cさん　朝は時々早く目が覚めてしまい、そのまま眠れないことがあります。
（食欲の減退や趣味のゴルフも最近しなくなったということを確認し、精神疾患の可能性もあると考えられたので、知人の心療内科医を紹介して、受診を勧めた。）

第四回

Cさん　先生にご紹介いただいた、D先生のところへ行ってきました。先生の言われたとおり、とっても丁寧にお話を聞いていただけました。でも、先生から「気分変調性障害」[1]の可能性があると言われました。
私　ああ、それは驚かれましたね。
Cさん　ええ、ショックでしたが、このところ仕事がうまく進まないばかりでなく、気分も落ち込むことが多かったのは病気のせいだとわかって、ちょっとほっとしたところもあります。薬も処方されましたので、しばらくは治療に専念してD医院に通院します。先生のカウンセリングはしばらくお休みにしたいのですが、よろしいですか。
私　結構ですよ。私もまず治療に専念されることをお勧めします。Cさんは大変な激務で、体も心も少しお疲れになったのですね。またカウンセリングが必要になったら、いつでも声をかけてください。お待ちしております。

【考察】
本事例は、私自身が一般企業勤務時代に同様の悩みを持ち解決してきた経験があったので、相談者自身と一緒になって現在の状況を客観的に把握し、原因や課題を焦点化し、具体的な解決策を一緒に考えていこうとしました。しかし、真の原因は、相談者の精神疾患（の可能性）による業務処理能力の低下や集中力・判断力の低下による業務の停滞であることが判明しました。

結果的には、タスクシートや焦点化により、相談者自らが体調の変化に気づかれることになり、スムーズに医療機関への受診につながりました。ですが、もっと早い段階で体調や睡眠の状況を相談者に確認し、最初から精神疾患の可能性も考えながら面接をすすめるべきであったと思われます。私の一般企業での実体験が邪魔をしてしまった事例だと考えます。

この後、この相談者は精神疾患の治療に専念するため、会社の人事にも報告し、相談者自身の希望もあり、責任や業務負荷の軽いポストへ異動し、勤務を続けながら通院治療を続けられました。

7　おわりに

企業を取り巻く事業環境はますます厳しさを増し、従業員のストレスは増加する一方です。また、このような状況を受けて、メンタル疾患の労災認定件数の増加や安全衛生法の改正など、企業におけるメンタルヘルス対策への責任も重くなる一方です。しかるに今後、産業分野における臨床心理士の活躍舞台はますます拡大することは必至であると思われます。

ただし、産業分野で活躍する臨床心理士（以下、産業臨床心理士）は、相談を受ける個人だけでなく、企業の利益や生産性向上も視野に入れた対応をするバランス感覚や、メンタル不調者を取り巻く、産業医や主治医、上司や人事といった他職種との連携や、企業経営者に対する組織的課題の改善提案や、メンタルヘルス対策の体制構築を提案する能力が必要とされます。このような産業分野で必要な能力と社会性を備えた、できれば社会人経験がある臨床心理士が、現在、産業分野では求められております。

私も、過去の一般企業での管理職経験や現在のEAP室でのマネージャー業務を活かして、産業臨床心理士の養成や採用に尽力し、今後、産業分野における臨床心理士の存在感や活躍舞台を拡大することに、微力ながらも貢献したいと思っております。

［注］

1　気分変調性障害とは、比較的軽い抑うつ症状が長期間続き、気力の低下や疲労、集中力の低下や決断困難などの特徴があります。

［文献］

DeJong, P. & Berg, I. K. (2002) *Interviewing for solutions.* (2nd ed.) Brooks/Cole.Pacific Grove.（玉真慎子・住谷祐子・桐田弘江訳『解決のための面接技法――ソリューション・フォーカスト・アプローチの手引き』金剛出版、二〇〇四）

Gysbeers, N. C. (1998) *Career counseling: process, issues, and techniques.* Allyn and Bacon. Boston.（日本ドレークビームモリン株式会社ライフキャリア研究所訳『ライフキャリアカウンセリング――カウンセラーのための理論と技術』生産性出版、二〇〇二）

熊野宏昭『マインドフルネスそしてACTへ――二十一世紀の自分探しプロジェクト』星和書店、二〇一一

増井武士『職場の心の処方箋――産業カウンセリングルームへようこそ』誠信書房、二〇〇一

日本産業カウンセラー協会編『産業カウンセリング』産業カウンセラー協会編集委員会、二〇〇八

東京臨床心理士会産業領域専門部会『産業領域で働く臨床心理士の為に　入門編』一般社団法人東京臨床心理士会、二〇一二

Zinn, J. K. (1994) *Wherever you go, there you are: Mindfulness meditation in everyday life.* Hyperion. New York.（田中麻里監訳『マインドフルネスを始めたいあなたへ』星和書店、二〇一二）

III

女性

第7章
カウンセラーの存在
自分らしく生きていくために

平井理心 Hirai Kokoro

1 カウンセラーとの出会い

私が、カウンセラーと出会ったのは結婚生活が破綻していたときでした。それまで、いい妻、いい母親の役割を演じていました。夫と子ども二人に恵まれて、この家族のかたちを維持していけば、自分は世間でいう「幸せ」になれると信じていました。世の中の人が言う「幸せな家族像」を維持していくことだけを考えていました。でも、それはあっけなく壊れていったのでした。

私が、長男を妊娠したのは、大学三年生のときでした。決して周囲に祝福された妊娠ではありませんでした。「不謹慎だ」と、私から離れていく人も少なくはありませんでした。それゆえ、学生生活も出産も完璧にやり遂げようという思いが私の中にありました。その決心もつかの間、産科医からの言葉は私を深い闇の底に突き落とすものでした。「エコーで見ると、お腹の赤ちゃんの脳に影が見えます。これが悪いものであれば、生まれてこないかもしれない。生まれてきてもすぐに、死んでしまうかもしれません」。その後、検査が何度も繰り返され、お腹の中の赤ちゃんの様子を注意深く見守る日々が続きました。「生きていてほしい」私は、祈るだけでした。周囲にはその苦しい胸の内を話せず、大きなお腹を抱えて大学の講義を受け続けました。そこでは、「もうすぐ、元気な子が生まれるんだよ」と、つくり笑顔を通していました。出産の前日まで大学に通い、一人になると涙を流していました。なので、長男が産声をあげ、その後のいくつもの検査で「大丈夫」と医師から言われたときは、本当に本当にうれしかった。「生きている」ことが、どれほど尊いものなのか感じられました。この家族を、決して壊してはいけないんだという思いが強くなり、その後の辛い出来事にも一人で耐えていました。とにかく、家族像を壊したくはなかったのです。

しかし、それがふとしたことで壊れてしまったのです。やはり、「幸せな家族像」は非常に脆いものでした。それは、自分を押し殺して演じたうえでの家族像でしたから。さらに、体調を崩し、かかった医院では医療事故となり、救急車で大学病院に運ばれ緊急手術を受けるということも重ねて起こりました。救急車に乗ったけれども、なかなか受け入れ先が決まりませんでした。救急車の中で、意識がどんどん遠のいていき、「このまま死んじゃうのかな」とも思いました。ようやく大学病院が受け入れてくれて、手術が成功したときは、命が助かった喜びよりも「自分が悪いんだ。自分が悪いからこういうことが次々と起きるんだ。周りの人に迷惑ばっかりかけて……」と、自責の念がどんどん膨らんでいき、自分の存在を否定することしかできませんでした。今の環境を変えたい。でも、自分には経済力がない。一人で子どもを養っていく力がない。自分の非力さを目の当たりにし、さらに、自分の存在を否定する方向に気持ちが加速していきました。

どんどん落ちていく感覚がありました。どこまで落ちていくのか。このまま、永遠と落ち続けていくような恐怖に心が占領されそうでしたが、まだ少し、「這い上がりたい」という気持ちが残っていました。そこで、藁をもすがる思いでカウンセリングへアクセスしました。自己否定の塊であった私を「大変だったね。よく生き抜いたね」と、カウンセラーは私の存在をまるごと受け入れてくれました。「こんな私でも、生きていていいんですか?……生きたいんです」。私の言葉に、カウンセラーは静かに、そしてしっかりと頷いてくれました。

それから、二週間に一回、カウンセリングを受けました。でも、一人になると恐怖が心の中を占領します。怖くて怖くて、涙が止まりませんでした。そんなとき、心の中のカウンセラーに話しかけ、気持ちを聴いてもらいました。予約日になればカウンセラーに聴いてもらえる、そのときどう伝えようか、そう思うことで、落ち続ける気持ちに歯止めがかかりました。カウンセラーは、カウンセリング室だけの存在ではありませんでした。室外でも、常に私のカウンセラーであり続けてくれました。

それから、紆余曲折はありましたが、離婚してなんとか一人で子どもを育ててきました。自分で稼いだお金で子どもを育てて生活できています。自分の足でしっかり歩いている感覚が持て、それが私の自信になっています。その後、大学院修了後の研修期間を経て、臨床心理士の試験を受け二回失敗し、三回目でやっと合格しました。きっと、私には、この三年という期間が必要だったのでしょう。学力だけでなく、いろいろな意味からも、成熟するために必要な時間でした。

2　カウンセラーになって

(1) カウンセリングの場所

私は、臨床心理士の資格を得る前から、心療内科クリニックで週一回、カウンセラーとして勤めさせていただいております。そこは、精神科医師（院長）と看護師一名、クラーク（事務職員）一名で運営している小さなクリニックです。心理カウンセラーは私一人ですので、私の勤務日である土曜日のみカウンセリングを行っています。そこでのカウンセリングには二通りあります。医師の診察はどちらも必須ですが、患者さんがカウンセリングを希望して、医師がカウンセリングの適合を判断し、カウンセリングがスタートされる場合と、医師の判断で、医師がカウンセリングを勧め、患者さんが了解してカウンセリングを受け始めるケースの二通りです。

カウンセリング時間は一回五〇分で、四〇〇〇円（税別）の料金をいただいています。カウンセリングを受けられるほとんどの方が、カウンセリングと医師の診察両方を受け、薬物療法もされています。でも、なかにはカウンセリングのみを受けておられるクライエントもおられます。五〇分のセッションが終わると、私は記録にまとめ、その日のうちに医師へ報告します。そこで、医師からアドバイスを受け次のセッションにつなげていく、そういう環境でカウンセリングが展開されます。

（2）Aさんとの出会い

臨床心理士になって一年目の秋に、Aさんと出会いました。

Aさんは、四〇代前半の女性です。夫と二人暮らしでした。教師をされていて、とても仕事熱心な、生徒想いの先生でした。

Aさんは、気持ちが沈むなどうつ病を疑い心療内科を受診され、自らカウンセリングを希望されました。初診から数週間後、初めてカウンセリングを受けられました。

カウンセリング室に入ってこられたAさんは、堰を切ったようにご自身の体験や思いを話してくださいました。

「一〇年くらい前、子宮体がんという診断を受けました。町医者で診てもらっていたのですが、私に内緒でその町医者が細胞をとってB病院に送ったらしいのです。そこでがんが見つかりました。それで、町医者からの紹介状を持ってB病院にかかることになりました。B病院では、偉い先生が診てくださって、今まで五〇人しかしていない新しい治療を受けてみないかと言われ、受けることにしました」

その後、がん治療を進めるなかで、医師から「子どもを産めば治るんだよ」と言われて、子どもを産まないのかとせかされたそうです。今から一〇年以上前、まだまだ医師主導の医療であったことと、「女性は子どもを産むべき」といった古典的な考えを平気で口にする時代。医師の心ない言葉は、一〇年以上経ってもAさんの心の奥底に寄生し、彼女を苦しめることになりました。

また、Aさんは医師から勧められた最新の治療を行うにあたって強い薬を使っていたので、肝機能に障害があらわれ、同病院の代謝内科を受診することとなりました。そこでの医師の言動も、一〇年たっても生々しく想起されました。Aさんは高揚して当時のことを話してくださいました。「先生（医師）と合わないって本当にありますね。私の血液検査の数値に対して、最初の先生が自分の思いどおりの数値にならないことに腹を立てて、私を怒りました。『どうしてこんな数値なの？』って、まるで私だけが悪いように言うんです。だから、私も『どうしてそういう言い方をするんですか』って言ったんです。そうしたら先生のほうから『じゃあ担当医を変えますか』ということを言われて、担当医を変えることにしました。次の先生とは、うまく合って、数値も落ち着いていきました」。医師の言動に対する怒り・不安・不信という負の感情が引き起こす身体内部の影響は大きなものでした。

そのうち、婦人科の担当医も転勤ということで、変更になりました。この担当医の変更を事前にまったく聞かされていなかったAさんは、かなり驚きました。そのうえ新しい担当医が、Aさんの望む治療を否定したのです。Aさんは、「私はずっと子宮の温存を望んでそのことを担当医に言っていたのに、新しい先生からは『切らなきゃだめ！』と強く言われました。しかも、そのやり取りを前の担当医が隣のブースでこっそり聞いていたことがわかって、とてもショックを受けました」と、当時を振り返られました。B病院の医師が信じられなくなったAさんは、日本で有数のがん専門のC病院を受診しました。しかしそこでは、診察した医師から「この病院は手術が主流なので、子宮の温存を希望するならB病院がいい」と説明を受けました。

C病院の医師は、Aさんの目の前でB病院の担当医に直接電話し、Aさんが温存を希望されている旨を伝えてくださったようです。Aさんは、「次からB病院の先生の態度が変わったんです。私の話をよく聴いてくれるようになりました。でも、それゆえになおさら、医者への不信感が強まっていきました」と言葉を続けました。Aさんの希望通りの治療へ向かったけれども、Aさんの声は自分を診ている医師に届いていないように感じられたようです。

数年たって、Aさんは素敵なパートナーを見つけて結婚します。そこで、不妊治療を希望されます。しかし、B病院では不妊治療は行っておらず、D病院を紹介されました。D病院に移り不妊治療に取り組みますが、また、がんが疑われます。そこで、再びB病院を受診することになりました。「そのとき、先生から『何で手術しなかったんだ！　すぐに手術するように』と怒鳴られました。でも、二週間後、夫と一緒に病院に行くと、見解が変わったって言うんです。変形した細胞はあるけれど、がん細胞とは言い切れない。冷凍保存の卵子があと二つあるので、がん治療はそれを試してから考えないかと提案されました。その場でD病院の先生に電話してくれたのですが、D病院の先生は『はぁ……』という回答でした。不信になりました。D病院に行ったとき、先生に「『よかったですね。不妊治療のほうを頑張りましょうね』とかいう言葉をかけてほしかった」と言いました。すると、『がんの疑いは残っているのだから、よかったとは言えない』と言われました。一回目は着床しませんでした。するとまたがん治療のほうを勧めてきました。二回は不妊治療をやると言ったのにひどくないですか」と、Aさんは私に訴えました。自分の気持ちに沿ってもらえない医師への不満は大きくなるばかりです。

さらに、彼女の負の感情を大きくするものは、仕事環境でした。「教師をやっていますが、今、休職中です。数カ月先まで休暇届を出しています。そうすれば、不妊治療もできるし、がんだったときはその治療もできると思ったからです。落ち込んでも、立ち直れると思ったからです。でも、職場に復帰してやっていけるか不安です。同僚には、人を陥れようとする教師がいます。生徒のことよりも自分が楽なようにしか考えない教師がいます。そんな人たちと、仕事ができるか不安なのです」。

がんという病気からの自分の命の危機。子どもを望んでいるのにそれがかなわないかもしれないとう絶望の一歩手前の状態。そのなかでの医師への不信感。仕事復帰への不安感。Aさんの心の中でそれらが混じり合って、膨らんでいきました。

「薬がないと眠れないんです。何もしないのに涙が出ます。初めて行った郵便局で『具合が悪いのですか』と声をかけられました。私ってそんなにひどい状態なの？　今まで元気だし、体だって動けるのに何で？」彼女の悲痛な叫びでした。

(3) 混沌期

その後、Aさんは二週間に一回のペースでカウンセリングを続けました。心の状態は、良くなったと言うよりも、やはり、悪い状態であることのほうがはるかに多いようでした。体調が良いときも、かえっていろいろなことを考えて落ち込んでおられました。「こんなに体調が良ければ仕事に行けたのに、と思うと、落ち込むんです」。また、「お風呂の中で二、三時間悪いことばっかり考えて泣いてしまいました。いろんなことを悪いほうに考える負のスパイラルから抜け出したいです」と、暗い表情でおっしゃられました。そんななかで、Aさんから「年末年始は夫がいて、気分が紛れてよかったです」という報告を聴き、私はほっとしました。

その頃、Aさんがいちばん不安だと口にされたのは仕事復帰のことでした。「来月に手術して、翌月に復帰できるかな。体も心も仕事についていけるかな。あの最悪な環境に戻れるかな」と悩んでおられました。

不妊治療のほうは、最後のチャレンジをされました。「結果が出るのが今月末です。それがダメだったら、

B病院に行って、診察して、手術することになると思います。数週間で仕事復帰できるかわかりません。あの職場に戻れるかわかりません。TVとかで、赤ちゃんを抱きながら『あなたが生まれてきてくれてよかった』といったCMを見ると辛いです。こんな気持ちで、あの思いやりのない職場に戻れるか不安です」と、Aさんは自分の病気への挑み方の見通しをつけながらも、不安をたくさん抱えておられました。

Aさんは真っ暗な場所をぐるぐる歩いている感覚ではないかと、私は思いました。私も、そういった時がありました。そのとき、私のカウンセラーはどうしていたのか……ずっと私の隣にいてくれました。結局、道は、自分で切り開かなければなりません。カウンセラーが示すものではありません。カウンセラーはその切り開く作業をそっと見守っていてくれる存在でした。

私は、Aさんの今の気持ちを受け止めることに集中しました。以前、私は、ある女性支援センターで相談員をしていた経験があります。そこでは、主にドメスティック・バイオレンス（DV）を受けている女性の相談を受け、場合によっては保護するという仕事でした。あるとき、目の前のクライエントが話される数々の重い事実と感情を、支えきれないことがありました。私の器が小さすぎました。私の器からどんどんこぼれ落ちていくクライエントの感情。拾いきれない、支えきれない。クライエントの前に座っていることが苦しくなりました。相談員としての未熟さを思い知った瞬間でした。

あのときから、いろいろな経験をした私の器は、大きさと弾力性が少しは増したようです。Aさんの感情を、一つひとつ丁寧に受け取っていくことに専念できました。そして、Aさんの「生」へのエネルギーを感じていました。

（4）つなげる

初めてのカウンセリングから三カ月後、すっきりした表情でAさんはいらっしゃいました。Aさんは、「一ついいことがありました。私、テニスをやっているのですが、そのテニススクールのメンバーに婦人科の先生がいたんです。その人に聞いてみました。自分の病気はB病院の先生じゃなきゃ治せないのかと。そうしたら調べてくれて、自宅に電話をかけてきてくれました。こっちからのお願いだったので、電話をかけなおしましたけどね。場合によっては、他の病院の先生を紹介してくれるって言ってくれて、紹介状も書きましょうと言ってくれました。本当にうれしかった。こんなにやさしいお医者さんもいるんだなって思いました。そうしたら『大変だったね』って言ってくれました。それで、その先生に、不妊治療のことを話したんです。そうしたら『大変だったね』っ

明るい声のトーンで話されました。今まで、医師の言動に傷ついてきたAさんですが、やっと信じられる医師に出会えました。しかも、自分から声をかけました。私はAさんに、〈Aさん自らの行動で、状況が変わっていっていますね〉と伝えると、Aさんは笑顔を見せてくれました。

いちばん不安だとおっしゃっていた仕事復帰については、「仕事への復帰は数カ月先にしようと思っています。やっぱり、どちらに転んでも再来月復帰は無理です。あの学校に戻るのは大変ですから」と。Aさんが、仕事復帰の時期も自分で、自分のために決められたことに、私は拍手をおくりました。

「次のカウンセリングは、来月初旬なんですが、今月末に不妊治療の結果を聞いたらどういう状態でいられるか……自分のことなのに、まったくわからないです」と、Aさんが重たい口調で言われたので、すかさず私は言いました。〈いいですよ。どんな状態でも支えますよ〉と。

次のカウンセリングには、Aさんは硬い表情で現れました。「不妊治療は……ダメでした。がん治療のほうをすすめなくてはなりません。でも、担当医を変えてほしいです。もっと、自分が信頼できる先生に診てもらいたいです。それに、本当に子宮を取らなきゃいけないのかなって思っています。一〇年前に発病したけど、私、生きているし。生きているんだもん。本当に進行しているの？」

Aさんの「私、生きているし」という言葉が、私の心に突き刺さりました。人の死が非日常となっている

現在、私たちは、「生きている」ことを当たり前のように思っています。その「生」が病気によって脅かされようとしている。恐怖は計り知れないものでしょう。また、新しい「生」を育むことへの切望を断念せねばならないことへの落胆。さらに、医師への不信感。Aさんは重い重い荷物を抱え込んでおられました。少しでもその荷物を降ろせないだろうか。少しでも荷物を軽くして治療を受けてもらうにはどうしたらいいだろうか。私は、B病院のがん相談[1]の電話番号をAさんにお伝えしました。

(5)行動

次のカウンセリングは三週間後になりました。その間にAさんはがんの状態をみるために検査入院をされました。

「昨日、退院しました。今日は、話すことがいっぱいあります」というAさんの言葉から、この日のカウンセリングは始まりました。「担当医を変えてほしいと看護師さんに相談していたんです。看護師さんが先生に言ってみてくれたようですけど、『難しい病気だから今の担当の先生じゃないと無理』と言われました。検査には全身麻酔をしました。それは担当医がしたと思いますが、他は違う先生が付いていてくれました。その先生、とてもいい先生なんですけど、麻酔から目を覚ますとき、声をかけるじゃないですか、『起きてください』って。あのときって意識がもうろうとしていて、こっちからは話せないけど、聞こえているんですよね。ある先生が『これってIですか？　Iaですか？』って言っていたのが聞こえちゃったんです。Iだったら子宮を取らなきゃいけない。だから病室に戻ってから、ずっと泣いていました。病棟の看護師さんと手術室の看護師さんは違うので、私が泣いている理由がわからなかったと思います。回診のとき、担当してくれた先生が残ってくれました。それで、『手術の後でIかIaかって話をしているのが、聞こえちゃったんです』って言ったんです。そうしたら、嘘がつけない人だなって思ったんですけど、顔色が変わって、『結果を見ないとわからないですから』って言われました。でも、嘘をつかれなかったことに対してはよかったと思っています。その先生は信頼できるなって。でも、配慮が足りないですよね」。Aさんはまた、医師の言葉に深い傷を負われました。

しかし、Aさんは落ち込んでばかりではありませんでした。「教えてもらったがん相談に電話をしてみたんです。何回か掛けてようやくつながったから、外来受診の直前になってしまいましたけど。臨床心理士さんが先生をつかまえて話してくれたようで、先生の態度がいつもと変わっていました」。大変な状況にありながらも、自分から行動を起こしていくAさんの力に驚かされました。そして、医師に対してきちんと伝えてくれたB病院の臨床心理士に感謝しました。

Aさんがこの日のカウンセリングの最後に少し暗い表情でおっしゃいました。「来月下旬に検査結果を聞きにいきます。きっとダメだから……一人では受け止められないと思って、主人に『休みとって』って言っています。二〇代のとき、がんがわかったときは何とかなると思ったのに、今は思えないんです。歳なんですかね」。

歳を重ねることによって、仕事に打ち込むことによって、生きていく大変さ、大切さを経験していきます。だからこそ、「生」が脅かされることに対して恐怖を感じやすくなります。それでも、私たちは生きていきます。何のために？　私は……あのとき、どうして「這い上がりたい」と思ったのか。子どものため？　親のため？……自分のため。ただただ、理屈なしで「生きていきたい」と思いました。生を求めるのに理由はないのです。そして、生命機能の維持だけではなく「生」があるなら、心からいきいきと生きていきたいと望んだのです。

（6）再会

二週間後にカウンセリング室にいらっしゃったＡさんの表情から、明るい印象を私は受けました。Ａさんは、はずんだ声で「一つ良かったことがありました。昔の教え子から着信が入っていたので、連絡をとってみたら、『先生どうしたんですか』って、びっくりしていました。病気になって、学校を休んでいる話をしたら、とても心配してくれたんです。その生徒は一年生のときに担任をしていました。その当時はお酒を飲んで、顔を真っ赤にして学校に来るような生徒だったのに、今は仕事をしていて、電話できちんと『です、ます』が言えていました。社会に出るときちんとできるんだなぁと思うとうれしくなりました」と、話してくださいました。生徒のことを話されるＡさんには、輝きがありました。自分の生を脅かすものがありながらも、キラキラしておられました。きっと、教師が天職なのでしょう。そのことに、本人も気づいておられました。

この日のカウンセリングの最後にＡさんは、しっかりした口調でおっしゃいました。

「今月下旬に（子宮がんに関する検査の）結果が出るので、次のカウンセリングはいっぱい話すことがあると思います。結果が出て、手術するかしないかとか、これからの治療を決めるのは、たぶん一週間くらい時間があると思うんですよね。いちばん辛いのは、がん細胞が小さかったときです。一部だけを取って様子を見ることもできますよって言われたら、かなり悩んでしまうと思うんです。私の子宮内膜は三ミリしかないと言われていて、それじゃ着床は無理だとわかっているし、子宮体がんの様子を見るための薬って、妊娠しづらくするものだし。だけど、淡い期待を残すか……今、時々、腰のあたりが重くなって、こう悪くなるって感じてしまうのだったら、不安だし、取っちゃったほうがいいかなって思ったりもします。元気になって教師をやりたいし。ほぼ五五％くらいは決まっているんですけどね」。Ａさんはいろいろな想定をしながら、悲嘆ばかりではなく、自分のやりたいことを見失わない言葉を残されました。Ａさんの底力を私は感じました。

（7）選択

そして、次のカウンセリング。結果はどうだったのだろうと、ただただ私は心配でしたが、Aさんは、さっぱりした表情でした。「結果は良かったけど、手術をすることにしました。先生が言うには、がんは見つからなかったけれど、半年前には見つかっていたし残っている可能性もあるから、遅くても一年後には手術しなければいけないという結論になったとのことでした。今なら、簡単な手術で大丈夫らしいです。半年前に出ていたものがどうして今回出なかったのかと知り合いの婦人科医に聞いてみたら、たまたま取れて今回見られなかっただけだと言われました。私の妊娠の確率を聞くと、四〇歳で二〇%、子宮内膜が薄いから五%ぐらいに下がるだろうって。手術の認定医をインターネットで探すと、B病院の先生はのっていなかったのに、B病院で治療して大丈夫かと聞いたら、認定を取らなくてもB病院ならできると言ってくれました。でも、いろいろ医療機関に電話をして子宮体がんの手術ができるか問い合わせてみました。

次に、D病院に行ってB病院の結果を言いました。そこで、自分の妊娠の確率を聞きますと、二〇〇九年の最新のグラフを見せてくれて、四〇歳で二〇%でした。知り合いの医師と同じこと言っているなと思いました。二〇%って五回に一回でしょう。一年に二、三回しか体外受精できないのに、そのうえ一年後には遅くても手術しなきゃいけない。数字の上では厳しいですよね。それから、B病院では聞けなかったことを聞いてみました。『手術をするとどういう影響が出ますか』と。そうしたら閉経と同じ症状が出るって。更年期の症状だから人によって違うらしいです。それから、自宅に戻ってインターネットでいろいろ調べました。調べてみると、時間があっという間に過ぎますね。気が付いたら夜になっていました。もう、これしかないと思います」と、伝えてくれました。Aさんは自分で多くの情報を得て、そのうえで自分で結論を出されました。そして、私の目をまっすぐ見て、「今、こんなに元気なのに、なぜ、手術を受けなきゃいけないのって、自分を納得させるのに時間がかかりました。親には……私一人っ子だから、顔を見て話せないから電話をしました。父親しかいなくて……。父親は『おまえの体が大事だから』って言ってくれました」と、涙を浮かべて話されました。私も、Aさんの選択を支持しました。〈自分の命を大切に思ってもらえたことをうれしく思います〉と。さらにAさんは、手術の先の仕事復帰についても、前向きに考えていらっしゃいました。「手術したからって、すぐ仕事に復帰できないと思います。子どもができないことで、心ないことを言う人に対して耐えられるようにしておきたいです。こんなふうに今は前向きですけれど、それはまだ終わってないからです。終わったらすごく落ち込むと思います」。

その宣言どおり、気分はカウンセリングごとに変わっていきました。

「前回は気分がよかったのですが、今週はすごく落ち込んでしまいました。前回は手術しかないなって思えていたし、連休中は夫が一緒にいてくれてよかったんですが、今週はいろいろ考えて眠れませんでした。それに、よくメールしてくれる友達が今回に限って、メールを返してくれなかったんです。何か職場に戻れるかすごく不安になってしまいました」。

さらに、事務的な手続きで、煩わしい思いをされました。

「先月に診察を受けました。手術は来月かと思っていたのに、再来月上旬か中旬になるとのことでした。手術の担当は違う先生になるから確定はできないというんです。それに手術してからじゃないと、診断書は書けないと言われました。私は、再来月に仕事復帰を考えていたので日程のこととか詳しく聞きたかったのに、先生は保険のことばっかり話していました。手術が保険適用にならないとか、そういう話です。でも、私は日程のことを詳しく聞きたかったんです。学校に手術日のことを言うと、来月上旬に診断書がないと欠勤扱いになるといいます。おかしい、後で出してもいいはずなのに。学校はただ早目に手続きをしたいだけなんだと思いました。教育センター（教員の悩み相談を受けるところ）に電話で聞いてみましたが、わからないと言われました。勤務先の学校に問い合わせてくれとのことでした。がっかりしました。そこで、また、B病院のがん相談に電話をしてみました。ソーシャルワーカーさんが出てくれて、『こっちに来れますか』と言われたので行きました。ソーシャルワーカーさんがいろいろ調べてくれて、学校にも電話で話してくれました。でも、学校側は、早く提出しろ、心療内科にかかっているのなら、そっちのほうで診断書をとるようにと言ってきました。でも、それは違うんです。私は一〇年間がんを持ってきました。がんが見つかって、でも子どもがほしくて、ずっと子宮を取らずに頑張ってきました。今度、それを取ることになるんです。取ることで、一〇年間の不安から解放されるけれど、子どもができない悲しみが残ります。そこなんです。心療内科で診断書をもらえばいいということではないんです。……私って不器用ですよね。だから学校には、欠勤でもいいですって答えました。ほんとに不器用ですよね」

たしかに、この社会を生きていくには「不器用」という言葉で表現されるかもしれませんが、自分に正直な方だなと思いました。社会の流れと自分の思いに相違がある場合、私も辛い思いをしました。でも、自分で選択した道を進むほうが、自分の心は生きると感じています。どれを選択するかよりも、自分で選択したか否かが、今後の生き方を左右するのではないでしょうか。そういう想いを自分の胸に置きながら、私はAさんの気持ちを聴き続けました。

二週間後のカウンセリングです。Aさんは前回の診断書の件について、その後の展開を話してくださいました。「学校に行ってきました。診断書の件は、結局、ソーシャルワーカーさんが、頑張って手続きをやってくれて〔2〕書類ができました。B病院に取りに行って、翌日に学校に提出してきたら、校長が「やればできるじゃん……」みたいな、態度だったので本当に腹が立ちました。手術の担当医にも会って話をしました。手術は七月中旬ぐらいになるだろうと。ここ数日眠れません。手術が終わったらめそめそするだろうなと思います。手術が終わって仕事に復帰しても、校長は自分のことしか考えていないし、同僚は人を蹴落とすような人が多いから……そんな人たちに対応できるように、気持ちを持っていけるかどうか心配です。今考えても、仕方ないことだと思いますけどね」。

そこで、私はAさんに質問をしました。〈Aさんは問題に真正面からぶつかるほうですか、かわすほうですか？〉Aさんは軽く笑って、「ぶつかるほう。うまくかわすことができません。それができなくて休暇届を精神科通院で取りませんでした。校長からしたら、何やってんだと思ってると思います」と。そう、それがAさんなんですよね。

それから、Aさんは話題を変えられました。「最近、部屋の掃除をしだしました。入院するから、ちょっとはきれいにしておこうと思って。夫は普段掃除をしない私が、掃除をするものだからびっくりしていました。仕事していたら、なかなか目の届かないところがあるんだとわかりました。こんなところ気づいていなかったんだなぁってびっくりしました」。自分の気持ちを整えて、手術を迎えようとしているAさん。その気持ちを大切に受け止めていこうと再度私は確認しました。その作業は、私のこれまでの経験を大切に終い込む作業と重なっていきました。そして、もがきながらも生き抜いた自分自身をやっと褒めてあげられました。

（8）手術

その後、Aさんの入院と手術日が決まりました。告知、検査、入院、手術などは、医療機関のスケジュールで決められ、スムーズに流れていく時間です。でも、患者さんの心は、立ち止まったり、引き返したり、スムーズには流れません。医療の時間は患者の心の時間を待たずに動いていきます。患者さん自身の「生」であるはずが、その「生」を自分の中で統制していく実感が患者さんには持てないのです。医療の時間と心の時間の間を埋めていくこと、その援助は必要なことだと感じています。

退院後、お会いしたAさんは手術の詳細な経緯をお話しくださいました。「手術したけど……手術後とても痛かったです。先生から、『炎症を起こしているので熱が出ます』って言われたとおり、熱が三八・五度まで上がりました。次の日、三七・五度ぐらいに下がったけど、だるさがありました。でも、頑張って一人で歩くようにしたら、退院を一日早められました。こっちは、すごく頑張っているのに、先生には回復しているると思われたみたいです。退院してから、傷口から液体が出ているし、おしっこは出ないし。心配になってB大学病院に電話したら、電話口で若い男性の声で『尿管は傷つけてないだろ』って言うのが聞こえました。そういうことを聞いているのではなくて、自分の体が心配だから、どうしようか尋ねているのに、先生は傷口を洗っておけば治ると言うだけでした。

そこで、知り合いの婦人科医に聞いたら、次の日診てくれて、傷口に何かたまっているものを見つけてくれました。壊死した皮膚もきれいに切ってくれました。B病院に紹介状を書いてくれたので、それを持って、B病院の外来に行きました。若い先生が診てくれたんだけど、たまっているものを取り出せなくて、手術の担当医を電話で呼び出していました。でも『先生は会議で来られない』と言うんです。若い先生もそれに同調しているし、がっかりしました。

入院中にも女性の先生に開口一番無神経なことを言われました。『この手術に同意されてますよね』って。わたしは悩んで悩んで、もう、これしかないと思ってようやく決心したのに。そうしなきゃ入院なんてしない。どうして患者の気持ちをわかってくれないんだろう。そのとき、むっとした態度をとったので、一応あとで先生に謝りました。『あのとき、嫌な態度をとってごめんなさい』って。そしたら、先生が『そんなこと気にしなくていいわよ』って。また、むかつきました。こっちはどんな気持ちで言っているのか、少しもわかってくれないんです」。

医師はマニュアルどおりにやっています。でも、患者さんは、かえってそのやり方や言い方で傷ついてしまうことがあります。患者さん、一人ひとりの捉え方は違いますから。医療者が精一杯やっていることでも、一人の患者さんには届かないところもあります。そこを埋めていくのが心理士なのかなと感じた出来事でした。

その後のカウンセリングも、体調がすぐれないようで体重も五キロ減少になり、声のトーンが低く、ゆっくりした口調で話されました。手術前に比べて体力がかなり落ちているのが不安なようでした。ただ、仕事の話をされると目の色が変わってきて、さすがプロだなと感じました。

(9)回復

手術から一カ月半がたち、だいぶAさんの体調が回復してきました。それと同時に心も動いてきました。Aさんは「前に、お風呂で泣いているって言っていたでしょ。それがなくなったんです。がんで死ぬという恐怖がなくなったからですよね。……昨日ね、初めて夫に聞いてみたんです。『子どもがもうできないけど、それでいい?』って。そしたら、夫が『いいよ。二人でいいよ』って」と言って涙を流されました。私が〈それ、ずっと聞きたかったこと?〉と、たずねると、「うん。ずっと聞きたかったけど、言えなくて……昨日区切りというか……聞けた。久しぶりに泣いたよ」と、Aさんはまた涙を流されました。こうして、一つひとつ心を整えていくのですね。そして、次のステップに進みます。

仕事の話をされるAさんの口調はしっかりしていました。「次は仕事復帰かな。復帰の前に慣らすために来いって言われていて。仕事始めるんだったら、調子フルでスタートしたいな。一週間クリアは大変だと思うけど。そこで慣れちゃえば大丈夫かな。仕事に復帰するのが……授業は大丈夫だと思うけど、人間関係がどうかな。以前、一緒に副担していた人がいたんですよ。でも、信じられないな。私が休んで一回も『大丈夫ですか』とか、連絡なくて」。どうして、連絡しないと思うかという私の問いに、Aさんは「うーん。仕事が手いっぱいなのかな」と、答えられました。

また、医師に対しての見方も変わってきました。

「今度の外来はE先生（手術の担当医）です。E先生が前の外来で診てくれなかったのには腹が立ったけど、今ではあんな先生だから仕方ないかぁっていう気持ちです。やっぱり自分の体調が良くなると違いますね」。

(10) 支え

その後、Aさんはだんだんと調子を上げていかれました。「体は良くなりました。こういうのって、タイミングよく来るもので、教え子から連絡があって、相談があるから学校に行っていいかって。今、こういう状態だということを話して、日程と場所を言ったら数人で来ると言っていました。楽しみです。それから、仕事復帰のことを想定して、駅の階段を上り下りしたり、歩いたり、四、五時間立ちっぱなしをしたりしていたら、疲れがどっと出てしまいました。復帰しても二週間はきついかなぁ。気づいていないと思うけど、今日はファンデーションを塗ってきたんです。こうやっておしゃれに気を遣うようになれました。良くなってきてるんだって感じます。体を動かせることって幸せだし。夫と話ができることって幸せです」。

さらに、Aさんからうれしい出来事が聴けました。「教え子が二人、会いに来てくれました。専門学校に行って、すごく勉強して、でも楽しかったって言っていました。就職もできたみたいです。うれしかった。自分のことを話し、『復帰できないかも……』って言ったら、二人が同時に手を振りながら『そんなこと、ない、ない』って言ってくれたのが、おかしくて、うれしくて。仕事復帰への背中を押してくれた感じです」。

「学校に行ってきました。復帰に向けて学校を見学し、教頭と少し話をしました。最初の一週間は慣らしということになりました。よくわかってくれているから安心できます。今となっては、どうして休んでしまったのかなぁって思ってしまいます。最初は医師から言われた言葉がきっかけで、落ち込んで体調悪くなって、そして手術もして。でも、必要な時間だったんですよね」。

「仕事復帰への不安は、仕事が始まっちゃえば、大丈夫だと思います。前に話したけど、教え子が『ない、ない』って言ってくれたし、職場にも理解してくれる人がいるし、気が合わない人とは、それとなくやっていくしかないですね」。

「テニスの仲間で、無神経なよくしゃべるおばさんがいるんですけど、その人から、『子どもつくらないの』って聞かれました。すごく腹が立ったけど、『無理無理、もう歳だから』って答えられました。自宅に帰ってから、辛さが襲ってくるかなって思ったけど、全然平気でした」。

Aさんの考え方がとても前向きになりました。病気があることで命の危機、生きることへの不安がありましたが、それがなくなるとすごく楽になられたように感じました。仕事復帰にも、子どもがいない人生に対しても、手術前よりはるかに考え方が変わってきていました。そして、いつも支えになっている夫への気持ち。

「夫にはとても感謝しています。夫がいなかったら、仕事を辞めていたと思います。夫は、程よく面白い人。見た目はオジサンだけど、一緒にいて苦にならないんです」。

(11) 復帰

そして、いよいよ……。

「今週から、仕事に復帰しました。教頭先生が毎日顔を見にきてくれた。教頭先生にはお茶を出すけど、あとの人にはださないんです(笑)」。生徒には、すぐに熱心に指導を始められ、生徒の成績をどんどん上げていったようです。そのことを、とてもうれしそうに話されました。

「この三週間は、調教でした。生徒から、『ボス』って呼ばれています(笑)」。

とても充実した三週間だったようです。仕事復帰について悩んでいたのが嘘のよう。いきいきしているA

さんを見ると、本当にうれしくなりました。今度は、頑張りすぎないように祈っています。

3 カウンセラーの存在

一つ大きな山を自分で乗り越えたAさんに、カウンセラーの存在について伺いました。

「必要でした……生きていくために必要でした。あのときは、自分で何とかしなきゃいけないと思っていたけれど、それができなくて……気持ちを聴いてもらえることがどれほど大事か実感しました。これからは、生徒の気持ちを聴いてあげようと思います。そういうことが大切だと以前から知ってはいましたが、自分が体験した今は、気持ちを聴くことがとても大切だってわかります」。

人には二つの死があると思っています。身体の死と、心の死。以前、私は心が死にそうになっていました。それを助けてくれたのが、カウンセラーでした。どうしようもない、ぼろぼろの自分を受け入れてくれること、自分の存在を認めてくれること、それが本当に救いでした。Aさんの体験を通して、また、自分のそのときの体験を確認し、大切に扱う作業ができました。そしてそれによって、自分で自分を受け入れることができたのです。Aさんがカウンセラーを必要としてくれたように、わたしもAさんに援助されていたのだと感じています。

私は、五〇分のカウンセリングが終わったあとにすぐ、そのセッションの記録をつけています。そのときの自分の気持ちも残しています。このAさんの記録をつけながら、また、記録を読み返しながら、カウンセラーとクライエントが混在しているように感じていました。アイケンバウムら（一九八三）は、フェミニスト・セラピストに求められるものとして「クライエントと同じ社会化の過程を共有してきた女性として、治療者はクライエントと同一化する多くの共通点を見出さざるを得ず、事実、強く彼女らと同一化するわけである。

これは、逆転移などというものをはるかに超えて重要な意味を持つものである」としています。かといって、度を超えた同一化はよくないと感じています。私は、自分がクライエントと混じり合っているのを自覚しつつ、セッション終了ごとに医師に報告し、意見を聞いていました。これらのことが、クライエントとカウンセラーの距離の調整を図り、適度な同一化となっていたのではないかと思います。

そして、その同一化は、私にとってのエンパワメントとなり、生きるエネルギーをいただきました。Aさんが辛いときに、Aさんの心の中に居させていただけたこと。そのことをとてもうれしく思います。私はもしかしたら、救急車の中で亡くなっていたかもしれません。それを神様が生かしてくださっている。毎日がギフトだと感じています。この生かされた自分に何ができるのか。その問いに、Aさんの「必要だった」という言葉は、余りあるものでした。クライエントが心の危機に陥ったとき、そっとクライエントの心に居させていただく、そういった存在のカウンセラーでこれからもありつづけたいものです。

［注］

1　B病院は厚生労働省から、地域がん診療連携拠点病院に認定されている。そこでは、がん相談をうける体制整備が義務づけられており、B病院は、臨床心理士とソーシャルワーカーががん相談を担当していた。

2　B病院では、通常診断書は、患者から申請を受けて交付するまで、約一カ月を要している。この場合、数日で診断書が交付されているので、ソーシャルワーカーの多大な働きが想像できる。

［文献］

Bass, E. & Davis, L. (1988) *The courage to heal: A guide for women survivers of child sexual abuse*. Perennial Library. New York.（原美奈子・二見れい子訳『新装改訂版　生きる勇気と癒す力――性暴力の時代を生きる女性のためのガイドブック』三一書房、二〇〇七）

Eichenbaum, L. & Orbach, S. (1983) *Understanding women: A feminist psychoanalytic approach.* Basic Books. New York.（長田妙子・長田光展訳『女性心理療法を学ぶ――フェミニスト・セラピィ』新水社、二〇〇二）
信田さよ子『カウンセリングで何ができるか』大月書店、二〇〇七
信田さよ子『タフラブという快刀――「関係」の息苦しさから自由になるために』梧桐書院、二〇〇九

第8章

闇に一条の光射す

希望についての一考察

宮原亮子
Miyahara Ryoko

1　はじめに

人は日々さまざまな出来事に遭遇し、苦痛を感じることがあってもそこに意味を見出し、体験を積み上げることで精神発達や社会適応の糧とします。しかし、日常的な出来事、人為的な出来事、自然の力による災害や事故、自然の摂理などによる体験が強いインパクトを持ったとき、心に強い痛みが生じ、それが癒えないまま暗闇の中に居るような思いを持ち続け、時に外傷的な経過を経ることもあります。しかし、人は闇にとどまり痛みを抱えて生きるなかで、時間や人との関わり合いによって何らかの回復や治癒に向かい、希望を見出すことができます。希望は、闇に射す一条の光です。

私は一九九〇年代の初め頃から心と向き合う仕事に携わってきました。子育てや人との関わりに悩むお母さんたち、成長発達するのに支援を必要とする子どもたち、医学的治療と並行して心理療法を必要とする一〇代の子どもたち、学校で上手くいかない体験をしている生徒たちやその保護者など、多くの人々とさまざまな心理臨床の場で出会い、お別れをしてきました。

出会ったときには心に痛みを持っていた人が、安全感や安心感を得て、治療的な関わりや適時の程よい支持・励まし・勇気づけなどによって、人生に対する希望を創造する姿を拝見しました。その姿から、人生とその過程での傷の回復や治癒のプロセスは、その個人が主体的に紡ぎ編んでゆくものであると確かに思えています。

これまで私を支え導いてくださった、多くの出会いや人々に感謝し、ささやかな私の個人史と闇に光を見出した人々の記録、その綾なす織の様相をお伝えしたいと思います。

2　私の物語Ⅰ

大学在学中にE・H・エリクソン（Erikson, E. H.）の著書と出会い、アイデンティティ（自己同一性）に関心を持ちました。思春期や青年期に生じやすい「生きるとは？」「人間とは？」「自分とは？」という疑問を持ち続けていた悩み多き私を導いてくれるように感じられたからでした。「青少年の心的特性の一側面」と題した卒業論文では、エリクソンの理論などをベースにして正常・異常・境界に考察を試みました。生きることへの若々しい悩みを抱えながらも、一方では、自由で自己選択優位の学生生活を生き生きと過ごしました。

職業選択では対人援助職（当時、臨床心理士の資格制度はありませんでした）を考えましたが、大手企業に入社しました。しかし、二〇代半ば過ぎに結婚を決めると、会社を退職して未知の街で生活することになりました。

その街がある北の大地では、初夏になると山々は強い日の光を浴び、木々や花々は満を持して生命の輝きを放ちました。北国の短い夏の光の眩しさに驚きさえ感じました。束の間の秋、言葉にならないほど美しい紅葉を見て、自然の中に無数の色彩があることを知りました。凍るような寒さと雪がすべてを覆い尽くす冬、初めてダイヤモンドダストを見た朝は、身が引き締まるような感動を覚えました。厳冬の時期に峠で吹きすさぶ大吹雪は、道路と路端の境界をなくして人の行く手を遮りました。吹雪にのまれて生と死の境界も見えなくなるような恐怖を感じました。長い冬の後に、雪解けとともにようやく訪れる春、これから暖かくなっていくことに安堵しました。凍りついていた川面の内側が穏やかに流れ始め、やがて柔らかい光がキラキラと川一面に広がり始めるように、私の気持ちも変化しました。四季それぞれを体験して、美しさと人事の及ばない怖さを知り、圧倒的な存在の自然を前に「畏敬の念」を持ちました。目の前に展開する自然は現実であり、歴然としてここにあり、置かれた環境において人にできることは限られていると思い知らされました。限りある命、限りある力であっても、人はできる限りのことをして、自己調整や環境調整をしながら生き永らえないといけないと思いました。

そんななか、友人も知人もほとんどいない私は、何らかの可能性やつながりを求めて、短期雇用に挑んだり、障害者団体に顔を出したり、テニスやスキーなどの運動に励んだり、図書館に通ったりしていました。しかし、転居が多かったこともあって、どんなに積極的に外に出ても、生活を工夫しても、所属感の欠落と行き先の見えない閉塞感を抑えられませんでした。置かれた環境で頑張っても、よくわからない強力な力に支配されていて、制約があるために、生き生きできない思いを否めませんでした、そしてとても孤独でした。独身ではない立場に自分がいることで生じた変化は了解していましたが、「希望」を持てず、「何か違う」という具合の悪さと今の自分を肯定できないことから生じる息苦しさを感じていました。選択するということは、選ばなかった何かを捨てることです。その頃の私は、仕事を辞めて結婚し不慣れな土地で生活するという選択をしても、人生を切り開いていく営みを捨てたのではなく、人生は人と関わり合いながら主体的にその個人が編むものと信じようとしていました。しかし、結婚前とはまったく違う現実のなかで、絶望に近いものを感じるときもありました。

それから数年のちに待望の子を授かり、北の地で産み、わずかな期間でしたがその地で育てました。そして夫の職の関係で住み慣れた故郷に近い土地に戻り、暖かい家庭を作ることに専念しました。子の笑顔と成長に喜びを感じ、家族のために惜しみなく時間と力を注ぐことを使命と思っていました。しかし、違う側面では、自分を肯定できない息苦しさは消えずに影のように寄り添っていました。ずっと暗いトンネルの中を独りで歩いているような感覚が、ふとしたときに出現して私を苦しめました。

幸い採用された非常勤特別職員として、子どもたちと関わったり、親御さんたちのお話を伺うようになりました。その仕事を向上させるため、人の話を聴く学習と訓練、所謂カウンセリングの研修を、民間の組織で受け始めました。自然にその学習と訓練にコミットしていきましたが、人間の正常・異常・境界を探求し、人が抱える問題の改善にあたる臨床心理学を大学院で学びたいという思いを抱くようになりました。しかし、私の場合、家庭の生活を安定的に営みながら、非常勤職を続け、さらに大学院に通学することは現実的に厳しいものでしたし、当時は臨床心理士養成の指定大学院の数は少なく、入試は容易ではなく、何重もの困難が予想されました。ここまでこうして生きてきた私が、大学院で臨床心理学を学び、資格試験を経て臨床心理士になり、仕事に従事しながら自己研鑽する、それは「現実離れした夢」だと思われました。そしてそのまま前に踏み出すことなく、くすぶり続け、人々が桜を愛でながら新しい出発を喜び合う時期には、私はいつまでもスタートラインに立てずに今年も春を見送るのかという思いを解消できずにいました。

それは、一九九九年一月の専門職研修会のときのことでした。それまでに何度も臨床心理士による講義を受けていましたが、その日の講師の先生の臨床経験と研究に裏打ちされた講義内容、落ち着いた口調や控え目でありながら凛とした印象に、気持ちを動かされました。そして、職業人として、女性として、先生はどう生きてこられたのだろう、さまざまな事情や困難があっても、ご自分の道を歩んでいらっしゃるのだろうと思いました。そのとき私の脳裏に、先生を象徴するような優しい彩りの美しく精巧な鳥の切り絵が現れました。そして次に、無彩色で、いらない部分としてゴミ箱に捨てられた地の紙が浮かびました。図が切り取られた地の部分は私のようでした。

その研修会あたりから体調の悪さを感じるようになり、四月の日記に、「元気がない。別の人生を生きたかったとか、後悔とかはない。自分の可能性に賭けて生きることから遠ざかり、沈滞していた二〇代後半の私とは違う実感がある。けれど、もう少し勇気と強さがあって自分を信じることができたら、もう少し何者かになれるのかもしれないのに、勇気を持って踏み出さない自分、こう生きてしまっている自分を噛みしめている」と記しました。それからもできる範囲で心理臨床の学習を続け、「心が弱っている人、心が彷徨っている人、人との関係で生きづらい人、そんな人々と共に居て、支援の一翼を担いたい。そのために、地固めをして一歩一歩進みたい」と記して自分を励ましたりしていましたが、独り暗い中で時を待つ思いは続きました。

そして、二〇〇〇年に入ってから開設された放送大学大学院臨床心理プログラムの存在を、新緑の季節に知り、是非ここで学びたいと思いました。「ここ以外にはない」と受験する意思を明確にして、思い切って挑戦しました。確かな後押しとして感じられたのは、仕事で面接を担当していた発達障害児の子育てに悩むお母さんたちの存在でした。彼女たちは、子どもの発達の遅れや偏りに直面して、心身共に困難感を抱え、周りの無理解や診断による心の痛みを体験していました。それでも前向きに進もうとするそれぞれの姿を面接で見せてくださっていました。

入学試験は受験者が多くて挑戦するには高い山でしたが、幸い合格して翌春から放送大学大学院修士全科生として臨床心理学をきちんと学び始めることになり、ようやくスタートラインに立つことができました。閉塞感が消え、トンネルの闇の中に光が見えるようになりました。「現実離れした夢」が実感を伴った「希望」へと変わったのです。主婦・母親・職業人・学生を兼ね、それらのバランスを取りながら臨床心理学を学び、臨床心理士として学びを活かす道を歩むという希望です。大学院の授業による学びと先生方や学友たちとの関わりは、かけがえのないものでした。

修士論文では「発達障害児の育児困難感」を研究しましたが、悲しみや痛みを抱えながらも限りなく努力し、喜びを見出しながら生活を営み、悲しみが繰り返されても再び前を向いて希望を持って生きる人々（出会ったお母さんたち）の真実を書きたいと思いました。研究では、それぞれの人の生き方にはそれぞれの真実があり、独自の歩みを辿る可能性に開かれていることを検証できました。「人生はその個人が編む」、この考えは紛《まが》い物ではありませんでした。論文を作成しながら、私はそれまでに出会った多くの人々の存在と、関わり合いへの感謝の念を深めました。大学院修了後も臨床心理学を学び続け、心理臨床の場で少しでも還元をしたいと思いました。

その後、資格試験に合格し、臨床の領域を広げ病院の臨床心理士、福祉センターの心理士、スクールカウンセラーなどを務め、心理検査や心理療法、発達相談や療育で研鑽を積んできました。ここでは、福祉の場で出会ったAちゃんとそのお母さん、そして、病院の外来の場で出会ったCさんをご紹介します（匿名性を配慮して創作を加えています）。その後に、私の物語の続きをお伝えしたいと思います。

3　Aちゃんとお母さん

(1) 出会いまで

Aちゃんは両親にとって初めてのお子さんでした。出生予定日よりも約一カ月早く生まれ、小さな赤ちゃんでしたので、お乳の飲みが弱々しくて、よく泣きました。泣き続け、ようやくお母さんの腕の中ですやすやしても、布団に移されるとまた泣き始めました。眠りから覚めたときにも決まって泣きました。そんなAちゃんをお母さんはとてもかわいがり大事に育てました。Aちゃんは一歳ちょうどに歩き始め、お父さんやお母さんと外遊びを楽しみました。Aちゃんは色々な物に関心を示し、触って確かめたり、木の枝の棒を振り回したり、面白そうな物で繰り返し遊んだりしました。意味のある言葉を話し始めるのは早くありませんでしたが、Aちゃんとお母さんとは通じ合っているようにお母さんは感じていました。お母さんはAちゃんを保育ママ（乳幼児を家庭などで保育する制度の保育者）に預けて仕事に復帰しましたが、Aちゃんは保育ママの所で穏やかに過ごせました。一歳の終わり頃にお母さんのお腹に二人目の赤ちゃんがいることがわかりました。赤ちゃんの誕生は、Aちゃんが二歳半ぐらいの頃の予定でしたが、Aちゃんは二歳少し過ぎに保育園に入ることになりました。

保育園は途中入園のAちゃんを快く受け入れてくれました。けれども、Aちゃんは登園してお母さんと別れるときに、必ず大泣きして、吐いてしまうことも時々ありました。あまりおしゃべりしませんし、給食も食べません。それでも毎日通い続けていると、Aちゃんに大好きな先生ができました。S先生です。S先生は毎朝Aちゃんを出迎えて、抱っこしてくれました。するとAちゃんは素直にお母さんと別れることができました。環境が大きく変わり、園生活は初めてのことばかりで、泣くことが多かったのですが、S先生が居ることやダンボールで作ってもらった「Aちゃんハウス」で過ごすことで、Aちゃんは落ち着くことができました。

二歳後半になっても、Aちゃんは意味のある単語を二語つなげて話しませんでした。周りの大人の言っていることはわかっていて、親しい大人とはやりとりができましたが、お母さんは少し心配になりました。誕生したきょうだいに優しく接するし、赤ちゃん返りがほとんどないので、ほっとする気持ちと、言葉が遅れていて心配という気持ちの間で、お母さんは揺れることがありました。お母さんは迷った末に、Aちゃんが三歳になる頃に発達相談を受けることに決めました。

(2) 出会いとそれから

私は発達相談でお母さんとAちゃんに出会いました。Aちゃんは初めての場所に連れてこられ、初めての人々に声をかけられて、少し不安そうでした。お母さんと一緒にプレイルームに案内されて、お母さんの後ろに隠れるようにしていましたが、雰囲気に安心したのでしょうか、私が声をかけると自然に応じて、名前と年齢と性別を言うことができました。それから、「好きなおもちゃで遊んでね、もう一人の先生が一緒に遊んでくれるよ」という私の言葉を理解したのか、大好きな電車で遊び始めました。寝転んで手で電車を動かして、その動きを見つめながら、「ガタンゴトン、ガタンゴトン」と言っていました。傍らに座っている担当の先生にはあまり関心を持っていない様子でした。また、他の種類のおもちゃを使うことはほとんどありませんでした。その姿を少し離れた所で見ながら、お母さんと面談しました。（Aちゃんの理解力や様子に配慮して、Aちゃんが安心してお母さんと離れられることを確認し、詳細は隣室で聞き取りました。）三歳前にようやく単語をつなげて話し始めたかと思ったら、急激に上手になり、三語文も言うようになっているとのことでした。保育園で先生とお母さんが気になることとして、同じくらいの子どもたちとあまり遊ばない、一人で大好きな物で遊んでいるがいつも同じような物で遊ぶ、物を取られても何も言えないで自分のほうから身を引く、先生の指示を聞けるがやり終えるのに時間がかかる、初めてのことにとても不安になり、スムーズに行動できなくなることがある、運動は好きなのにそれほど上手ではない、手先が不器用、匂いを気にすることなどを伺いました。家庭では少し頑固になるときがあり、服の素材がAちゃんの居心地に良くないものは着たがらない、近所の同年齢の子と遊びたがらない、児童館に連れていっても楽しそうでない、年齢より幼い感じがするとのことでした。

私は今お母さんが困っていることを具体的に伺い、環境調整も含めて、それらに対処する方法について話しました。また、Aちゃんを可愛いと感じる点や、Aちゃんが頑張っている様子についても、お母さんから伺いました。電車が好きなので、乗っているときには行儀が良くて、乗り換えもスムーズでグズルことがない、決められた時間ちょうどに食事やおやつを食べ、他の時間には食べないのでメリハリを持てる、安心して落ち着いているときの笑顔がかわいい、保育園で好きな先生が増えている、とのことでした。そして、私は、「これからのAちゃんの成長に少しでも関わらせていただきながら、お母さんと一緒にAちゃんの育ちを考えていきたいと思うので、時々相談にいらっしゃいませんか」とお母さんに伝え、この発達相談の利用方法や内容と役割、そして、療育機関と医療機関のそれぞれの役割についても丁寧に話しました。Aちゃんが担当の先生と心地良く居られたこともあり、お母さんは快く了承されて、定期的にAちゃんと相談に来られるようになりました。

毎回Aちゃんはにこにこした表情で来所して、プレイルームで担当の先生と過ごし、少しずつやり取りが豊かになり、遊びが広がっていきました。私もAちゃんと関わる時間を持ちました。また、別室でお母さんと日常での関わりの工夫や配慮を具体的に話し合い、Aちゃんがスモールステップでも確実な積み上げができることを確認し合いました。そして、お母さんの悩みも傾聴しました。園とも連携してAちゃんの様子を先生から伺ったり、園訪問に出かけたりしました。Aちゃんは会話が上手になって、先生とは言葉を介してやり取りできるものの、園児とあまり遊ばない状況にはほとんど変化が見られません。初めてのことやいつもと違うことに怯えて尻込みするのは、園でも日常生活でも多々あります。そんなAちゃんの姿に、「子どもってこんなかしら。何か少し違うような気が、ずっとしていました。育てにくいなって思うこともありました」とお母さんはしみじみと語りました。療育機関への手続きはすでに済ませてあり、間もなく利用できるようになっていました。

Aちゃんが療育を受けるようになってから、お母さんはお父さんに相談して、互いの意見を交わし合い、悩んだ末に、自分が卒業した大学の附属病院小児科発達外来にAちゃんを連れていくことを決めました。お父さんはその決断に少し硬い態度を示したそうで、合意はしたものの、お母さんとAちゃんでの受診になりました。「広汎性発達障害（DSM−5では『自閉スペクトラム症／自閉症スペクトラム障害』）の疑い」。これが、四歳になる前にAちゃんが、病院で受けた診断でした。

そのときのことをお母さんは、「ある程度予想はしていましたが、診断を言われたときに頭が真っ白になって、その後に先生が何をおっしゃったかほとんど覚えていません。これからも成長発達すると言われたことは残りましたけれど。夫に伝えても話し合いになりませんでした」と面接で話してくださいました。私はお母さんの話に耳を傾けて一緒に居ました。そこに居るお母さんと私の呼吸や心臓の動きも聞こえるようでした。それから、「どうしていったらいいかわかりません。私はこの子を育てられるのでしょうか」と話されました。それに応えて私は言いました。「辛いですね」。「私が思うには、診断を受ける前も後も、AちゃんはAちゃんです。Aちゃんの成長は続きます。お母さんはこれまでAちゃんを大切に育てていらっしゃいました。育児はオリジナルですから、この世でたった一つの〝Aちゃん育児〟を作っていかれるといいですね。Aちゃんとお母さん、そしてご家族や周りの人と共に作っていってください。捜せば必ず光が見つかります。できたら、そのお手伝いをさせてください」。お母さんはそっと目元を押さえながら頷きました。

診断後のお母さんケアの大切さもあり、その後もお母さんとの面接は継続されました。Aちゃんは同じ園に在園しながら療育機関に通い、お母さんからその状況や家庭での様子を伺いました。Aちゃんのわずかな変化や成長でもお母さんと共有し、一緒にAちゃんへの理解を深め、Aちゃんとの関わり方を考えました。二児の育児と仕事に携わるお母さんは、「子育てには休みがないから大変」と言いながらも笑顔を見せるようになりました。

（3）別れ

そしてしばらくの後、お父さんの仕事の関係で、Aちゃんの家族は遠くに引っ越すことになりました。最終面接の最後のほうで、「診断後の日々の生活で、よくわからない居心地の悪さと苦さを感じていましたが、あるとき海岸の砂浜が思い浮かびました。太陽の日差しを浴びて砂の一粒一粒が輝いていました。その中でとても美しく一番だと感じる一粒を私は手にしたかったけれど、私の手の平に届けられたのは、それとは違う粒でした。なんで欲しかった粒が届けられなかったのだろう。私は望む粒を与えられて、それがさらに輝くように育てたかった」。お母さんはそう言うと俯きました。沈黙の時間が訪れました。私はお母さんが表現した砂浜を想像し、彼女の眼になって砂浜を見ていました。しばらくするとお母さんは再び話し始めました。「私に届けられた一粒が、輝くようにと願いながら、一生懸命に育てて、いつか感謝しながら海辺に戻せればいい。『この命を育てなさい』と私に届けられたのでしょう。輝く姿を見ていきたい。そう思えるようになりました。この子と、また違う一粒のもう一人の子、二人の子を育てることで、私の世界も豊かになっていくでしょう」。そして、お母さんは私を真っ直ぐに見て、微笑みながら、「『闇に一条の光射す』ですね。先生がおっしゃったこの言葉を大切にします。私の子育ての道にも光が射すように感じられます。これからいろいろなことがあるでしょうが、先生とお別れしても、頑張っていきます。ありがとうございました」と話を終えられました。私は、ハッとしました。これまでの面接の中で私が口にした言葉の一つが、お母さんに響き、今こうして希望を語っておられる。胸を打たれました。そして、この言葉が私にとってとても大切な言葉であったことを教えられ、ありがたく思いました。これからお母さんが歩む過程で、お母さんもAちゃんもきょうだいも輝かれることを私は祈りました。「ありがとうございました」、これが私の最後の言葉でした。お別れした後のお母さんの道のりで、光が見えなくなることがあっても、このお母さんはまた光を見つけることができると思いました。

(4) 関わりを終えて、考えたこと

母親は妊娠した時点から子どもを育てる営みを始めています。多くの場合、わが子への願いや親としての夢を思い描き、その子がこの世に生まれ出ることを歓迎します。実際の子育てに先行して、母親は、自分自身の育ちの記憶やそれまでの体験や学びをもとに、その人なりの「子ども像」を明確ではないにしても持っているものです。また、自分自身の親の養育態度や親との関係性が、子育てに大きく影響します。そして、実際に子どもと関わり始めると、「子ども像」と実像とのズレや、子どもとどのように関わるのが良いのかという思いを、多かれ少なかれ実感するようになると思います。

Aちゃんのお母さんの場合は、一生懸命Aちゃんを育てながらも、育てにくさや関わり方での戸惑い、そしてお母さん自身の「子ども像」とのズレに直面しました。社会資源を利用するという行動を選択して、発達相談や療育機関を利用し、保育園との連携作りもして、子育ての協力者を作り、支え手を増やしました。そして、診断を受けた後の不安定な自分自身の思いにも向き合い、Aちゃんの育ちを受け容れていく過程を生きました。初めて訪れた子育て上の喪失と再生を経たお母さんは、この時点で、これからも続く子育てに、ある種の見通しと志向性を得たと思われます。

子どもを育てることは、肉体的な労力や精神的な負荷を伴う人間的な営みで、社会や文化という環境に関連しています。発達に障害を持つ子どもや発達に偏りのある子ども、育てにくい子どもや育ちにくい子ども、そのような子の母親は時間や労力という直接的困難だけではなく、自分自身と子どもとの関係性、夫や家族のこと、周囲とのことなどで、心理的困難にも直面します。その子育ての過程は平坦ではなく、特に診断に類する最初の衝撃的な体験において、母親は悲哀をも感じ、その後も、ライフステージの分岐点などで、そ

の原初体験を想起することもあると思われます。しかし復元することを繰り返しながら歩み、その歩みはその人なりの彩りを帯びて深まってゆくと思われます。

4　Cさん

(1) 出会いまで

中学校を卒業して第一志望の高校に入学したCさんは、始まったばかりの高校生活への期待で胸を膨らませました。入学式やオリエンテーションで学校の様子を知るにつれ、この学校の生徒になったことを誇りに思い、ますますうれしく感じました。話せる友人も増えていき、楽しく学校生活を送るようになっていました。五月に入って部活を決めて積極的に参加し始めました。真面目で正直なCさんは、勉強と部活を両立させる決意をし、勉強にしっかり身を入れながら、部活も頑張ろうとしました。部活ではすぐにCさんの責任感の強さが認められ、一年生の代表になり、先輩と同学年の部員とのつなぎ役をするようになりました。気を遣う役割でしたが、Cさんは頑張りました。特に同学年の部員に対しては、先輩から言われたことを伝達するだけではなく、学年をまとめるという責任もあり、頑張り甲斐がありました。

六月のある朝のことでした。Cさんはその朝のことをほとんど覚えていませんが、登校するために起床してベッドから出ようとしたら、急に具合が悪いような感じがしました。はっきりしているのは、気づいたら病院にいたことでした。Cさんはぐったりしていて、歩けないので車椅子に乗せられました。診察室で小児科の先生と会ったときには少し気持ちは落ち着いていましたが、起床してから先生と会うまでのことをはっきり思い出せませんし、これまでのように上手に話すこともできません。受けられる検査を受けて、薬を処方してもらい、様子を見ることになりました。そして、当面は学校を休まざるを得ないと周りが判断しました。

両親によると、その朝のCさんはいつも通りのCさんではなく、大変苦しそうに身を丸めて身動きできずにいて、両親の言葉にまったく応じられなかったそうです。両親は突然の変化にとても驚いて、すぐに病院に連絡し、来院したとのことでした。受診後も、家庭の中でCさんが混乱した状態でしたので、お母さんはとても悩み、これまでの母子関係や家族関係やお母さん自身の生き方を、苦しみながらも振り返ったそうです。

Cさんの担当医が児童精神科の先生になり、「解離性障害」と診断され、通院と服薬を始めました。しばらくのちに歩行ができるようになり、以前通りに話せるようになったものの、体調は回復しません。学校へ行けない日々が続きました。けれども、Cさんの学校への思いが強かったので、気分の良いときにはお母さんと登校して保健室で過ごすことから始め、少しずつその時間が増えていきました。ですが、どうしても自分のクラスの教室には入れませんでした。保健室で担任の先生や級友や部活の仲間とも話せるようになりましたが、疲れてしまうこともありました。家庭では、意味がつながらない話をして暴れたりすることがしばしば起きていましたが、後で両親から尋ねられても、そのときのことをCさんははっきり思い出せませんでした。

(2) 出会いとセラピー第一期（約一年）

Cさんが来院し始めたときから、その姿を院内で拝見していましたが、肩をすぼめて俯くCさんに、いつもお母さんが心配そうに寄り添っていました。Cさんが歩行や会話ができるようになった頃に、臨床心理士が付くことが検討され、私が担当になりました。

初回面接の日、Cさんはお母さんの肩に身を委ねて待合室に居ましたが、私がセラピー室に案内するためにお呼びすると、お母さんから離れ、すっと立ち上がりました。私の案内に従って入室し、落ち着いた様子で私の声に耳を傾けました。「今日ここでCさんと私の二人で過ごし、Cさんのことを教えていただきたいと思っています。限られた時間ですが、Cさんの体調に配慮しながら過ごしたいと思います」。このように話すと、Cさんは緊張もあってか、私に自分自身のことを伝えようとする姿を見せ、得意なことや趣味、家族のことや学校のこと、これからどうなっていきたいか、そのような具体的な問いかけに簡潔に答えました。小さい頃から書道を習っていて、自信があるとのことでした。家族に関しては、家族構成を述べて、「母は優しい」など、簡略に両親ときょうだいを表現しました。学校のことは、中学校で立派にやれた事柄に言及し、今の学校（高校）では、友人に恵まれていると話しました。また、部活は中学から体操部と言い、立ち上がってY字バランスを披露してくれました。このときに私はいささか驚きましたが、真摯な自己表現と受け取りました。そして、着席すると、ゆったりした口調で、「普通に学校に行けるようになりたい」と言いましたが、Y字バランスをしているときの力ある表情と体の動きは消えていました。

ここでできることは、Cさんと一緒に過ごして、話し合ったり、考え合ったりすることですが、何か書いたり描いたりすることもできますと話すと、定期的にここで会っていくことを、Cさんは希望しました。

Cさんの心身の負担を考慮しながら話を聴き、絵を描いてもらったりして、アセスメント面接を数回重ねました。当初、箱庭と描画（風景構成法など）から、Cさんの内界には危うさが感じられ、心的エネルギーは乏しい状態と推測されましたが、主治医の判断を経て、月二回のセラピーが開始されることになりました。Cさんには描くことへの親和性があったため、絵画療法を用いることになり、主治医に定期報告をして話し合いながら、Cさんの病態水準の変化や治療経過を見ていきました。

Cさんのセラピーのキャンセルはほとんどありませんでした。向精神薬の副作用が出ているときにも来院してセラピーに臨み、画用紙に向かって黙々と描画に取り組みました。その姿は、必ず回復したいというCさんの静かな無言の祈りのように見えました。服薬の内容がCさんの症状や日常生活の様子に応じて適時に調整され、一進一退しながらも次第に病態は良くなっていきました。

その間、Cさんは大好きな高校で可能な限りの体験をしました。修学旅行で見た夕焼けの美しさや、体操の大会に出かけて仲間を応援したエピソード、体験した一つひとつを大切に心に留め置いていることが、Cさんの短い語りから伝わり、Cさんが能動的に心に残る思い出作りをしていると感じられました。しかし、限られた授業にしか出席できなかったため、進級に必要な単位の取得が難しくなりました。病気であることを考慮され、皆と一緒に二年生になりましたが、両親や先生方と時間をかけて考えた末、数カ月後、自分の選択で退学しました。部活の仲間はCさんとの別れを惜しんだそうです。

(3) セラピー第二期（約一年）

治療のペースに合わせやすい別の高校を受験して合格し、Cさんは新しいスタートラインから歩み始めました。通学が負担にならないよう、Cさんにとって無理のないカリキュラムを組み、学校で友人との時間を適度に持てるようにもしました。Cさんの適応は良好で、毎日を大切に過ごし、一週間、一カ月、一学期、一年の単位で目標と見通しを立て、実行し、調整していきました。そして、少しずつ自信を持てるようになりました。これらの状況を、Cさんはセラピーの場で伝えていました。毎回Cさんは日常の報告をした後に絵を描き、描きながら、私と二人で過ごしている時を実感し、楽しめているようでした。

一方、不調のときには、家庭で動けなくなり体を丸めてうずくまっていたり、幼い態度で両親を困らせたり、暴れたりすると、母親から主治医に報告がありました。Cさんからは私に、「なんだか怖かったから隅っこで小さくなっていた」「いい子じゃなくなる」「死にたい、なんで生まれてきたんだろう」などの表現があり、Cさんが得体の知れない重圧につぶされそうな感覚を覚えたり、不安で眠れなくて心が引き裂かれそうな思いに駆られたり、迫害的な恐怖感にとらわれていることが推測されました。そのようなとき、私はCさんの表現をそのままを受け取り、受け容れ、頂いたことを返す程度にとどめ、言語化を深めることを敢えてしませんでした。その理由は、今この場で必要な関わりは、退行を促進しないよう注意をしつつ、保護的な配慮を要する精神病レベルに近い関わりであると判断されたからでした。そして、Cさんが好んだ描画法においても病態に応じた配慮をして、いつものように絵が生まれる時を共有しました。

心身の調子の波がありながらも、新しい高校での一年間を無事に終えて、Cさんは進級を果たしました。

(4) セラピー第三期(約一年)

セラピーのセッションでの疎通性が高まり、Cさんは、前回のセッション後からその日のセッションまでの報告を自らしたり、生活面で自分自身を安定させるために実践している方法を説明したり、意思や葛藤を話すようにもなりました。「生きていることが楽しくなった」「世界が明るく見える」との言葉が聞かれるようになり、表情や服装にも明るい彩りが感じられるようになりました。私は、Cさんの連続性のある人生の物語が紡がれるように心がけて対応しました。これ以上悪くなりたくない、良くなりたい、成長したいというCさんの思いに添いました。描画は統合が良くなり、また、私と一緒に共同制作画を描くこともCさんは積極的に楽しみました。セッションごとの描画を通してCさんと私は関わり合い、ここでの共通の思いを体験しました。また、私が受け取れたCさんの成長や変化を、Cさんに伝えました。主治医への定期報告での検討においても、Cさんの意欲や生命力が育まれていることが確認されました。

(5) セラピー第四期(約半年+α)

それからも描画中心のセラピーが続けられました。完成度の高い作品を仕上げるCさんからは、来院当初の解離的な症状は完全に消え、しっかりと現実を踏んでいて、過去と現在と未来がつながっている印象を受けました。Cさんの中で、新たな適応的状態が生じている可能性が感じられました。この時期には、友人との関わり合いをいっそう楽しめるようになり、家族をいたわり、人とのつながりに感謝する言葉が聞かれました。また、母親と程よい距離を持てるように自ら調整し、完全に一人で通院できるようにもなっていました。

(6)別れ

Cさんとの関わりが三年半近く経過した頃、Cさんは「私は病気を経験したので、これを活かして人の役に立つ仕事をしたいと思います」と言い、大学や専門学校の学校公開や説明会に出かけていました。また、体操などを通して小学生たちと関わる活動にも参加する機会を持っていました。時を同じくして、私は数カ月後に別の職場に移ることになっていました。Cさんと私のセラピーは終結に向かうことになりましたが、Cさんの回復が認められたため、主治医の判断により、Cさんのセラピーそのものが終了することになりました。

最後のセッションで、Cさんは穏やかに今の自分の気持ちを話しました。未来を見つめ希望を持ち、広い世界へ進もうとする力強さが感じられました。突然の変調後の長きにわたった苦しくて辛い日々、家族に支えられながら、その時その時を大事に生き、前を見ようとし続けたCさんの今の姿です。最後の絵は、Cさんの選択で私との共同制作画になりました。Cさんは桜咲く画面の中央に「スタートライン」と書き記しそれを完成させました。そのときの笑みは、爽やかで健康的な印象でした。私はそれをCさんに言葉にして伝えました。「ありがとうございました」と頭を下げて礼儀正しく挨拶をして、私からの「ありがとう、お元気で」に送られて、Cさんはセラピー室を退室しました。

(7)関わりを終えて、考えたこと

現在の思春期臨床では、発達障害・うつ症状・解離性障害の問題が取り上げられるようになっています。

私が出会った一〇代の子どもたちにもこのような問題が感じられました。思春期は心身が大きく変化・成長する時期であり、環境や周囲の人々との関係が直接的な影響を与えるため、治療ではその側面をも見ていくことになります。最も大切なことは、自分を語りたくても語れず、表現したくても上手くいかず、周りの大人から問題行動と捉えられてしまうような行動や、症状でしか表現できない子どもたちをわかろうとし続け、添っていくことです。セラピーでの関わりが深まりつつ、それぞれに必要な時間を経過し、一人ひとりが主人公として何らかの形で語る力を持てるようになると、明るい表情が見られるようになり、その人の物語がつながり未来をも語るようになります。

Cさんは心身の健康を崩してままならない状態に陥りましたが、限りなく努力しました。家族もCさんの状態にとても悩み、家族それぞれが家族関係を見直し、生活環境の調整に配慮し、回復を念じて根気強く治療に協力されました。家族にも並々ならぬ苦労がありました。これまでに体験したことのないCさんの心身の変調を本人と家族が抱え、手を携えて進もうとし、新しい生き方を得るという段階に至りました。Cさんからは、こうした経験を通してこれからの自分を作っていきたいという思いの表明がありました。治癒です。

ここに至るまでのCさんの道のりには、哀しみ・苦しみ・痛み・辛さ・わからなさ・怒り・不安・恐れ・喪失・失意などの感情が抑えきれないくらいありました。それでも、感謝・喜び・楽しみ・面白さなど感じられたことを大切にして、成長したいと強く願い、生きるための工夫を重ね、希望を見出していったのです。

Cさんとの関わりを振り返ってみると、私は一貫して基本的に受容的・支持的な態度でしたが、第一期と第二期では、病態水準を検討しながら、退行の状況に注意を払う必要性がありました。どのように関われば、Cさんの精神的な発達に寄与できるセラピーになるのか、悩みました。目の前にいるCさん、Cさんの言葉、Cさんの絵、共に過ごす時、それらすべてから、わかろうとする姿勢を取り続けました。第三期と第四期に言語的交流がいくぶん深まったものの、絵を描くことがCさんと私をつなぎ続け、それが治療的に働き、C

さんの人生を統合する役割を果たしたと思えます。Cさんは全セッション（九六回）を通して百数十枚の絵を生み出しましたが、それらは言葉以上にCさんのことを私に語り伝え続けました。その流れを作りあげる基にあったのは、Cさんの成長しようとする力と家族の存在だったのです。Cさんの治癒の道のりに同伴させていただけたことをありがたく感じます。

5　私の物語Ⅱ

ある晩秋の月曜日、高校生の娘は「行ってきます」と言っていつものように登校しました。けれども、夕方から数時間たっても彼女は帰宅しませんでした。その夜、娘が帰らないことを、しかも、「家での暮らしが耐え難いために、今後帰ってくる気持ちがまったくなく、安全な所に居るのでしばらくそっとしておいてほしい」ということを、娘が身を寄せた親戚から知らされました。その日を機に、娘はそれまで過ごした家での生活に自ら終止符を打ったのでした。いつもの朝だったはずなのに、それが娘の登校を見送る最後になりました。数年来、家庭の和という温かみが減少して寒々とした状況にあり、娘がとても苦しんでいたことを私は知っていました。家族それぞれが心を遣っていたはずなのに、悪化の一途をたどり、家庭が壊れてしまったことが白日の下にさらされたのでした。

娘にとってはこれ以上家で暮らせない事情が起きたのですが、私には了解できず、あまりに突然の出来事を到底受け容れられませんでした。そのときから私の中の時計が止まりました。それまでの日々から先に進めないでいる自分をどうすることもできませんでした。買い物で娘の好物を手にしたとき、その何気ない自然な行為に自分自身がハッとして、「もうあの子は家にいない」と言い聞かせましたが、家では娘の面影をいとおしみ、玄関で、キッチンで、「お母さん」と何か言ってくるときの感覚を、私は無意識に保持しようとしているかのようでした。

夫との生活は、かなり長い間、心を尽くして積み上げても崩れ、また積み上げても崩れる様相を呈していましたが、娘がいなくなった時期にはその様相が大変強まっていました。有能な高度職業人である夫を尊敬し、私なりに尽くし続けた長い結婚生活でしたが、夫からは認められませんでした。高度に専門的な仕事に命を削るように身を注ぐ彼に対する、理解と努力が足りない、最低の人間だと言われ続けました。価値のない弱い人間とも言われました。そうではないはずだと思いさらに努力しましたが、夫の要求水準には届きませんでした。それでも、家庭の雰囲気が変われば、もしや娘が帰ってくるかもしれない、また家族が集えるかもしれないという思いもあり、夫との関係を良くしようとしました。しかしやがて限界が来て、私は夫の言動に怯え、心身共にかなり敏感になり、不安ゆえに自分を苦しめる強迫的な行動をするようになりました。そして、迫害的な恐怖さえ感じるようになりました。私は心身の健康度をそれ以上悪くさせないために、娘が去った二年後の晩秋、その家での生活に終止符を打ちました。

臨床心理学を学ぶことを目指した根底には、結婚直後から感じ始め解消できない幾つかの疑問と、何らかの力を借りて自分自身で自分を救済したいという思いが、間違いなく存在していました。臨床心理学はその疑問を解明したり理解するのに役立ち、臨床心理学に自分自身を救い成り立たせる道を見出せるのではないかという考えも、大学院受験の際に支えになっていました。大学院で多くを学び、実際にその考えは間違いではなかったと確信しました。

家を去ったその冬、私は内的混乱と危機的状況にあり、行き先が見えない暗黒の中で、その確信だけを頼りに、かつてお世話になった臨床心理学の先生に相談しました。先生は穏やかに私を受け容れてくださり、「あなたには弁護士とあなた自身のケアが必要」とおっしゃいました。死にかかったような状態のなかで、私は弁護士を探し、先生に紹介されたセラピストを訪ねました。

セラピストとの面接の場は医療モデルの治療枠ではなく、「相談」という枠組みでした。面接の度に、セラピストが現状を確認して、今すべきことを具体的にマネージメントしてくださり、混乱が整理されました。「不健康な環境から抜け出して、人として生き残ること」に関わるセラピストのブレない強さに接していると、不思議に落ち着きました。最も感謝したのは、セラピストが私の傷に直接触れることをせず、私自身が現実検討して生き残る術と現状に耐える力を与えてくださったことでした。三年ほどの間にお会いしたのは数回でしたが、その間、抱えきれない辛さがあっても、折れることなく、生き残ることができました。最後の面接の終了間際に、セラピストは左胸に飾っていたリボンのブローチを外して、「傷ついた女性の色よ」とおっしゃって、美しい紫色の手作りのブローチをくださいました。これまでとは違う生き方をしたいと思い、「ありがとうございました。今度お会いするときは、見違えるようになっています」とセラピストに告げて、相談室を後にしました。

医療モデルにおける神経症レベルのセラピーを受けることは、当時の私にはできませんでした。特に疲弊していて傷跡が生々しく開いている状態のときに、過去を辿りながら出来事を開示することに、生物的な拒否反応を覚えました。当時から数年かけて私自身がイメージのなかでしていた作業は、傷を薄いベールで優しく覆うことと、そして、なるべく明るい顔をして、傷ついた魂をふんわりと空に投げあげて解放し、それを眺めながら両手でキャッチしてそっと抱きしめ、包み込むように再び体内に戻すことでした。そして、「何があろうとどうにかなるはずだ、頑張れないなら頑張らなくていい、折れても、砕けてもいい、いつか必ず楽になる」と思うことでした。しかし、日常のふとした時の断面で、何かに刺激されたかのように、予告もなく感情が湧き出ることがありました。その感情にはザックリと切られるような身体感覚が伴い、心と身体がつながっていることを体験しながら、痛みや悲しみや恐怖といった精神の震撼に耐えました。「もう頑張れない」「だめになるかもしれない」という思いが頭をよぎっても、なるべく身体を楽にして、静かにその時を耐えました。

年月がたつとともに、直後の心身の状態から回復する「人間の自然治癒力」（岡野、二〇〇九）を、私自身も持っていると感じられました。この原稿を書いている今の私は、比較的穏やかな健康状態になっています。娘が去ったあの晩秋の月曜日の出来事は、悲痛な思いを伴った娘の巣立ちだったと思えます。かわいかったそれまでの娘を失った私の痛み以上の痛みが、娘にはあったのです。それでも、娘は変化するための風穴を立派に開けました。私はその風穴を通って脱出できたのかもしれません。瀕死のときに、蘇るものがありました。それは、かつて娘が私を励ますように言っていた「お母さんは不死身」という言葉でした。それが、一個人としても、人々の日常に近い所の一介の臨床家としても、「生き残ること」をやり遂げる勇気づけにもなったのです。

私がこれまで自分なりに心身で引き受けてきた数々の喪失や損傷は、なんらかのきっかけで、なんらかの形で、日常で再燃するかもしれません。しかし、北の地で体験した自然への畏敬の念から発した思い、身も心も投じて家庭を営んだこと、多くの人々に教えられ支えられたこと、そして心理臨床に携わってきたことが、私に生きる力をもたらしてくれます。痛みの再燃があろうとも、私はそれを鎮火させ、別ものに変えることを積極的に指向できるでしょう。

けれども、「一定期間がたった後の外傷体験の想起は別の効果を及ぼし始める。それが保護的かつ治療的な環境で生じることにより、それに対する免疫を形成する可能性がある」（岡野、二〇〇九）ということについては、自分を事例にしようと思います。私にとって学び続けることや自己分析は必須ですが、適切な場が得られ、自分の体験をさらにパーソナライズする[1]ための時間を、もう一人の人と持てるなら取り組もうと思います。

6　おわりに

（1）臨床の場におけるセラピスト、そして一個人としてのセラピスト

Aちゃんのお母さん、Cさんは、治療的な枠組みが設定された臨床の場で、私とのクライエント－セラピスト関係を通して、それぞれにその時点での回復や治癒を果たしました。私自身もセラピストとの関係で、それに類する体験をしました。

クライエント－セラピストの二者関係で重要なことは、保護され安心して自由に表現できる環境の中で、クライエントをセラピストが受け容れ、共感的に理解し、クライエントの言葉やその他象徴機能を担うものが生まれる過程が抱えられることです。そして、この営みが続けられ、クライエントが回復や治癒に向かい、人生の彩りを変容させて、わずかでも希望を持てるようになることだと思います。ここにおいて、セラピストが果たす役割は、徹頭徹尾クライエントの声に耳を傾け、さらにその場を見つめて感じ取り、クライエントを、クライエントとセラピストの関係性を、限りなく理解しようとすることです。そして、「今ここで」の関係性において受け取れたことや理解したこと、時には問いかけ、時には励ましや勇気づけなどを、適切なタイミングでクライエントに伝えることです。そして最終的に、クライエントが再生して主体的に生きられるようになった姿を見届けることです。別れの後の日々、セラピストにできることは、クライエントが環境に応じて適応的に生き続け、唯一無二の個人史を創造することを、密やかに願うことだと思います。

セラピストは臨床家であると同時に血の通った生身の一個人です。臨床家は自分自身を多く語りませんが、馬場禮子は、自身の心理臨床家アイデンティティがどのようにして発生し、展開し、今日に至っているかを振り返っています。馬場は、すべての人が何らかの病理を持つとし、「病理を自覚し、ある程度悩まさ

れ、かつ克服あるいはコントロールできるようになった人が、最も健康だと言えるであろう。また、そういうプロセスを経験した人は、自分の逆転移に気づきやすく、クライエントの病理に共感しやすいという意味で、分析的治療者に適しているであろう」とし、「個人の自己アイデンティティと治療者アイデンティティとの密接で重層的な関係」を述べています（馬場、一九九七）。北山修は治療者論で、「死にかけるが『生き残る』、発病しかけるが『（自らの病理を）抱える』という治療者側の態度が求められる」「健康そうな私たちも傷つき、病み、老い、死ぬ。私たちが健康を回復するためには、私たちが病人であることを認め、甘えて、迷惑をかけ、世話や治療を受けねばならない」「私たちが治療を受けていることが、患者・クライエントの問題と私たちの問題との区別を可能にする」と述べています（北山、二〇〇七）。

私の場合、大学院修了直後から教育分析を受け始めましたが、家族との関係で「瀕死状態」になり、心の健康度をギリギリのレベルで保ちつつ、Aちゃんのお母さんのような方々の相談に従事し、Cさんのような高校生たちとのセラピーを続けました。その間、教育分析とは別に、一個人としてのセラピーを受けて、個人的な傷をメンテナンスしている生身の人間でした。それゆえ、Aちゃんのお母さんやCさんと接するときには、自分自身の心の動きに開かれていることにも心を遣い、二者関係の場のあり方を見ることを心掛けました。特にCさんとは、Cさんを尊重し、自分が別の人であることを自覚しながら、Cさんが感じたであろう迫害的とも言える不安と恐怖、不眠などを鮮明に想像することができたと思います。一個人としてのアイデンティティの再構成と、一臨床家としてのアイデンティティの確立が、重なり合って行われましたが、後者に関しては、同時期に進行していた臨床の場でのセッションが大いに私を鍛えてくれたと感じます。

一方、ストロロウ（Stolorow, R.D.）は、一個人としての外傷的な喪失体験を通して、外傷についての理解を深めました。彼は、痛ましい情動体験に対してそれを支え得る関係性を見出せない場合にその体験が心的外傷になるとし、「情緒的なトラウマが生じる可能性は常に現前しているが、それと同時に、その中で、破壊的な情緒体験が抱えられ、より耐えやすいものに変容され、希望的にいうと、最終的に統合されるような深いレベルでの情動調律の絆が形成される可能性も同じように存在している」と論じています（ストロロウ、二〇〇九）。そして、「同じ闇の中での同胞」と絆を作ることを自身が希望したと述べています（ストロロウ、二〇〇九）。

闇の中では、生きようとすること自体が苦しみになり、果てることのない痛みの連鎖への恐怖がさらに人を苦しめることがあります。また、闇が薄らいだようでも、しばらくすると、再び闇が濃くなることもあります。私もそれを体験した一人です。しかし、ストロロウが論じた「関係性」に類する人との関わり合いなどによって、人は絶望よりも希望へ向かおうとすることを、臨床の場でも一個人としても検証できました。

正式な精神分析のトレーニングを積んだ精神療法家に対するコルタート（Coltart, N.）の言葉に、「他の専門職が自己の強さの上に築き上げられるのに対して、精神療法家は自らの弱さによって磨き上げられる」（コルタート、二〇〇七）がありますが、臨床心理士も心の専門職であり、外傷的な体験もしている自らの弱さによって磨き上げられ、心の力を持つことができると思えます。そして、自己研鑽を続ける臨床家であらんとするなら、「治療者が健康で、楽しんで生き残っていること」（コルタート、二〇〇七）が望まれる一つの姿であると確信します。

（2）結び

クライエントがセラピストとの関わりを終えて、セラピストとの二者関係の場から離れた後も、日々の営みは続きます。人はさまざまな体験を重ね、闇の中に突然入ってしまっても、自らの方法や志向性や家族や仲間の存在で、再び光を見つけることを果たしていくことができるでしょう。心理臨床の場に臨むのは、選択肢の一つです。もし、再びセラピストを訪ねたら、セラピストが同じ人であれ別の人であれ、セラピストは現在における新たな創造のために、変わらず耳を傾けながらそこに居続けて、心を遣いながら見続け、そこで生じた大切なことを伝えるでしょう。その場所で、しばしクライエントは非日常の時間を過ごし、物語を紡ぎ直し、やがて人生の表舞台での体験を引き受けていけるようになるでしょう。これは、心理臨床の場で出会ってお別れをした人々を思ったときの、私の願いでもあります。

自然や社会・文化の中で、人は個々の持てる力で生き、傷ついても、自然治癒力や時に他の人の手を借りながら、なんらかの治癒に至る可能性を備えています。完治や癒しにまで至らない場合でも、痕跡をいたわり包み込んで、与えられた命を抱えて歩む姿がその人らしさであり、その人の存在の証であると思えます。人は生命の大地を自分の足で踏みしめて、それぞれに何度も闇をくぐり抜けながら人生を編み、歩んでいける所までいくのでしょう。

最後に、二〇一一年一一月に出版された、杉山平一の詩集『希望』から「希望」をご紹介します。

東日本大震災が起きたその年の晩秋、一段落しそうに思われた私の人生に新たな困難が生じ、身の安全が脅かされた状況で、具体的にどう生き残るのか、どのように自分を変えて再出発するのか、ということに直面していました。そんなときに偶然手にした新聞で、杉山平一が詩集『希望』を発表したことを知り、読みたいと強く思いました。

詩集のあとがきに、「この詩集の編纂にかかり始めた時に東日本大震災が起こり、次々と流れてくる報道に動転した。(中略)東北地方の人たちは後ろ側にその美しさを秘めている。表からは見えないその奥ゆかしさや謙虚さを打ちのめすように、大震災が東北の街をハチャメチャにしていったのだ。今こそ、隠れていた背中の印半纏を表に出し、悲境を越えて立ち上がって下さるのを祈るばかりである。奥ゆかしさを蹴破って、激烈なバックストローク、鵯越《ひよどりごえ》の逆落としさながら、大漁旗を翻して新しい日本を築いて下さるように」とありました（杉山、二〇一一）。詩「希望」と「あとがき」は私を勇気づけ、「闇に一条の光射す」という大切な言葉を蘇らせました。不測の事態に突如陥って周りの景色が一変しても、あるいは、長きにわたって抱えてきたことが抱えきれないほどの重たさになっても、喪失や絶望からも辿る道があり、必ず事態は変化し光射すと信じて、命を大切に丁寧に生きることだと思いました。
命ある限り生きて、希望を見出すことは可能なのです。

「希望」

夕ぐれはしずかに
おそってくるのに
不幸や悲しみの
事件は

列車や電車の
トンネルのように
とつぜん不意に
自分たちを
闇のなかに放り込んでしまうが
我慢していればよいのだ

一点
小さな銀貨のような光が
みるみるぐんぐん
拡がって迎えにくる筈だ

負けるな

［注］

1　自分のパーソナルなものに何とか練り上げて、自分のものとして責任を取っていく（藤山、二〇〇八）。

［文献］

馬場禮子『心理療法と心理検査』日本評論社、一九九七

Coltart, N. (1993) *How to survive as a psychotherapist*. Jason Aronson. Northvale.（館直彦監訳『精神療法家として生き残ること――精神分析的精神療法の実践』岩崎学術出版社、二〇〇七）

Erikson, E. H. (1959) *Psychological issues: identity and the life cycle*. International Universities Press. New York.（小此木啓吾訳編『自我同一性――アイデンティティとライフ・サイクル』誠信書房、一九七三）

藤山直樹『集中講義・精神分析』岩崎学術出版社、二〇〇八

北山修『劇的な精神分析入門』みすず書房、二〇〇七

北山修『覆いをとること・つくること――〈わたし〉の治療報告と「その後」』岩崎学術出版社、二〇〇九

岡野憲一郎『新 外傷性精神障害――トラウマ理論を越えて』岩崎学術出版社、二〇〇九

Stolorow, R. D. (2007) *Trauma and human existence: Autobiographical, psychoanalytic, and philosophical refelection*. Analytic Press. New York.（和田秀樹訳『トラウマの精神分析――自伝的・哲学的省察』岩崎学術出版社、

二〇〇九）
杉山平一『希望』編集工房ノア、二〇一一

第9章

さまざまな「母」との出会い

保護者面接と面接契約

酒井奈生
Sakai Nao

1　出会い

「こんなことが私の人生に起こるとは……」思いがけないことが起こったとき、自分らしくないことをやってしまったと感じたとき、つい、口をついて出る言葉です。振り返ってみると心理臨床の世界に出会ってから、こうつぶやくことが増えたような気がします。出会いこそが思いがけないことだったとも言えますが、どこか出会うべくして出会ったような、必然だったような、必然性を感じてもいます。少し遠回りをして心理臨床の世界にたどり着いたことは、私自身のまさに〝中年の危機〟であり、そこで出会った「母」たちの姿は、子育てと仕事に孤軍（？）奮闘する私の、母親として歩む道しるべとなりました。

私の主な臨床の場は、首都圏の周辺部に位置する自治体の教育委員会管轄の教育相談室でした。社会人で大学院に入学して臨床心理士の資格をとったため、臨床経験が少ないわりに年齢が高かったこともあり、私は来談ケースの親子並行面接では、保護者の面接を担当することが多くなりました。

教育相談室には保護者が子どもの相談で訪れます。来談のきっかけは、子どもの不登校や対人関係、授業中の問題行動など、学校への不適応が多くを占めます。保護者から語られる子どもの状況や小さい頃からの様子、面接経過中に生活の場で子どもがどのような反応をしているかなどの情報は、子どもの担当者が子どもとの面接を進めるうえで必要な情報となります。ですから、子どもの担当者に役立つ情報収集も、保護者面接の大きな役割だと考えています。

保護者は、子どもに起こっている問題が解決することを願って来談します。小さい頃からトラブル続きで困っていたとか、なんだか他の子と違っているようだが大丈夫だろうかとか、ずっと心の片隅で心配してきたという保護者が、勇気を振り絞るようにして申し込みをされるケースもあります。なかには、学校から勧められて仕方なく相談に来てみたとか、「問題になっているのは子どもなので、子どもを治してください」と言わんばかりに、特効薬でも処方してもらえるのではないかと相談室を訪れる保護者もいます。

このように、相談に訪れる保護者の問題への向き合い方はさまざまで、同じような問題でも、どこからスタートできるかを見極めることから面接が始まります。どんな状況からスタートするにせよ、初期の段階でこの面接で当面何をするかについて、言葉にしてお互いに了解し合うこと、つまり「面接契約」も保護者面接では大切なことだと考えています。カウンセラーがどんなに優秀で豊かな経験があったとしても、たとえそれがクライエントのためだと周囲の多くが感じたとしても、クライエントの思いと異なったところで面接をすすめていくと、どこかですれ違い、クライエントが置き去りにされて「こんなつもりはなかったのに」と感じてしまうことになると思っています。これは子どもの面接担当者にも言えることで、親子の並行面接では子どもの願いと保護者の期待とをすり合わせることから始める場合も少なくありません。子どもと保護者の思いは必ずしも一致している必要はなく、お互いが、少なくとも保護者は、わが子はそう思っているのだと了解して、スタートできるようにしています。

保護者面接では、子どもに起こっていることの意味を考えたり、子どもが何らかの反応を起こしたときに保護者自身がどうしているかを振り返ったりすることがよくあります。「そのとき（子どもの問題行動が起こったとき）、お母様はどうしていらっしゃいますか」と問いかけると、はじめはキョトンとされる方も少なくありません。子どもの様子は話せても、自分自身の行動ははっきり思い出せない方もあるのです。クラスの状況など、周囲の環境の責任にして「何とかしてほしい」と言うことは簡単にできるのですが、保護者が自分自身の影響やわが子の苦手さを認めていくことは、痛みを伴うことでもあります。ともすると、問題を子どもの発達や気質のせいにしたり、親の育て方のせいにしてしまいがちですが、たとえ問題となってきた要因が推測できたとしても、それだけで問題解決とはいきません。それだけでは「そういうことだったのか、今さらどうしようもない。子どもの特徴だから仕方ない」と諦めてしまって、悩ましい状況が継続することにもなりかねないのです。

目の前で起こっている問題の意味を保護者がわかったうえで、保護者自身の関わり方を意図的に決めていくこと、そしてそれを通して、これからも起こるであろうさまざまな問題に対して、それぞれのやり方でわが子を引き受けていけるようになることが、保護者面接の目標ではないかと考えています。「引き受ける」とは、保護者だけで何とかしようと抱え込むことではありません。子どもや家族の周りのさまざまな手助けの、何をどれだけ選ぶかも含め、保護者が主体的に意思決定をしていけるようになることだと思っています。

これまで私が出会った母親たちのうち、三人のAさんを通して、母（保護者）が子どもの問題をどのように引き受けようとしていったのか、そして、その姿に私が何を感じたかをお伝えしたいと思います。

2　自分が拒絶感を持っている学校に通い続ける娘を受け容れられないAさん

Aさんの娘（B子）には軽度の知的障害と自閉症がありました。あるとき、B子が、在籍していた学級に関わる教師間の人間関係に巻き込まれるような出来事が起こりました。B子のことを気にかけてくれていると信頼していた先生が、実はB子への対応を利用して自分の主張を通そうとしていたのです。B子自身は、詳しい事情を知ったわけではなかったのですが、自分に対する学級担任の対応を詳細に記録し、その内容について確認を求めてくるその先生の態度に、どこか違和感を持ち、恐怖感さえ抱いたようでした。中学生だったB子は不安が強くなり、夜も一人で寝ることができなくなっていました。

最初にその先生の言動に疑問を持ったのは、母親のAさんでした。B子のことが心配で登校に付き添ったAさんは、教室で不安そうにしているB子の姿を見て、学校を休ませたほうがいいのではないかと考えるようになりました。Aさん自身が不安だからB子を登校させたくないことも、Aさんは自覚していました。B子を不安にさせた先生への不信感や拒絶感が強く、学校からのはたらきかけで登校し始めたB子の姿にさえ、Aさんは受け容れがたい感情を持つようになりました。

面接記録から、AさんがB子への思いや、B子と自分の関係について語った言葉を辿ってみます。

【面接経過】

＃１　今回の出来事をB子自身がまだ整理できていないし、整理するには自閉症のB子には複雑すぎる。そのことを理由づけするには、これまで私がB子に教えてきたこと（先生や学校に対する信頼感など）を否定することになり、母親としてどう言い聞かせたらいいのかわからない。B子も不安定だが、登校については、むしろ私が心配で登校させていない面がある。

#2　私の不安は消えないし、私が付き添っていても一〇〇％守りきれない。登校させないほうが安心とさえ思う。

#4　（登校を始めたＢ子の状況を）まさか、Ｂ子がこんなふうに登校を始めるとは思わなかった。登校すればＢ子は何もなかったかのようにしている。この変わりようには呆れもし、羨ましくもある。こんなＢ子を見ると、私は苦しくなる。考えてみれば、これまでもこんなことはたくさんあった。ここでＢ子の登校を止めることもできなくはないが、せっかくＢ子が前向きになったのに、水を差すことは親としてしたくない。でも、あまりにケロッとしているＢ子を今は受け容れられず、Ｂ子とは話せないでいる。

今回のことで、自信が持てなくなった。私が間違っているのかな、と思う。私はＢ子に対してピリピリしすぎかもしれない。Ｂ子は本当にわからない。宇宙人みたいと感じる。ずっと手探り状態できた。私はＢ子のことを本当に愛せていない、うわべだけ。昨日、Ｂ子に「何のために生まれてきたの、（私はＢ子に）ずっと困らせられてきた、（私を）苦しめるために生まれてきたの？」と言ってしまった。「Ｂ子がいなければ苦しまなくてすんだのに」と。そしたら、Ｂ子は「わかってる。（おかあさんが私のことを）嫌いなのは知ってる」と言った。（その後、これまでもＢ子のことをかわいいと思えなかったこと、自分自身が親に育てられていないことなど、Ａさん自身の生い立ちやこれまでの子育てのことを話す。）子どもに対して愛情が持てないことをＢ子に連鎖させたくない。

学校に対して冷静になれる自信が私に持てないから、行かない。もう疲れた。でも、Ｂ子が学校に行きたいと言うなら、行かせてやりたいと思う。学校との連絡は当面、父親が担当してくれることになっている。私としては転校させたい気持ちに変わりはない。

B子が心配で、母として守らなければという思いが強いからこそ、母の守りからするりと抜け出てしまうB子の様子にAさんは戸惑い拒絶感さえ抱き、母としての自信を失い、自分を責めてもいました。B子に対するAさんの態度は、一見拒否的で揺るぎないようにも見えましたが、その陰で、Aさんは母としての自分のあり方を模索し、揺れ動き、父親の力を借りながらB子の現状に折り合っていこうとしていました。

その後もB子は登校していましたが、時折遅刻をしたり登校途中で自宅に帰ってきたりすることもありました。次の面接の前日も、登校途中でウロウロして先生が探し回ることがあったようでした。

#6　B子は学校には登校しているが、私とはうまくいっていない。一方的に私がイライラして喧嘩になる。今朝も、B子は学校に行きづらそうにしていたが、一緒にいても私がイライラしてしまうので追い出した。急にどこかに行ってしまうようなこともあるから心配。でも、家にいられても困る。できればB子を転校させたいと思っている。これはあくまで私の気持ち。それを言い出しちゃいけないのかなと思う。B子も感じていると思う。私の顔色をうかがっている。

#7　この間のことは、父親はB子にあえて何も言わなかった。ただ、「途中でウロウロすると近所の人はどう思うだろう。行くか行かないか、はっきりしよう」と社会的ルールを話したようだ。お世話になったご近所のお母さんに、B子は「お母さんと喧嘩した、謝まりに帰ろうか……」と話していたらしい。「B子ちゃんは高校のことを心配していましたよ。（B子は）自分のことをしっかり考えているんですね」と言われた。

その後B子とは、あまり喧嘩をしないようにしている。B子の顔を見るとイライラする。でもイライラするのは今だからじゃない。小学校のときから。つい、口うるさく言ってきた。寝ても覚めてもB子のことが頭から離れない。どうやったら離れられるかと思っていた。中学生になっていい方向に向かっていた。学校に任せたほうがいいかな、自分は気にしないほうがいいかな、と思えるようになった。そうすると私はとても楽で、気持ちが晴れていた。それが、また逆戻りした。B子のことはもういいと思う。これまでなら忘れ物をしないように私のほうが先に段取りをしていたが、今はあえて何も言わない。すると、B子は自分で時間割を確認して準備をするようになった。先日のことだが、B子が父親に「お母さんの怒りは治まらないようなので、私は自分で何とかしようと思います」と言ったらしい。父親は「やれるだけやってごらん」と応えたそうだ。

＃8　学校のことは、父親がやってくれるが、このところ父親の帰りも遅く、連絡帳も私が見ている。私がやるしかないのかな、とも思う。私は学校には行かないが、B子が今の学校を選んで登校して頑張るなら、その成果は認めるとB子に話した。何が正しくて何が悪いのかわからなくなった。自信がない。逃げたい。学校に対して自分がちゃんと主張できなかったことでも、自信がなくなった。

＃9　これまでは私が下の子に手をかけていると、B子もいろいろまとわりついてきて、私がB子を叱ることが多かった。今回は下の子の相手をしてくれた。B子が我慢していることも多く、B子を褒めてやりたくなることも多かった。私自身が素直にそうできた。思っていた以上にB子が成長したと実感した。ほっとした。と同時にB子自身の今後を考えてやらなくては、一生B子にだけ下の子の面倒をみさせるわけにはいかない。私は障害を持つきょうだいの面倒をみるのは当たり前だと思ってやってきたが、同じことをB子にさせることはできないと思う。そう考えると責任を感じるし、正しい愛情を注いでやらなくてはと思う。B子の成長は本当にうれしかった。こんなふうに素直に過ごせたのは初めて。（B子の面接に期待することとして）学校生活のちょっとしたことを話せる場になるといいと思う。私とは話すが、顔色をうかがうようなところがあるし、私に遠慮して本心を話せないようなところもあるように思う。

Aさんは、自分と違うB子の選択があることを、心のどこかで感じつつ、そして、B子が母の思いをうかがいながら過ごしていることに痛みを感じつつも、自分一人では、そのことを認めることができずにいました。B子と二人の場面では、自分の思いをB子にぶつけてしまう、不器用なAさんでした。それでもAさんは、近所の人や父親から聞かされるB子の言葉から、B子を認めようとしていました。妹の面倒をみたB子を「褒めてやりたくなった」自分のことを、まだ少し慣れないけれど悪くないといった感じで、自分に言い聞かせるように「素直にそうできた」と語りました。

その後もAさんは学校への拒否感を拭えず、行事の参観にも出かけようとはしませんでした。そんなAさんが学校に足を向けるきっかけをつくったのもB子でした。

#14 (数日前にあった行事のエピソードとして)「同じクラスの下級生のお母さんから、今度の行事にB子のお母さんが来るならぜひ挨拶したいと声をかけられた」と、B子が私に話してきた。毎日チェックするB子の携帯メールのやりとりから、そのことがB子の作り話だということがわかった。嘘をつくB子に対する怒りが湧いてきた。何度も言い聞かせているのに、どうして嘘をつくんだろうと。その後、私の友人にこのことを話したら、その友人から、「お母さんに来てほしい気持ちだけよ。普通の子どもの感情じゃない。母親を求めるのは当たり前じゃない。求めてくるだけいいわよ」と言われ、気分がスッキリして、そういうものかと安心できた。うれしいような気持ちになって、それなら行ってもいいかなと思えた。行くだけ行ってみようと思い、B子には言わず当日会場に行った。B子は私の姿を見て走り寄ってきた。そして、三時間ほどいた間、B子はずっと私の横に座って、うれしそうにしていた。私が帰るときも、そこまで一緒に行くと言って、入り口までついてきた。少し涙ぐんでいたが、友だちに声をかけられて一緒に会場に戻っていった。うちに戻ってからもB子はいい笑顔で、私もうれしいと感じた。

B子が嘘をつくのは障害のせいではないのか、だとすれば、そういう症状が出ないようにしなければならないと思ってきた。そして、私自身が親に育てられていないので、母親に対する気持ちがわからないから、B子に嘘をつかせてしまっているのではないかと思っていた。だから、友だちに「そんなもんだよ」と言われて安心した。たとえば、ふと気づくと、B子が後ろに立っていて、突然後ろから私に抱きついてくることがある。そんなとき、戸惑う自分がいる。どうしてやったらいいかわからず、一瞬こわばる。自然に動けない。そんな自分のことを、〝親のくせに〟と許せない気持ちがある。今回もB子が嘘をついたことが気になって、〝どうして(嘘をつくのか)〟という思いばかりが強かった。行ってよかった。

その後、約一年かけて、Aさんは学校へも足を運ぶようになりました。学校に対する嫌悪感を時にあらわにしつつも、「B子が来てほしいと言うから」と、最初は父親と同席で、あるいは父親に任せつつAさんも短時間参加というかたちで、そして、最終的には、B子の卒業式にも参加されました。

さらにこの年、Aさんにとっても人生で初めてとなる高校受験を、B子と共に経験しました。AさんはB子以上の緊張感で受験の日を迎えようとしていました。Aさんなりに周到な準備のもと、受験当日に備えようとするのですが、担任はB子本人に任せてみてはとAさんに勧めたため、Aさん自身が混乱。入学試験の前日、B子を学校から連れ帰りたいと言い出すということがありました。試験前日のB子の混乱を最小限にするために「Aさんができることは?」と、私がAさんに問いかけたところ、今にも連れ帰りたい気持ちを思いとどまることができました。

一方で、B子は第一志望の高校の受験に向けて、学習面だけではなく当日の行程など、Aさんの予想以上の力を発揮し、それを通してAさんは、B子への信頼感を高めていきました。

B子は第一志望校に合格。Aさん自身は経験のない高校受験をB子と共に成し遂げ、その後の面接では、通いきれるかB子の体調を心配しつつも、通学に二時間近くかかる高校との距離を、「これからは気になることがあっても、すぐに駆けつけるわけにはいかない距離になりました」と表現されました。そして「私と娘との距離を持つうえでも必要だと思います。これからは下の子のほうに、もう少し手をかけたいと思います」とAさんが語って、終結を迎えました。

わが子をしっかりと抱いたその手を緩め、子どもに委ねていくことは、そうしていかなければならないと知りつつも、親にとってはたまらなく不安で勇気のいることです。高校受験を通して、B子は自分の成長を母であるAさんに示すという正攻法で、つながれた母の手を母のもとにそっと戻したように見えました。心配な気持ちが減ることはないけれど、そして新たな心配は尽きないけれど、B子を信じて、少しずつB子に任せていこうという、Aさんの覚悟が感じられました。

Aさん自身は重い障害のあるきょうだいを持ち、幼い頃に父親と死別したのち母親が行方知れずになり、その後は親戚のわずかな援助を得ながらも、きょうだいだけで生活をおくるという壮絶な生い立ちをされていました。障害のあるきょうだいの世話をしながら、子どもなりに家事を担ってきたAさんは「私は小学校も満足に行っていないんです。今の時代だったらきょうだいで施設に入っていたと思います」とおっしゃいました。時に見せてくださる学校との連絡帳は、精一杯丁寧に書いてあるAさんの字でいっぱいでした。所どころ使い方の違う漢字がありましたが、それはAさんが一生懸命に勉強された証のように私には思われました。Aさんは年齢的には私と同年代です。私が子ども時代を過ごしたのとほぼ同じ時期に、Aさんのような時間を過ごした子どもがいたということは、私にとって衝撃的な事実でした。Aさんの思いを受け止められるのか、正直なところ足がすくみました。

そんなAさんがB子を心配して描く予想図は絶望的で、だからこそ学校批判も時に過剰にさえなりましたが、わが身は母親から捨てられながらもわが子は投げ出さないAさんの姿に、私は信頼感を持つようになりました。そして、自分の意に反して登校するB子の様子に、受け容れられないと苛立ちながらも、B子が学校に行くことを認めていくAさんに、ただ硬いだけではないことを感じることができました。実際に、B子に対するAさんの受け止め方は、少しずつ変化していきました。B子が望むならと、そうする理由をB子にかぶせつつ、心の片隅ではAさんもそれを願い、父親が忙しいから自分がやるしかないと、次第に自らも応援できるようになっていきました。

Aさんの頑張りのエネルギーはどこから来ているのだろう。どこかで自分もわが子を捨てた実母のようになってしまうのではないかという不安もあったように感じましたし、決してそうはしないという意地のようなものも感じました。実母への怒りや、恨みつらみもあるに違いないのですが、私の前でAさんが語ることはありませんでした。そのことは、私とAさんの面接ではテーマにしていなかったからかもしれません。面接契約がAさんに、B子の母としての自分の生い立ちの事実は話しても、実母への感情までは語らない歯止めとなっていたのかもしれません。B子との関係で自分の生い立ちに向き合わざるを得ないなかでも、実母への思いはあえて語らず、必死でわが子を受け容れようとするAさんに、母性の凄さを感じていました。

Aさんの面接経過の中で、私が気になっていたことがもう一つあります。それは拒絶感を持っている学校との連絡を、私に担ってほしいと希望されたことです。実は面接の初期には、なかなか定期的な面接が組めず、予定していてもAさんの体調不良でキャンセルになったり、逆にB子のことで何かあると、予約がなくても電話で相談をもちかけられたりと、いわゆる枠にはまりづらい状況がありました。私は、どこまでAさんに合わせたものか、学校との調整役を担うかどうか迷いました。もし仮に何らかの調整役を担ったとして、そうすることでAさんがB子を抱えていけるようになるのだろうかと考えました。

結果的に何度か、学校にAさんのメッセージを伝える役を担いました。そうできたのは、学校への諦めや

Ｂ子を否定する表面的な言葉の陰に、Ａさんの肯定的なメッセージを感じたからです。つまり、私がＡさんの言葉を聞いて感じたのは、娘が心配でならないＡさん自身の不安で、学校の対応への不満や怒りは、学校にまだまだ期待しているからこそではないかと感じたのです。いわゆる境界例でみられるような、自分が見捨てられるのではないかという不安から、思い通りにならないと相手を批判してつなぎとめようとする言動や、反対に表面的に口では良いことを言いながら悪い感情で動かされるような操作性は、Ａさんからは感じられませんでした。逆にＡさんはきっぱりしているので、ここで私が伝えなければ、ともすると学校と切れてしまうことも予測されましたし、まっすぐなコミュニケーションをとることが苦手なＡさん自身に、根底にある期待感を表現することを求めるのは、少し難しいとも感じていました。Ａさんには私のできる範囲が限定的であることの了解を得たうえで、私が感じ取ったＡさんのメッセージを学校に伝えました。批判される相手には誰しも苦手意識を持つものですが、批判の陰にある思いを伝えることで、学校のＡさんの訴えに対する受け止め方が少し変わったことは事実です。

面接契約では、教育相談室でやっていくことの枠組みを確認する一方で、教育相談室でのケースへの関わり方は、面接構造のしっかりしたクリニックや心理療法をうたった民間の相談室に比べると、少しだけ緩やかに捉えようとしています。つまり、もち出しをしながら、「あなたが担っていくのよ」というメッセージを伝えていく。Ａさんの場合も、枠の範囲でのみやっていくことにとらわれていたら、始まっていなかったかもしれないと思うこともあります。

教育相談室には、子どもの問題に悩む保護者の方が相談にいらっしゃいますが、学校の対応への不満や批判が見え隠れすることがあります。このケースも初回の面接で、Ｂ子の不安のきっかけとなった先生を何とかしてほしいという要望が言葉にされました。面接契約では、そう思われる保護者の心情は理解できることを伝えたうえで、相談室はそのこと（教職員への指導や人事）については関与できないことを明確に伝えました。

そのうえで、教育相談室では、B子の気持ちの整理や家族の対応を考えることを通して、B子の心理的な安定を図りながら学校での過ごし方も考えていくことを確認して、面接を始めることになりました。
次のAさんもまた、学校に対する不満を持ち、むしろ怒りをあらわにして相談室にいらっしゃいました。

3 娘の回復についていけないと訴える、もう一人のAさん

Aさんはご夫婦で相談に来られました。Aさんの娘（B子）は小学生でしたが、高学年のときに、同じクラスの児童が水筒にいたずらしたことに気づかず、鉛筆の削りかすが入った水筒のお茶を飲みこんでしまうという事故に遭いました。そのことに最初に気づいたのは、B子の水筒を洗ったAさんでした。医師の診察では体に害はないだろうとのことで、幸いB子の健康にも異常はなかったのですが、B子はその後、また何かされるのではないかと不安で登校できなくなりました。Aさん自身もまた、一歩間違えばわが子の命が脅かされるような出来事が学校で起こったことに強い不安を抱き、学校やいたずらをした相手の児童とその保護者に対する強い怒りの感情を訴えておられました。初回面接でAさんの怒りは次のように語られました。

「B子の傷が時間とともに深くなっているように感じる。相手の子や相手の家族に対する怒りを強く感じているが、B子が登校できるようなるならと一カ月間ずっと我慢してきた。B子がかわいそう過ぎて、この悲しみや怒りをどこにぶつけていいかわからない」

初回面接を終えた私は、Aさんの激しい怒りに圧倒されそうな勢いを感じながらも、これほどまでにわが子と一体化し無防備に自分の感情をあらわにできるAさんを、同じ母親として少し羨ましく感じたのも事実

です。

このケースも面接契約では、B子を脅かした相手に制裁を加え学校から追い出してほしいというAさんの要求に、それを後押しする役割は担えないことを説明し、不安になっているB子を心理的に支えながら日常生活を取り戻せるよう考えていくことを確認しました。

一時はB子が転校することも検討されましたが、B子自身の希望もあって、両親の了解のもと元のクラスに戻るためのプログラムが組まれました。B子自身に力があり健康度が高かったこともあって、少しずつ登校できるようになりました。一方でAさんの怒りは消えることがなく、「B子の回復についていけない」とさえ言われるようになりました。面接経過の中で、Aさん自身の感情とB子のことは切り離して考えようとされていたかと思うと、B子のつぶやきにB子以上に不安になって怒りの感情を蘇らせるという繰り返しでした。

Aさん　この間、水筒を開けてみた。事件のときのままにしてあった。開けるとき、ものすごくドキドキした。もしかしたら、中身が消えているんじゃないか、少なくなってるかな、と思って開けた。でも、薄れかけていた記憶より、たくさんのかけらがあった。やっぱりだめ。事件直後のことを思い出した。相手の子への憎しみが蘇る。そのままふたを閉めて、箱に入れて、これは(B子に)見せちゃいけないと思って、棚の奥に置いた。家族の誰も知らない。

私　もし仮に、もっと以前に水筒を開けていたら、どうしていたでしょうか？

Aさん　投げつけていた。穢れたものが触ると伝わってくるような気がして、持っていられなくて投げつけたと思う。でも、絶対捨てない。

私　今は、そうはしなかった。最終的にその水筒はどうなるのでしょうか？

Ａさん　……節目のときに、たとえばＢ子の結婚や出産、あるいは引越し、できればＢ子にとってのいいことがあったとき、処分……（沈黙）……ずっと持ち続けるかもしれない。手放せない。忘れることはできないから。ずっと私が持っていなきゃいけないいんじゃないか。私が死んだとき、今飼っている猫の骨と水筒をお墓に入れてもらう。Ｂ子はぞっとするかもしれないけど。

これは、その頃の面接でのＡさんとのやり取りです。Ａさんは母親として自分の傷つきとＢ子の学校復帰を切り離そうと試みつつも、そのたびに蘇る激しい怒りに自分自身のコントロールが効かなくなる状況がありました。次第にＢ子はＡさんの感情の揺れを気遣うようになり、母親のＡさんには、差し障りのないことだけを話すようになりました。そんなＢ子を支えたのは父親のＣさんでした。家族の中でＣさんはとても心強く安定感もあり信頼できる存在でしたが、一方で、Ａさんがこの家族から取り残されてしまうのではないかとの思いが、私の頭をよぎることがありました。

Ｂ子の教室復帰も順調に進むなか、Ａさんはやっとの思いで参加した学校行事の際に、緊張のあまりか担任の言葉を誤解して学校で取り乱し、面接予約をしていたＢ子を送ってきた相談室でも泣き崩れ、かなり混乱した状況になりました。それをきっかけに、その後の面接予約もキャンセルし、Ｂ子の面接も必要ないとキャンセルしました。それ以降Ａさんは相談室にまったく姿を見せなくなりました。Ａさんの面接経過の中で、私は常に医療受診も視野にありましたが、そのこともＡさんとしっかり話し合うことができないまま、中断になりました。

教育相談室でできることには限界があります。だからこそ、可能になることがあるとも言えるのですが、面接契約を超えるほど課題が大きくなってきたときに、その課題についてクライエントがどうしたいと考えるか話題にしてみる、そして、その課題に向き合うにはどんな場があるかについて触れておくことの必要性を感じました。そんなやり取りができていたなら、Aさんはそのときの自分の状況に負い目を感じることなく、B子の変容を事実として受け容れることができたかもしれないと思っています。

この頃にはB子自身は、自分に起きた事実について、なぜ自分がやられなければならなったのかという理不尽さは拭えないながらも、そうした相手のいる教室でも自信を持って過ごせるようになっていました。面接契約上は、十分に目標は達成できたとも言えます。保護者面接の担当者としては、そのことをAさんが肯定的に理解して終結できることを、当時の面接で話題にしていきたいと考えていましたが、Aさんとはできないままになってしまいました。もしかしたら、そんなことでは納得できないというAさんからのメッセージだったのかもしれません。面接契約自体が、そもそもAさんの期待とは違っていたことは否定できません。自分の意向とは違う面接契約にもかかわらず、Aさんはここまでよく付き合ってくれたと受け取ることもできます。そのうえさらに、目標が達成できたと押しつけられそうになっている。それを感じてか、Aさんは面接の場から降りていかれました。

しばらくして父親のCさんに連絡し、その後のことを話し合う機会を持ったところ「（Aさんの）説得に、もう疲れた。これ以上、無理にB子の面接を続けることは難しい」とのことでした。私がCさんの尽力をどんな言葉で労おうかと考えていたときのこと、Cさんは「（Aは）あれでいいところもあるんですよ。学校の役員とか人の世話も一生懸命やるんですよ」とおっしゃいました。少し照れながら表情を緩めておっしゃった一言でしたが、心から認めておられることが伝わってきました。このお二人なら、どちらかだけに偏って支えられるのではなく、お二人でやっていかれるだろうと感じました。

子どもに何か問題が起きたとき、夫婦の関係性があらわになることもしばしばあります。Aさんご夫婦もお二人で面接に来られたことが何度かありました。お二人ともが心の底からB子のことを心配していることは確かですが、親として何を優先するのかについては、お二人の思いがすれ違うこともあって、時には私の目の前で、Aさんが夫のCさんに感情的な言葉をぶつける場面もありました。私自身も、結婚後に子育てをしながら仕事に就き、大学院に進学したことで夫との軋轢も相当なものがありました。夫に対して意地を張っていましたので、時にかけられる夫からの労いの言葉や私を尊重する態度も、素直には受け止められない状態でした。AさんからCさんに向けられる敵意にも映る表情を、妙に納得できるものとして私は受け止めていました。ですから、最後の面接でAさんに対するCさんの言葉を聞いたとき、ガチガチに力を入れてやってきた私の夫への気持ちも少し緩んだのを覚えています。

Aさんのケースを担当する数年前、教育相談室の仕事に携わり始めた頃、私自身も思春期の娘と過ごしていました。娘自身の年齢的な時期に重なったことも事実ですが、大学院を修了して仕事を必死でしていた私は、仕事を理由に家族との関係に向き合うことから逃げていた面がありました。特に夫に対しては、私が大学院に進学を決めたときから、どこか自分のことを理解してもらえていないような思いがありました。もしかしたら、それは、家のことや家族のことを中心に据えきれていないことへの負い目や、それを認めることへの私自身の怯えだったかもしれません。娘はそんなことも敏感に感じていたのかもしれません。反抗期にさしかかった娘との関係に苦戦していた頃、風景構成法の研修を受ける機会を得ました。これがそのときの作品です。

ステレオタイプの作品でしたが、その中に無意識に描きこんだアイ

テムを眺めたとき、「娘はいつも私を待っているのに、そこに歩み寄らなかったのは私自身だった」と感じました。

「手前の川岸にいるのが私です。私と家との間にはかなりの水量をたたえた川が流れています。私の目の前には一面の田が広がっています。田は労働、つまり仕事です。娘は犬を連れて、私のいる手前の岸まで橋を渡ってきて手を振って迎えてくれていました。まだまだ目の前の仕事が私の心の多くを占めてはいるのですが、私は娘と共に橋を渡ることで川の向こう岸のわが家に戻っていけるのかもしれません」

研修の場で講師の先生に導かれ描いた作品です。防衛の強い私は、研修場面で描く描画に何が映し出されるのだろうかと思いながら描き進めていきました。意図せずに描こうと思っていました。どこかで見たような作品だと自分で思いながら描いていましたが、描きあげた作品を眺めていて、先ほどのようなストーリーが浮かんできました。人を描きこむときでさえ、自分とか娘とかまったく意図することなく描きこんだのですが、作品を眺めながら、講師の先生に「この風景の中にあなたがいるとしたらどこにいますか、どこにいたいですか」と言葉をかけられたとき、一〇〇人近い研修参加者のなかで密かに涙がこみ上げていました。

最初は明確なストーリーではなく、何かもぞもぞと受け容れがたい感覚だったのを覚えています。認めたくない自分や見ないほうが楽にさえ思えるものに、描き味わうことを仲立ちとして、ようやく対峙できたような気がします。逃げ出したいような苦しさを、「降参です」と自覚することで、どこか気持ちが軽くなったのも事実です。今になって振り返ると、その後に出会うことになる一人目のAさんの「気分がスッキリして、そういうものかと安心できた」という感じに近いのではないかと思えます。

この体験はとても印象深いものとして私の中に位置づき、研修終了後も気になっては何度も自分で見返し、少しずつ言葉にできるようになっていきました。風景構成法は描くこと自体に治療的な意味合いがあることを体感できたと思っています。

三つめのケースは、私が高校のスクールカウンセラーとして担当したAさんです。

4 娘に合わせて自らも緩やかな時間を送るAさん

Aさんの娘（B子）は責任感が強く、運動部のキャプテンとして他の部員が気づかないことまで自分からすすんでやるような真面目な高校生でした。チームの中心となる学年になり、キャプテンとしての責任も増し、公式戦の日程が立て込むなか、接戦続きで勝ち進んで疲れもピークにさしかかった頃、B子の言動に異変が起こりました。緊急入院したB子は統合失調症の疑いと診断されました。

私がAさんにお会いしたのは、B子が退院をして少しずつ学校に登校を始めた頃でした。面接記録から抜粋します。

#1　挨拶の後、B子の状態を確認するため夏休み中の様子を聞くと、Aさんがまず話し始めた。「すごく良くなっていて、少しずつ薬は減らしてもらって、今はムズムズもなくなったみたい」と回復を強調。B子は私の問いかけにポソポソ応える感じ。「前はじっとしていられなくて、すぐに体を動かしたくなって、ソワソワするって言うか。今はそれがなくなって楽」、勉強については「できればやりたくない。みんなと同じようにやりたい気持ちはあるけど。頭に入っていかない」と自身の状況を話した。発症時のB子の状況について、Aさんは「B子は（Aさんが）自分を操っているとか言ったり、自分が生きているか死んでいるかやたらと聞いてきたり、夜も一分寝たらすぐに目が覚めて、もう寝たからとか言ったり、音にもすごく敏感で、ちょっとの音でもビクッとしていた」。B子は「字がゆがんで見えたり、〝おれは笑う〟とか、でかい文字に見えたり、みんなが私のことを笑っている声とか聞こえたり

した」と辛かった状況を説明。当時の症状は、今はすっかり解消しているとのこと。そのうえで気がかりなこととして「友だちとの関係が、前みたいに修復できるかどうか」と、「ずっと会ってなかったから、会いたい、会いたいと思って、元気なところを見せようとして」との焦りや、「ちゃんと話したい。けど、まだ話せない」不安を語った。学校生活について「だいぶ慣れてきた感じ」と言いながらも、学校から帰宅後は「ずっと寝ていた」と、現実は負担が大きいこともうかがえた。私は心理教育的なかかわりを中心に、二学期当初の登校の仕方について、現実的に可能なラインをAさん母子と確認した。

#2〜5　二学期になり、時間を決めて登校を始めたB子は、自分の状況について「(授業は) 理解はできなくて、ただ座っているって感じ。字として読めるけど意味がわからない。前とはちょっと違う。頭の回転が速くない、遅くなっている感じ」と表現。授業に出ること自体は「そんなに辛くはない。授業中はずっとボーッとしている感じで、大丈夫」とB子なりの折り合いのつけ方を見つけ、以前のような焦りは低減し〝やりたい=やれる〟ではないことを受け容れつつあることがうかがえた (#2)。

Aさんの B子の状況把握も的確で、ペースメーカーとしてうまく機能していた。一方で、B子の友人関係についての焦りや不安は依然として強かった。この点についても、Aさんの〝B子がこれ以上傷つくことは避けたい〟との思いによって、大胆な働きかけをすることなく「受験前ということもあるので、仕方ないと思う。(友達の) 気持ちがわかったので、同じ状況でも気にしないでいられると思う」と現状を受け容れることができた (#4)。

友人関係の落ち着きと前後して、「今後はうちで絵本を眺めたり、私の手伝いをさせたりして、学校の勉強以外でできることを考えてみてもいいかな、と思っている」とAさんから提案された。また、これまでの経過を振り返るなかで、「(B子は) 退院できたら治ったんだと思って、すぐに以前のように学校に行けると思っていた。でも実際はB子もそれは辛くてできなかった。二学期になれば前と同じように行けるかもしれないと思っていたところもあるけど、実際やってみるとそこまではできないということの繰り返しのなかで、少しずつ、自分の状況が把握できるようになったんだと思います。そのとき、B子が〝やりたい〟って言うのをやらせたほうが励みになるのか、負担になるのか、そのあたりを判断するのが難しかった」との思いが、「この頃は、B子が言うことと、私が大丈夫と思うことが合ってきた感じです」と、B子の状態把握に対する変化と安心感が語られた。

#6　卒業が決まったと報告された。そして「卒業後しばらくは、予備校などは行かず、自宅でB子のペースで受験に向けての勉強をしてみる予定。慣れてきたら、図書館とか静かなところで勉強してみるとか様子を見ながら考えたい。自分のペースでやれることを第一に考えたい。志望校は、病気をする前と変更していない」と、卒業後の見通しが話された。B子の素直さと努力、保護者のサポートの適切さを確認して、終結。

B子は担当医からも薬がよく効いていると言われるほど、当初の予測以上に順調に回復しました。Aさんを中心に、家族とB子の力で回復し、卒業までこぎつけたと言えます。私は学校場面での無理をしない過ごし方について、心理教育的なかかわりを中心とした面接を行いました。ともすると、やりすぎてしまうB子と頑張らせすぎてしまうAさんに、それぞれの思いを否定することなく現実的な限界を問いかけ、その範囲で二人に任せるという繰り返しでした。〝無理をしてしまうのでは〟という心配が、後半は〝任せて大丈夫〟という信頼に変わりました。振り返りの中でAさんが「B子がやりたいと言うのを、やらせたほうが励みになるのか、負担になるのか、そのあたりを判断するのが難しかった」と語っているように、私がAさん母子に抱いていた思いとリンクして、Aさんもまた手さぐりでB子に向き合っていたのです。淡々とした経過の中にさまざまな葛藤があったことがうかがえました。葛藤しつつ本当にこれでいいのかというAさんの揺れを、少しでも支えることができていたとしたら、そこに面接の意味があったと言えると思います。

そんななかでも、心理面接として何ができたかを考えてみると、B子と家族が発症からの一年間を、後悔しない時間として受け止められたことではなかと思います。打ち消したい過去としてではなく、大変だったけど意味のある時間だったと捉えようとしていることではないかと思います。

それには学校がB子の状況を理解して、卒業に導いたことが大きかったように思います。当初学校は、B子の受け入れに消極的でした。症状が再燃することを恐れ、万が一のとき、B子の病状もさることながら、他の生徒への影響が少なくないことを心配して、できれば登校を控えてほしいとさえ考えていました。Aさんは、そんな学校の思いをそれとなく感じていたようでした。初回面接では、何とか登校させて卒業できるようにしたいという思いが、Aさんから伝わってきました。面接契約では、卒業できるようにするための登校の仕方を考えるのではなく、B子にとって安全な登校のペースや無理のない学校での過ごし方を考えていくこと、そのことが、もしかしたら卒業につながるかもしれないし、残念ながら今年度の卒業には至らないかもしれないということを確認しました。

面接で私はB子への限界設定をしつつ、学校にはB子は何がどれくらいならできそうで、何が負担になるかを具体的に伝えていきました。精神疾患への偏見や不安は、まだまだ大きいのが現状です。どう対応していいかわからないことからくる学校の不安に対し、B子の状況を具体的に伝えることで、学校が現実的な見通しを持ち、B子の学校での過ごし方を理解することにつながっていきました。B子が私との約束の範囲内で行動したこと、結果として症状が安定していたことが相まって、B子の肯定的な評価につながりました。学校へのコンサルテーションで、受け入れ環境にも介入できたことは、自分の病や他の生徒と同じようにできない自分の状況を、B子自身が少しずつ受け容れていく過程に役立ったのではないかと思っています。

面接の初期には、欠時数が多くなると成績や卒業に影響することが気がかりで、B子もAさんも、少しでも早く周囲と同じペースで学校生活を送れるようになりたいと願っていました。Aさんも、すぐに以前と同じように過ごせるのではないかと思っていることがうかがえたのですが、目を逸らすことなくB子の様子を見ることで、それは負担が大きいと感じ、自宅での過ごし方もB子のペースを受け容れていきました。退院後のB子は、昼間でもスーッと消え入るように眠ってしまう状況が続き、そんなB子を目の当たりにするAさんの不安は計り知れないほどですが、その寄り添い方はとても穏やかで、不安や焦りさえも感じさせないものでした。理屈ではなく目の前のB子の姿から、Aさん自身がそうすることを学んでいったように思います。再燃しないことを最大の目標として、一日一日を積み重ねていったAさん親子は、「ひと月に一度報告に来ることは、またひと月無事に過ごせたと思えるし、励みになる」と言って、卒業まで定期的に面接に来られました。病状はまだまだ油断はできないものでしたが、Aさんの安定感に、卒業後もご家族でやっていかれるだろう、AさんはB子の状況を見誤ることなく、その時々に必要なことを自ら決めていかれるだろう、と思うことができました。

私がAさんの面接を担当していた頃に受けていたスーパーヴィジョンで、家族の感情表出の度合いが統合失調症の再発リスクに関わることを学びました。Aさんは、決してそのような研究結果を知って、B子と接していたのではなかったと思います。思いもかけないことが降りかかったとき、何を拠り所に親としての行動を決めていくか、Aさんの姿に、私自身もその時々に見誤らない親の目を持ちたいと思いました。母親も、そしてカウンセラーも、目の前の相手を感じることに焦点を合わせることで、時には知識や理屈を超えて、それぞれの真実に辿りつけるのではないかと思いました。

5　ミッドライフ・クライシス

もともと私は学部と大学院で教育を専攻し、教職に就いた経験もありました。高度経済成長からバブル経済のさなかに育った私は、影や弱さに目を向けることをしてこなかったような気がします。科学的な論理性で説明できることに価値があると叩き込まれてきた世代で、そんななかでも私自身は、理屈で片づけようとする傾向があり、少々頭でっかちなところも自覚しています。

結婚を機に、当時勤務していた専門学校の専任講師の職を退職しました。退職することを話したとき、叔母から「もったいない」と言われましたが、就職の苦労を知らない私は、「仕事なんて自分がやる気になれば、いつでも始められる」と、叔母の言葉の意味もわからず、惜しげもなく退職しました。二人の子どもがそれぞれ小学校と幼稚園に入るのと前後して始めたのが、中学校の相談室での仕事でした。ちょうど文部科学省のスクールカウンセラーの配置事業が始まった頃のことです。私が携わることになった心の教室相談員も、その頃の施策で配置されました。ここでの出会いが、臨床心理士という存在さえ知らなかった私が、心理臨床の世界に近づくきっかけになりました。

中学校の相談室で、当時の私は、何をどのように聞けばいいのかわからないまま、相談に来られた人の話に耳を傾けました。聞いているつもりが、生徒に「〜したら」とアドバイスをして、そんなわかりきったことを聞きにきたのではない、と言わんばかりの表情をされ、苦い思いをしたこともあります。なかには目の前の相手だけを頼りに必死に聞くことで、辿りつけた真実もありました。しかし、時間が経つにつれ、どこか不安で、拠り所となる方法論や技法を学びたいと思うようになりました。初学者向けの専門書を読み始めたものの、一般的なイメージとはまったく違う意味合いを持つ専門用語に戸惑い、まるで英単語を辞書で引くように、一つひとつの心理用語を調べながら読み進んでいくといったありさまでした。民間の講座を受講したり、教育相談に役立ちそうな資格を取得したりしましたが、臨床心理士資格取得への思いは強くなっていきました。バブル崩壊、就職氷河期を経て世の中の価値観も変わり、〝ライセンスの時代〟と言われるようになっていました。叔母の言葉が、今さらのように身に染みました。気づくと、そんな日々が五年ほど過ぎ、放送大学大学院に進学することが決まりました。

臨床心理士を目指して進学した大学院で臨床心理学を学ぶなか、私が向き合うことになったのは、意外にも、私自身のあり方でした。「意外にも」というのは、それまでの私は、テクニックを学ぶことが、何より、この仕事をやっていくうえで重要なことだと思っていたからです。誤解を避けるために付け加えると、テクニックを学ばなかったということではありません。そのことに気づいたとき、大前提を覆されるような、足元をすくわれたような感覚だったのを覚えています。そして、少々の抵抗をしたことも事実です。ですが、テクニックを知っていても、そして、ある程度意図的に使えるようになったとしても、自分が何を感じ、どう感じるかにセンシティブにならなければ、クライエントとの関係の中で伝える言葉は見つけられないと思うようになりました。

自分がどう感じるかについて、それまでの私は、あまり意識しないようにしてきたような気がします。実はそのことに気づいたのも、心理の世界に入ってからのことです。自分がどう感じたかを意識すると、自分がそれに振り回されてしまうような気がして、それは「感情的」という言葉と結びつき、どこか恥ずかしいことだというイメージを持っていました。感情的にならないために、自分の感情の揺れをできるだけ抑えよう、自分の感情に蓋をして棚上げしてやっていこうとしてきたような気がします。うれしさや喜びといった快感情は穏やかに表現しようとしてきましたし、ましてや嫌悪とか悔しさや恐怖といったネガティブな感情は持たないほうがいいもの、持ったとしても隠すべきものと考えていました。なぜそうしようとしてきたか、もしかしたら教師としてどんな人にも公平に接するために、自分のことはさておいて、冷静な姿でいることが安心だったからかもしれません。

そんなさまざまな感じ方にセンシティブになることは、かなり意識的にそこに焦点を当てなければ、私にとっては難しいことでした。ですが、そうしていいと思えたときに、何とも言えない安心感もありました。そして、三人のAさんをはじめとする面接場面で出会った「母」たちが、素直に、時に無防備に、感じたままを言葉にする姿から、さまざまな感じ方を学んだような気がしています。

クライエントの前に存在する自分自身を見つめ直すことのもう一つは、教師臭さを洗い流して心理臨床家に近づくことでした。教師という立場は〝〜ねばならない〟とか〝〜すべき〟という傾向が強く、目指すべき方向性を自ら体現し指し示すことで、人を導き育てていく専門職ではないかと思っています。あるいは、そうあることを期待されている存在なのだと思っています。私の母が教師をしていたということもあり、教師的なあり方には親和性があり、私自身の教職経験とも相まって染みついたものがあるのです。面接場面で、どうしても何か言おうとしてしまう癖は実は今でも抜けきれず、私のコンプレックスになっています。冒頭で触れた面接契約も、かつての私なら「その子のためには、こうすることが役に立つ」と、クライエントの思いはさておいて、カウンセラー主導で面接をすすめて、何の疑問も抱かなかったかもしれません。頭ではクライエントに任せると知ってはいても、実際の面接でどうすることがクライエントに委ねることか、これまでの臨床場面で常に自分に問いかけ続けてきました。

三人目のAさんのケーススーパーヴィジョンで指摘されたことも、そんな私のカウンセラーとしてのあり方でした。この面接では、心理教育も大事な要素であったことは確かです。指示できるだけの知識を持ちつつも、心理教育でさえ現実場面でクライエントがどうするかは、あえてわからない存在としてクライエントの前にあって、クライエントに問いかけることを、私はスーパーヴィジョンで授けられました。

教育相談や学校臨床に携わることは、私にとっては自分の弱みにさらされ続けることを意味します。動きすぎるとか指示的になりがちなことを意識し、自分を戒めてこれまでやってきたのですが、ともすると、それを過剰に意識しすぎるために〝動かないまま迷いもしない〟という、以前とは違った〝頭でっかち〟になっていたかもしれません。クライエントにとって頼りがいのありそうな、しっかりしたカウンセラーではあったかもしれませんが、それではクライエントにしっかりと成長してもらえないようです。染みついたものは、姿を変えて思わぬところで顔をのぞかせるものです。

一般的に正しいことが、必ずしもクライエントにとっての正解とはかぎりません。クライエントが選ぶことこそが大切で、十分にその過程を共にし、クライエントに委ねることができていたなら、私はおそらく「そういう選択もありますね」と言っているような気がします。〝正しく〟ばかりはいられない、モヤモヤとした白黒はっきりしない状況で、それでも投げ出さずやっていくしかなかったり、わかっていても影の部分を抱えていくしかなかったりといったクライエントの〝生き（息）苦しさ〟に、私自身も時に酸欠になりながら、共に時を重ねようと思っています。

クライエントの語る心的体験は、私自身に起こった思いがけないことをはるかに超えていて、その言葉の前では、知っているつもりでいた自分がどれほど傲慢だったかと恥ずかしくなります。正しいことを言おうとして、自分が〝知っているつもりの人間にならない〟で、〝クライエントと共に迷う人になる〟ことが今しばらく、私のテーマになりそうです。

〔文献〕

皆藤章『風景構成法——その基礎と実践』誠信書房、一九九四
河合隼雄『子どもと学校』岩波書店、一九九二
河合俊雄編『生きたことば、動くこころ——河合隼雄語録』岩波書店、二〇一〇
近藤邦夫・岡村達也・保坂亨ほか編『子どもの成長 教師の成長——学校臨床の展開』東京大学出版会、二〇〇〇
中釜洋子『家族のための心理援助』金剛出版、二〇〇八
沢崎俊之ほか編『学校臨床そして生きる場への援助』日本評論社、二〇〇二

Ⅳ

身体

第10章

心身症と私

身体症状は魂からのメッセージ

名合雅美
Nago Masami

1 はじめに

幼い頃の私は、よく熱を出す子どもでした。年中通して穏やかな気候で、晴れた日が多い中国地方の田んぼと小さな山に囲まれた田舎で私は育ちました。大学卒業と同時に結婚した両親は共に教師となり、若いうちにと僻地に配属され、私は五歳くらいまで祖父が住職を務める禅宗のお寺に預けられて育ちました。

そんな私には、毎日通っていた保育所でのエピソードよりも、かかりつけの診療所での、消毒液の匂い、履きなれないビニール製スリッパのペタペタという音、ひんやりした聴診器、お腹を触診する先生の大きくて温かい手の感触、シロップ薬の微妙な甘さなど、受診にまつわる感覚的な記憶のほうが鮮明に残っています。また、休日を一緒に過ごした両親が、再び勤務地に向かうときには、泣きながら車の後を追いかけていたこと、「さびしい」と言わない代わりに扁桃腺を腫らし、しょっちゅう高熱を出していたこともよく覚えています。

今考えると、その頃の私は心で抱えきれないさびしさを身体で表していたのでしょう。それは、いわゆる「心身症」だったのだと言えます。『心身症』とは『身体疾患の中で、その発症や経過に心理社会的因子が密接に関与し、器質的ないし機能的障害が認められる病態（以下省略）』[1]と言われています。特に子どもは言葉が未熟で、自分の思いを的確に伝えられないぶん、身体に症状として出ることは珍しいことではありません。といっても、大人になってからでも心身症的な面を持っている人はいますし、私自身もその一人です。

2　身体から突きつけられた第一の転機

そんな私は現在、自らの原風景の中に残っているような、地域の方々がかかりつけ医として通う一般の内科と小児科の診療所で、臨床心理士として勤務しています。やはり対象は「心身症」と言われる症状を呈して来られる方々が主です。

そもそも、大学三回生までの私は、両親と同じ教師を目指していました。小学生になると高熱を出すことは多少減りましたが、私は給食を全部食べるのが精一杯で、休み時間には運動場へ遊びにいく途中でゲボーッと吐いてしまったり、春のクラス替えの後は六月くらいまで緊張してうまく自分が出せなかったり、全校朝礼でも目の前がチカチカしてきたかと思うと真っ暗になってバタッと倒れたり……。私は、新しい状況に慣れるのに時間のかかる、内的な不安や緊張の高い子どもでした。かといって、おとなしい控えめなタイプだったわけではまったくなく、どちらかと言うと男子を相撲で負かしてしまうような活発な子でもありました。

中学生になると、ひと目見て心奪われたハンドボール部に入り、グラウンドで土にまみれながら、常に真っ黒に日焼けしていました。そのお陰で、苦痛だった給食が自分のぶんだけでは足りず、少食の女子たちが私の所に「これ食べて」と集まって来るくらい食欲も旺盛になり、身体の調子を崩すこともかなり減りました。ハンドボールは当時、今以上にマイナーなスポーツで、チーム数の少ない競技だったこともあり、中学では県大会で優勝もしました。「井の中の蛙大海を知らず」そのままに、当時の私は不安も減り、万能感に近い気持ちさえ抱いていました。そして、さらなる夢を抱きつつ、ハンドボール部の強い田舎の進学校に入学します。中学からの経験者が少ないスポーツですから、私は一年生のときから試合に出ていました。

そんななか、私は県大会の大事な局面で、膝の前十字靭帯を断裂してしまいます。試合中、靭帯がバキッと音を立てて切れた瞬間の、雷に打たれたような衝撃は今でも身体が覚えています。高校二年生のときには迷うことなく手術を受けました（両親は娘の膝に大きな傷が入ることを気にしていました）が、リハビリにも時間がかかり、うまく復帰することができません。大好きなハンドボールが思うようにできない日々は「目標を失う」と同時に「身体は自分の思い通りになるものではない」ということを知る初めての経験でした。今、振り返ると、誰にでもあるようなありふれた出来事の一つですが、当時の私には生きる意味すら見失うほど、〝身体〟から突きつけられる現実を〝心〟で受け止められない体験でした。

幸いにも、私の周りにはその重みを感じ取ってくれる友人や先生がいました。もし、「そのくらいのことで」という目で関わる人しかいなかったら、私の心は大きくバランスを崩していたと思います。当時は、辛さとどう付き合えばよいのかがわからず『辛さに耐える心理学』（加藤諦三著）などの本を読みあさったりもしましたが、やはり私が関心を持っていたのは〝身体〟でした。幼い頃から〈私は平気。大丈夫、私は強い〉と思い込もうとしている自分に警告を発し、心配されたり手当してもらったりする機会を与えてくれたのは、いつも〝身体〟でした。どこかで〝身体〟のほうが正直であることを直観していたのかもしれません。私は、大学受験を考える際、教育学部の中でも〝身体〟のことを学べそうな「保健」という専攻を選び、進学します。

3　自分の特徴を知ること、そして活かすこと

少し寄り道をして、私自身の〝身体〟の特徴を挙げ、心身症の特徴について私なりの考察を試みたいと思います。

唐突ですが、読者の皆さんは、他人のあくびがうつった経験はありますでしょうか。「うつるとは聞くけど、どうかな？」という半信半疑の方が多いのではないでしょうか。ただ、私自身について言いますと、ほぼ一〇〇％うつってしまいます。ぼんやりテレビを観ていたりすると、画面の中のゴリラのあくびにさえ（無意識で）反応してしまい、家人に驚かれたりもします。もちろん、あくびがうつると言っても、菌やウイルスが関係しているものではないですし、科学的なエビデンスも（たぶん）ありません。ただ、私は〝あくび〟自体がうつるものか否かではなく、「うつりやすいタイプの人」と、「うつりにくいタイプの人」がいるのだと思っています。「神経生理学的に言うと、最近話題の『共感ニューロン』っていうミラーニューロン[2]が、私、人より発達しているみたいなんですよ～」とでも言いたいところです。

しかし、この共感は相手に感情移入したり、同情したり、相手の身になって感じたりというような高度な認知過程を必要とする「人間らしい共感」とは少し違い、動物的で原始的、反射的なものに近いもののようです。私は日々、心身症のクライエントとお会いするなかで、いわゆる「人間らしい共感」はもちろんのこと、このあくびがうつるような感覚受容体（とでも言っておきます）をフルに使っています。心身症の方は、自分の感情を表現したり、内省したりすることが困難であるという特徴から、しばしば「失感情症（アレキシサイミア）」と言われたり、身体の痛みなどへの気づきが低下した状態の方は、「失体感症（アレキシソミア）」と言われたりします。

そのような傾向を持った方と話しているると、ひとり芝居でもしているかのように自分で何役もしながら状況を語ったり、自分よりも周囲の人の気持ちを説明することに終始され、自分自身の感情や痛みへの言及がみられません。「ご自分はいかがでしたか」と問い返すと必ずと言っていいほどご本人はキョトンとされ、〈今、十分話したのに〉という顔をされます。私は、理由の一つとして、心身症の方々は、目の前の相手に同調しやすく、相手の気持ちと自分の気持ちの境界が曖昧だからではないかと考えます。山森（二〇〇三）は、アレキシシミックなクライエントに対する治療者—患者関係の重要性についてウォルフ（Wolff, H.H.）が「治療者自身がクライエントとの関係の中で湧き上がってくる自分の感情やファンタジー、夢などに目を向けることがクライエントの体験世界の理解に繋がる」（一九七七）と指摘したのに加えて、「身体の次元への着目も重要である」と言っています。誰かのあくびがうつってしまう現象は、身体レベルでの共鳴と言えます。クライエントとの関係の中でも、セラピストに症状がうつることも稀ではありません。クライエントの持っているものにセラピストが感染することは、「自分と他人」「心と身体」の境界が曖昧だからだとも言え、セラピストとしてはマイナスの要素に捉えられがちです。しかし、私はこの感覚受容体を能動的に使いたいと思っています。無意識的な同調や共鳴を、意識的・能動的に共感や理解に繋げることこそが、「身体の次元への着目」だと考えるからです。

教育分析（臨床家自身が自らの内面と向き合うための作業）を受けるまでの私は、自分の傷つきに鈍感で、辛いことがあってもポジティヴ思考な反面、しばしばクライエントの持ってこられるものに感染して身体の調子を崩したり、クライエントから投げ込まれたものや、自分自身の問題を刺激されて生じるイライラを無意識に身近な人にぶつけてしまっていました。教育分析を受けて、自分自身の特徴を知り、自らの内面と向き合い続けることで、以前よりは、自分のものと他人のものとの区別も可能になり、その感覚受容体に振り回されないようになってきたと思います。

セラピストとしては、言葉以上に身体で訴えている心身症のクライエントと、深まりにくい面接を繰り返していると、クライエントを失感情症という概念に当てはめ、言い訳したい気持ちが湧いてきます。しかし、クライエントの特徴をあげつらうだけでは何も解決しません。臨床の中で必要なことは、セラピスト側が自らの感覚受容体を意識的に利用し、身体の次元から受信したイメージや身体感覚、時には自らの身体症状をも通して、クライエントの理解に繋げていく終わりなき努力なのではないかと私は思います。

4　第二の転機

（1）いくつかの自死

そんな私が、いつから、どんな動機づけがあって、この道へ進むことになったのか。転機になったのは私が大学三回生のときに母の勤務校で起こった、いじめを苦にした生徒の自死という痛ましい出来事です。マスコミは連日、学校や教師の責任を問う報道を流していました。事実を報道することは大切ですし、同じことが起こらないように原因を究明することも重要なことです。しかし、そのとき私は〈この報道で誰が救われるのだろう。真実はどこにあるのだろう〉と涙が止まりませんでした。自死を選ばなければならなかった子の気持ち、大事なお子さんを失ったご両親の気持ち、この出来事を身近で体験した子どもたちの気持ち、そして生徒を救うことができず、加害者のごとく責められる立場に立たされている母たち教師の気持ち……。当然ですが、そんな個々の抱える背景や事情、気持ちなどは報道されません。誰の心にも届かない、一面的で悪者探しのような報道（当時の私にはそう感じられたのです。報道のあり方を否定しているのではありません）に、言いようのない無力感を抱き、何もかもが報われないような思いが溢れてきました。そのとき、〈私がやりたいことは教師ではできない。子どもにも親にも、そして教師にも力になれるような仕事がしたい〉とはっきりと思ったのです。

私は教員採用試験の受験をやめて大学院への進学を決めました。ただ、この頃の私は臨床心理士という職業があることすら知らず、自らの新たな道を模索するためのモラトリアムな進学でした。私以外の同級生の多くが就職をしたその年は一九九五年。この年には一月に阪神・淡路大震災、三月には地下鉄サリン事件がありました。多くの命が突然失われたこの年の七月、私は大切な友人の一人を自死で失います。彼は、高校時代、怪我をして絶望していたときの私をさりげなく支えてくれた同級生でした。大学でお互いに田舎を離れ、携帯電話のない時代に、時々思い出したように電話をしては、失敗だらけの独り暮らしの武勇伝を笑いとばし合える数少ない大事な友人の一人でした。そんな彼が、自ら黙ってあちら側へ逝ってしまったことは、忙しさにかまけて連絡もせず、兆候に気づかなかった自分に対する強い自責と底知れぬ無力感を私にもたらしました。

その数年前に、私にとってとても大事な存在である祖父の死を体験していたものの、寿命であると意識できる死と、予期しない突然の死はまったく違う感情を私にもたらしました。私は身体の半分があの世に持って行かれたように感じ、現実感の希薄な時期が半年以上続きました。お互いに生まれ育った故郷を離れ、別々の都会に何とか馴染もうと励まし合ってきた仲間が、突然いなくなったことに実感が湧かず、あの世とこの世の境目さえ曖昧に感じられました。そして、彼の死から現在に至るまで、私は同様の死を何度か体験することになります。身近にいて救うことの叶わなかった方々の魂の叫びは、私自身が逃げずに耳を傾け続けるべきものだと思っています。彼の存在、そしていくつかの死が、臨床の世界に私を導き、この世界に居続ける大きな原動力となっています。それは、亡くなった方たちの存在が、あちら側に逝かれてからより一層、私の中に痛みと共に大きく息づいているからだと言えます。

（2）放送大学との出会い、そして留年

大学院時代は、縁あって精神科で集団精神療法に携わるアルバイトをしていましたが、卒業後、私は身体医療の現場で働く機会を得ます。総合診療という部署で、さまざまな疾患を抱えた患者と関わる機会を与えてもらいました。ここでは、いろいろな角度から身体症状をみていき、患者や家族の心理・社会的側面からの影響にも配慮して、全人的に患者を診る医師たちの姿勢に多くを学びました。また、ストレスが身体に及ぼす影響はもとより、器質的な問題が精神面に及ぼす影響も同時に教わりました。

ただこの頃の私は、医局秘書という役割の傍ら、患者と話したりカンファレンスに参加する機会を与えてもらっていただけで、診療の補助的な役割でしかありませんでした。そんななかで受験した臨床心理士の試験にはことごとく失敗し、ついには私の学んだ大学院は近接領域からも外され、資格試験を受けることができなくなってしまいます。正直、自分の辿ってきた道を否定されたように感じ、目の前が真っ暗になりました。しかし、怪我をすることで得た〝ピンチはチャンスになり得る〟という信念によって、仕事をしながら学べる放送大学大学院の存在を知るや、一念発起、三〇歳を目前に「臨床心理学」を一から学ぶために入学を決意しました。

二期生として合格し安心したのもつかの間、夏の面接授業で幕張に泊まり込んでいる最中に、家人が事故で怪我を負って入院してしまいます。一割という少ない確率ではありましたが命の危険も指摘され、授業を抜けざるを得なくなり、一年目にして留年を余儀なくされました。幸いにも命に別状はなく、後遺症なども残らなかったことから、「鬼（私）の居ぬ間に遊びに行ったりするから罰があたったんだ」とネタにして、ことあるごとに冗談まじりに家人を責めていました。しかし、学びを進めていくなかで、この体験は、私にとってはまさに〝心〟のことに向き合おうとすると、〝身体〟とも向き合わざるを得なくなるという洗礼のよう

なものだったのだと感じ始めました。それまで、怪我は病気とは別物だと思っていましたが、心身症とは言わないまでも、〝身体〟が不自由を得ることで開かざるを得なくなる〝心〟の扉もあり、それは自分だけでなく身近な人の〝身体〟から突きつけられることもあるのだと教えられた体験でした。

5　身体症状を訴えて来院された花野つぼみさんとの六年間

私のようなタイプのセラピストでなくとも、この仕事をしておられる方々は、面接室の中で、クライエントとセラピストの心と身体が相互作用的に感応し合うことは、体験的に知っておられると思います。J・M・シュピーゲルマン（Spiegelman, J.M.）は、「分析を進める中で、（セラピストである自身が）非常によく『症状（さまざまな種類の身体反応）』を呈すること、それは患者の症状と近いものであり、そこに存在する象徴的類似性は、分析の場で議論されている心理学的な内容と関連を持っている」（一九九二）と言い、その状態を「コンプレックスが布置され、エネルギーの交換が生じ、患者と私自身の双方がその場の中にはめこまれる」としています。ここでは、花野つぼみさん（仮名）と私との六年間の関わりを通して、（無意識的な）感染や（意識的な）共感を繰り返しながら、お互いの中に生じたイメージを支えにして、共に変容に至ったプロセスを語りたいと思います。

（1）患者とセラピストとしての出会い

〈愛想がよくて可愛らしい方だなぁ。年齢よりずいぶん若い感じ。でもニコニコされているけれど、眉間に皺が寄っていて、どこか切迫した息苦しさを感じるなぁ〉というのが、私が花野つぼみさんに抱いた第一印象でした。

私の母親と同年代のその方は、黒髪のショートカットがよく似合う、小柄で娘のような雰囲気を湛えている方で、主訴は「寝ようと思うと咳が出て止まらない。息苦しい。そのことを考えると不安」というものでした。私が勤めている内科の診療所は、花野さんの職場からは歩いて五分ほどの距離にあり、少人数の会社で事務をしている花野さんは、受診の時間は比較的自由にとることができるようでした。訴えの切迫感のわりには、仕事を休むことはほとんどなく、気分的な波はあるものの通院で時間をとられること以外で仕事への支障もないようで、表向きは社会生活への適応に問題はありませんでした。当院に受診されるずいぶん以前には、鼻炎や嗅覚障害などを抱えて、耳鼻科巡りをした経験があり、もともと、鼻にさまざまな不調を持っていたようです。今回の咳に関しては、検査を重ねても原因となる器質的な疾患は見つからず、日中も症状はほとんど出ないため、咳や苦しさ、不安感に対しての対症療法的な薬物治療を開始していました。

しかし、花野さんは服薬にも強い不安があり、担当医が不在の日でも「こんな症状が出た。副作用ではないか」と頻回に来院され、主治医も定まらず、治療自体が断片的になっていました。来院して、説明を受けるといったんは安心して帰るのですが、薬を飲むと身体の異変に意識が集中して、もともとあった症状まで副作用のように感じるなどの混乱が生じ、電話での問い合わせや来院回数は日に日に増えていく状態でした。主治医は、花野さんの診察が場当たり的で、効果もよくわからぬままに薬もコロコロと替えざるを得ないなど、治療的に機能していないことを感じていました。また同時に、症状や不安の訴えを診察の枠では受け止めきれないという問題もあり、「まずは症状のつらさや不安感をしっかり聴いてもらいましょう」との提示で、私は患者としての花野さんと出会うことになりました。

(2)主治医との橋渡しの時期

自己紹介し、症状について訊ねると、花野さんは「とにかく苦しいの」と眉間に皺を寄せて訴える一方で、特に無理をしている様子もなくニコニコと愛想のよい感じを持っていました。初対面の印象では、診察時間内では受け止めきれない身体的な辛さと薬への不安感を、心理士として私が受け止め、主治医との橋渡し的な役割を担うことで、ある程度落ち着くのではないかと、私は正直楽観していました。

ドクターショッピングを繰り返している方のなかには、医療への不信感や誤解が重なって、より症状が形成されている（医原病と言われたりします）場合もあり、短期的にでもしっかりと医師との橋渡しをし、医療への信頼感や安心感を取り戻すことで症状が安定する方も多いからです。ただ、そういう意味合いの介入であっても、私たちはその方の抱えている問題がどのような文脈の中で生じたか、何のためにそのような症状が出ているのか、その方の状態の重さはどれくらいかなどを見立てるために、最初に細かく生育歴や病歴などを訊ねる面接を行います。身体の病気を呈していても、そこに大きな心の傷つきが影響していることや、人格や発達上の偏りが関与していることはしばしばあり、発症だけでなく、治療経過、治療関係にも影響を及ぼしていることがあるからです。

花野さんは身体症状を訴えて来院しておられるので、なるべくそこから外れないように意識しながら、私はまず、幼い頃からの既往歴や身体的な症状の出現について訊ねていきました。花野さんは同胞の真ん中で、現在はご主人と二人暮らし。離婚歴については、聞き流してしまうほどさらりと語られました。身体症状を訴えて来院する方々のなかには、「身体の症状が辛いだけでストレスなんかない」と、症状以外のことを訊かれるのに抵抗を抱く方は少なくありません。程度や感じ方の差こそあれ、ストレスのない人などいませんから、経験上、強く抵抗されるほど意識したくない何かが隠れているとも言えます。

花野さんが当初語ることができたのは、簡単な家族関係以外は、自らの身体に起こったことばかりでした。そのなかには二〇代半ばに子宮外妊娠により、自分の命と引き替えに、授かった子どもと子宮を一度に失うという体験が含まれていました。しかも、それは花野さんが救急車で運ばれ、意識を失っている間にすべて行われたという事実でした。

女性にとって相当に苛酷で大きな喪失を体験されているにもかかわらず、花野さんは感情をあまり交えず、淡々と語られました。そこには〈自分にもいろいろあったけれども、人生なんてそんなもの。いちいち「辛い」なんて言っていられないのよ〉というような、私にそれ以上のことを訊ねる余地を与えず、同情されることを拒否するような空気がありました。私にはその空気が、何とか笑ってそれまでの人生を送ってくるために、花野さんが必死で身にまとってきた見えない鎧のように感じられました。

私自身も、自らの教育分析を受け始めるまでは、〈幼い頃に両親と離れる体験をしたからこそ、自立心が育ったのだ〉と自らの生い立ちに影響されている部分の、ポジティヴな側面だけを見ていました。でも、それは花野さんや私の意識が、悲しみやさびしさなどを無意識に押し込め、向き合わないですむように作り上げた虚勢なのです。そして、そうやって「自分は大丈夫」と思い込もうとする気持ちが強ければ強いほど、無意識に押しやったネガティヴな感情は心の奥深く、意識さえできない領域、つまり身体に押しやられることもあるのです。

花野さん同様、幼い私も〈「さびしい」と言っても、祖父母や両親を困らせるだけ〉と無意識に心の奥深くにそのさびしさを押しやったものの、結果「発熱」という形で身体に溢れていたのでしょう。幸いにも、私の祖父母も保育士さんたちも、かかりつけのお医者さんも、しょっちゅう熱を出す私の家庭的な背景を知ったうえで、心配し手当てし見守ってくれました。私には、〝さびしさ〟と〝症状〟を切り離さないで見てくれる人がいました。もし、「困った子」「面倒な子」と思われていたら、私は心身症ではおさまらず、もっと心や人格のバランスを崩していたと思います。

西洋医学の発達した現代では、身体の病気と心の病気はとかく切り離して考えられがちで、画像や検査データのみで症状を診ることが増え、専門診療科もどんどん細分化しています。代々その家族を診ているような町のかかりつけ医なら別でしょうが、個人情報の名のもとに患者の家族構成や個人的な背景など訊ねることも難しい身体医には、〝身体症状〟を環境要因や社会的背景、ましてや〝心〟に繋いで考えること自体が難しいのが現状です。しかし、身体がSOSを出している段階で心も共に受け止めてもらうことが叶わないばかりに、心身のバランスを崩してしまう方はとても多いように思います。心療内科のように、心と身体の繋がりを大事にしながら身体的な治療をする診療科もありますが、身体症状の場合は特に、「心とは関係がない」と思っている（思いたい）方がまず門を叩くのは、一般の内科が多いのが現実です。

ですから私は、「身体症状はその方にとって意識にさえ届かない深いところから発する魂のメッセージだ」と想いながら、まず、身体のことを丁寧にお訊ねしていくようにしています。それは医師とは違う視点で、医師が診ることのない〝身体〟を視ることでもあると思っています。言葉で語られる内容だけでなく、その方の息づかいや、話し方、声のトーン、身体への力の入り方、視線、手や表情の動き方などから、私自身の皮膚や（例の）感覚受容体を通して感じる無意識的なものは、言葉以上に正直で、時に私の身体も深いところで共鳴し始めます。クライエントが言葉で語ることは、今までクライエントが自分の中に納めてきた〝事実〟です。ですが一方で、私は〝真実〟は納まりきれずに症状として溢れている〝身体〟のほうにあると感じることが多いのです。あくびがうつるのと同じ感覚受容体を能動的に働かせていると、言語を使ったやり取りによる意識レベルの共感以上に、身体レベルでの共感が深く湧き起こることがあります。ただ、セラピストはこの感覚を大事にしながらも、一方でクライエントの意識（語り）とかけ離れないように歩んでいく必要があります。次節では、その工夫についてご紹介したいと思います。

（3）症状記録ノートの活用

花野さんは、症状の経過は話せても、その周辺にあった出来事を訊ねると「過去にはいろいろあったけど、今は前向きにやっていますから、そういうことには触れたくないんです」と強く拒否されました。そこに何かがあると感じても、抵抗のある状態で無理して触ると傷を深めることにもなりかねませんし、セラピー自体が中断となることもあります。だからといって、薬で症状だけを消そうとしても身体（であり魂）は正直で、必ず何らかの抵抗をしてきます。花野さんにとっては、それは薬への不安、副作用という形で生じました。私自身、誰かを前にして言葉で自分のことを説明するのが苦手で、言いたいことが頭の中でもつれたり、気持ちが溢れたりするのを整理したいときに日記を書いていたこともあり、身体症状に振り回されているようなクライエントには、しばしば症状記録（日記）をつけることを勧めます。いざ診察室で医師を目の前にすると、気になる症状をうまく説明できなかった体験のある人は少なくないと思います。

花野さんの場合も、丁寧に日々の身体症状の変化を記録し、面接の中で共に向き合うことで、記録ノートは溢れる症状を抱える器として機能し始めます。器が用意されたことで、花野さんの頻回な受診や、電話での問い合わせは早期に治まっていきました。しかし、症状は簡単には変化せず、私の楽観は見事に打ち砕かれ、症状や薬の副作用の不安以外のことに話題が及ばないまま時は経過しました。

面接の中で、花野さんが人生の出来事について自然に語ることを始めたのは、一年を経過した頃でした。未婚のまま子どもの産めない身体になった花野さんは、退院後、失った子どもの父親でもある前夫に求婚され、両親の反対を振り切って結婚します。幼い頃から、新しいものを買ってもらえる姉と跡取りとして大事にされる弟の間で、自分の欲しいものを欲しいと言うことさえできなかった花野さんは、自分がどうしたいのかよりも、前夫が強く求めてくれる気持ちに、自分の気持ちを合わせるようにして結婚されました。そこには、子宮を失い、女性として再び誰かに求められることはないかもしれないという将来への諦めもあったようです。そのようにして始まった暮らしは、前夫が職を転々とすることもあり、花野さんが仕事も家事も一人で必死にこなし、それを当たり前だと思って過ごす日々でした。語りの中にも当時の感情が現れることはなく、この頃からすでに、花野さんが自分の感情や痛みに気づきにくくなっていたことがうかがえました。しかし、少しずつ花野さんの生活が見えてき始めたある日の面接で、前夫が香水の匂いをつけて帰ってきた日のこと、その後くらいから〝匂い〟を感じなくなったことを、花野さんは言葉を振り絞るように語られました。夫から感じる女性の匂いそのものや、その気配を感じてしまう女性特有の嗅覚のようなものに耐えられなかったのかもしれません。嗅覚を閉じるしかなかった花野さんの息苦しさとともに、花野さんのやり場のない魂の叫びが聞こえてくるようでした。しかしそれらは、前夫との覚悟の離婚後、再婚した現在のご主人への遠慮や、もともと結婚を反対していた両親の手前、誰にも語ることができないまま花野さんの心の中にしまわれていました。話されたときには「忘れよう忘れようって思ってたけど、聴いてほしかったんやわ。誰にも言わずにきたことたくさんあるからねぇ」としみじみと語られ、「不思議やね、胸がすーっとしてきた」という、今ここで生じている気持ちや身体の変化にも気づかれます。私は一筋の光明を得たような気持ちで、そのような痛みや思いに心を寄せつつ次の面接に臨みました。

しかし、私の思いとは裏腹に、花野さんは前回語られたことはまったくなかったことのように、「やっぱり病気じゃないかと思ってねぇ」と心気的な訴えを繰り返すという、大きな揺り戻しが生じます。一度吐き出してスッキリしたからといって、もう大丈夫というような簡単な癒しがやって来るわけではありません。そのような経過の中で身体症状は、咳から胸苦しさ、胸の痛み、気分の重さなど、少しずつ心に近いものに変化していきました。

(4)開花の予感

そんな一進一退を繰り返していたある日の面接で、一〇年も花をつけることがなかった蘭に花が咲いたことがノートに記録されていました。私は、鼻(花)を閉じてきた花野さんが花(鼻)を開く時が来る前兆のように感じ、その何気ない記録をとても大切なこととして話題に取り上げました。記録がなければ報告されなかったかもしれないその出来事は、私に密かな希望を与えてくれました。そして、花野さんも「まだ自分でもよくわからないけど、何かが変わってきた気がするのよ」と語り、自らをよちよち歩きの赤ちゃんに喩えられました。

その頃の花野さんは揺れながらも、症状や薬へのこだわりが少し減り、相手の言うことに同調し、疑うことなく合わせてきていた自分自身のあり方の偏りに気づき始めます。今まで水を与えてこなかった花野さんの自我が芽を出し始めているようで、私はそのことを花野さんの成長だと思い、うれしい気持ちでいました。しかし、簡単にこちらの思うようにいくわけもなく、花野さんは「人の悪いところ見えたりするの、嫌なの。今までのままで（見えなくて）いいわ」と自分が変わっていくことへのしんどさを訴えたり、「でも、逃げたらあかんって思って」と踏みとどまったりを繰り返されます。

カウンセリング開始からちょうど二年経った頃、花野さんは安産・子宝祈願で有名なお寺へ、妊娠した姪っ子のお祝いに腹帯を求めにご主人と出かけます。水子供養でも有名なそのお寺の境内で、花野さんは不思議なイメージを体験されます。梅の花が満開の時期、安産のお礼参りに来ている家族連れも多い境内で、自分がこの世に生を与えてあげられなかった子が楽しそうに遊んでいる姿が浮かんできたのだそうです。イメージの中とはいえ、それは花野さんがずっと目を背けてきた、出会うことの叶わなかった自らの子どもとの初めての出会いでもありました。「なぜかしら、あの世で楽しく遊んでるって感じたの」と言われたその言葉に、私自身も強く心が震えました。「あの子が生まれてきていたら、私はどうしてたかしら」とご自身と前夫との関係や、子どもの育った姿に想いを巡らせておられるようでもありました。

花野さんの想いに心を寄せながら、私自身も花野さんのお子さんの姿を想像していると、〈あっ、花野さんのお子さんは私と同い年だ〉と、まるで何かが降りてきたかのごとく私には直観されました。花野さんが大きな喪失を体験された年は、ちょうど私が母のお腹にいた頃でした。〈私との出会いが、花野さんにとって叶わなかった自らの子どもとの出会いそのものなのかも〉という想いに包まれます。それは、失ったと諦め、辛いからこそ葬ってきたのだけれど、一方で心の底から花野さんが欲していた関係でもありました。そして、私自身の中でも花野さんのこの体験が、〈親と離れて独りで寺の境内で遊んでいた幼い頃の私自身が、実は自分のことをずっとずっと思い続けていた母と出会えた〉そんな内的な体験となって繋がったのです。

セラピストとしてクライエントと出会っていると、時に偶然とも言える一致に心の奥深くが大きく揺さぶられるような感覚に陥ることがあります。グッゲンビュール－クレイグ（Guggenbühl-Craig, A.）は、『心理療法の光と影』（一九七八）の中で、「個人の精神全体は、たとえ精神の中で起こっているすべてのことが、なかなか口に出して言われたり直接表現されたりしなくても、その人のすべての望みや空想や情緒でもって、意識と無意識の全体で相手に働きかけるものなのである」と言っています。私がこのときに得た感覚やイメージは、花野さんに言葉にして伝えることはありませんでしたが、私自身にとってだけでなく花野さんに対しても、その後の関係に働きかけ、支え続ける大きな根っこになりました。

（5）夢が教えてくれること

その後徐々に、花野さんはただ同調するのでなく、相手の本音と建て前を見分け、かつ同時に理解できるようになったり、物事を善し悪しの両面から捉えることもできるようになりました。症状を盾にしなくても、嫌なことを嫌と言えるようになり、物事を楽しめるようにもなってき始めます。そんななか、腹帯を贈った姪っ子が出産の日を迎えます。花野さんは、その姪っ子が生まれたときのことを回想します。実家の近くに住んでいる弟の子どもとあって、あれこれと世話を焼きたがる実家の母や姉に遠慮し、本当はものすごく可愛くて世話したくてたまらなかったけれど、自分は反対されながら嫁に出た身だからと我慢したことを涙ながらに語られます。次の回には、ノートにたくさんの思いを綴ってこられ、夢も記録されていました。記録されていた夢は次のようなものです。

出産のため、私は病院へ向かわなければならない。一五時の予約。でも、怖くて行けない。傍に小さな女の子がいて、私を応援してくれている。その子に支えられた感じがして、「よし、行こう」と気持ちを入れ直し、行こうとしている。

〝どんな女の子でした？〟と訊ねると、「姪でもないしねぇ。誰って言うんじゃないね。でも、その子が『おばちゃん頑張って。赤ちゃん楽しみやね』って言ってくれるのがすごくうれしくて、頑張ろうって思うのよ。……あっ、もしかしてこの子、先生かな！」と、湧きあがる涙で目を潤ませながら、私のほうを見つめられました。私も胸が熱くなり、〝一五時って、いつもここに来られる時間ですものね。私かな〟と精一杯さらりと答えました。私らしき存在が花野さんを応援する存在として、しかも子どもの姿で出てきたことから、花野さんのお寺での体験を聴いて以降、私自身の中で湧いていたイメージと、花野さんの無意識の世界が深いところで交わり繋がっていることを実感しました。

辛い過去から逃げ続けていた花野さんが、お寺の境内で湧いたイメージの中で自分の子どもと出会ったこと、それはセラピストの側では幼い頃、祖父の寺の境内で親の帰りを待ちながら遊んでいた自分自身のようにも思えること、（その）小さな女の子に応援されながら産む決意をするのは、花野さんの自我でもあるだろうこと、すべてがここでのセラピーそのものなのだと感じられる夢でした。

産みの苦しみや怖さを予感しつつも「よし、行こう」と決めた花野さんの気持ちは、子宮外妊娠のときには抱くことのできなかった〝産むこと〟への意識的な想いであり、意識のない状態で失ったものを補償するかのような大きな決意でもありました。私はその決意に敬意を抱き、〈きっと無事に生まれる〉と強く信じようと思います。

そのあたりから、語ったことからの揺り戻しは減り、面接の中で継続して同じテーマを扱える日が増え始めます。症状についての訴えは変わらずありつつも、日常の中で見えるものは確実に変化していき、ある日「すごく心に響く曲があってね」と三十数年前に流行った吉田卓郎さんの曲『今日までそして明日から』を初めて知って、感動したことがノートに記録されています。その歌詞を持参された花野さんは、「わたしにはわたしの生き方がある　それはおそらく自分というものを　知るところから始まるものでしょう」という部分に二重丸を付け、「こうなりたいなぁというイメージ」と話されました。ちょうど私が生まれる少し前から流行っていた歌で、私も耳にしたことのある曲です。そんな有名な曲を今まで知らなかったのは、当時の花野さんが一度に大きな喪失を体験され、表面上は適応しながらも、自分自身の魂から目を逸らし、世間からも心を閉ざして生きていたためであろうことがうかがえます。しかし今、この曲に出会い、その歌を自分と重ねて深く心に留めることができるようになり、「だいぶ遅いようだけど、私にとってこれが青春かなぁ」と日記にも記載され、まさに大事な時間を取り戻しておられるようでした。

しかし、そういう大事な気づきが重なると、私の中ではこういう気づきを大切にし続けたいセラピストの欲のようなものが顔を出し始めます。一方で、花野さんは大きな気づきの後にはやはり、「大きな病院に行ったほうがよいかしら」「やっぱり薬飲んだほうがいいかしら」などと言い、私は、〈せっかくここまで来たのに〉としばしば無力感を感じ、時に花野さんに「せっかく知ろうとし始めた自分から、また逃げたくなっていませんか」と厳しい言葉を投げかけてしまうこともありました。

そんななかで、花野さんはふと「私、治ったらどうするんやろうって……その気持ちはどこかにあったのよ」と言い、症状があるからこそみ（診・看・見）てもらうことができると思っていたこと、症状だけが問題だと思っていたけれど、実は問題は症状の陰に隠れているものだということを漠然と感じている自分に気づかれます。医療の中にいるセラピストとして、身体症状を意識するあまり、いつしか身体症状をなくすことが目標と花野さんに感じさせてしまっていたことに、私も気づかされました。それは、私との共同作業が、症状を取り去ることだけを目的としているのではないことを改めて確認するきっかけとなりました。この日の記録に花野さんは「今、すごいチャンスが私に近づいてきてる」と書いていました。この頃には記録は症状記録としてよりも、日常の気づきや気持ちを書き込む日記的な意味合いを強めていて、時に面接の中で語ること以上に、花野さんの気持ちの変化が分かるものとなっていました。

その後、花野さんは少し〝匂い〟を感じるようになり、味覚もくっきりし始めます。見ないようにしてきたことを見ようとすると同時に、その他の嗅覚や味覚までもが開花するかのごとく回復の兆しを見せ始めていました。

(6)セラピストの症状

日記の中で、子どもや子宮を失ったこと、離婚などすべてにおいて「自分はそのくらいのこと何でもないって、最高に強がっていた」ことを振り返れるようになって来ていたある日、私は「どんな強がりを?」とたずねました。すると、やっとの思いで離婚を決意した後、自分が出て行ってからも前夫が生活に困って文句を言わないように必要なものを買い揃え、自分はほとんど身一つ同然で家を出た話をされました。まるで自慢話のように軽快に語られましたが、私はその話を聴きながら、何とも言えず胸の詰まる思いがし、喉がムズムズし、我慢できず咳き込んでしまいます。まさに、例の感覚受容体が強く作動した瞬間でした。

花野さんの心の痛みと言動(意識)の乖離こそが、この咳を生み出しているのだと身をもってわかる体験でした。このとき私は「今のお話を伺っていて、私はとっても胸が苦しくなり、咳を抑えることができませんでした。この咳は花野さんの咳と同じもののような気がします」と伝えました。最高の強がりは、花野さんの魂の叫びを抑え込むかたちで、胸を締め付け、声を上げないように閉じ込めていたのではないでしょうか。花野さんは、私の言葉を聞いて、ハッとしたような表情をされ、何かを感じられたようでした。

（7）患者（誰かに治してもらう姿勢）から、クライエント（自分で治す姿勢）へと変わるとき

しかし、そのやり取りの後、花野さんは、さらに咳がひどく出るようになったり、声が出にくくなったりを繰り返され、定期検査の際に軽い肺炎を起こしていることが判明します。魂に向き合おうと共に歩き始めた途端に、医学的身体治療が必要となる皮肉な出来事でした。

魂は簡単には接近を許さないのでしょうか。私は花野さんがさぞかし不安になられるか、しんどさの理由が肺炎だからと納得されるか、どちらかだろうと思っていました。花野さんはそのどちらでもなく、肺炎のことには一切触れず、なんと身体の別の部分の心配を語られたのです。花野さんのあり方を象徴するような反応でしたが、このときの私は、肺炎のことをなかったことのように別のことを持ち出して話される花野さんに、「それは本当に今気になっておられることでしょうか」と突きつけてしまいます。私の中で、セラピストでありながら娘でもあるイメージを支えに、お互いに成長してきた実感が強まっていたため、反抗期の子どものように不安をぶつけてしまったのかもしれません。今振り返ると、肺炎という事実が気になっていたのは、私自身だったのだと思います。

その後、花野さんは私のイメージと連動するように「子離れ、親離れが必要なのね。自立しなきゃ、いつまでも甘えていてはだめね」という表現をし、喘息治療を専門とする他院での治療を家族に勧められ、いったんカウンセリングから離れる決意をします。内面と向き合うなかで生じてしまった器質的な疾患を通して、私の中に生じた〝もどかしさ〟や〝肺炎への不安〟を敏感に察知されことや、また言葉通り親子のイメージ

（花野さんにとっては私がセラピストという名の親的な存在でしたが）を受けて、セラピストからの自立を意識したことが影響したのだと思います。そして、他院での強力なステロイドでの治療は効果を発揮し、なんと花野さんの咳はピタリと止まりました。

私は自分がしてきたことは何だったのだろうと思い、無力感に苛まれます。自分が身体医と共に医療の中にいることの存在意義すら足元から揺らぐような思いがし、花野さんと離れていた日々は、お会いしていたとき以上に花野さんとのセラピーについて自問する日々でした。しかし、四カ月の中断の後、花野さんは他院での治療は続けながら、カウンセリングの再開を希望され、戻ってこられたのです。何を目的とするかはまだ漠然としていましたが、離れていた四カ月の間に、自分が求めていたのは咳を止めることだけではなかったこと、しばらく離れてみて、私とのここでの関係が自分にとって必要だと感じたことを話されました。私はセラピストとして、もう一度存在を認められ、チャンスをもらったのです。

D・セジウィック（Sedgwick, D.）は、「患者による感染が現象学的に現実に分析家に起こるのと同様に、布置され、また患者と並行した分析家の傷の解毒作用は、患者の傷つきにも作用する」（一九九四）と言っています。このとき、まさに花野さん自身が患者としてではなくクライエントとして、「治療してもらう」立場から、「自分で治そう」というスタンスに切り替わった瞬間でした。と同時に、私自身もセラピストとして自らの存在意義を一度失う体験を通して、「傷ついた治療者[3]」として自らの傷と向き合い、癒すことが布置されたのです。

（8）アクティヴ・イマジネーションの導入

そんななか、症状があるからあれも無理これも無理と、できない理由ばかり記載されていた日記の中に「元気になったら、夫と旅行に行って、馬に乗りたい」という、花野さん自身のやりたいことが、初めて記載されます。私は、花野さんの抱いたイメージを大切にしたい気持ちと、折角芽を出し始めた自我をトレーニングする意味も含め、アクティヴ・イマジネーション[4]（以下、ＡＩと略します）という方法を提示します。

ＡＩとは、「心の全体性を成就するためのユング派最強のツール」（フォン・フランツ、一九八一）と言われているもので、アクティヴな姿勢で折衝を重ねていくという条件はあるものの、簡単に言えば、想像を物語（イマジネーション）の形にしていく作業です。ＡＩの中で無意識由来のものとの折衝を繰り返していると、個人的なレベルだけでなく、どの人にも共通するような普遍的で元型的なレベルへと物語が展開することがあります。そういう意味では、ＡＩは「個人の物語」を「普遍的な神話」へと繋げる力を持っていると言えます。ただ、放送大学大学院入学当時の私は、イマジネーションと聞くと、〈なんか怪しげ……〉という感じでしたし、まったくＡＩの存在すら知りませんでした。しかし、そんな私の論文指導の担当に決まったのは生粋のユング派の先生でした。それまで「ＡＩ」だけでなく、「元型」も「セルフ」も耳にしたこともなかった私ですから、まるで外国に来たかのような感覚で、先生と普通に話ができるようになるのにもずいぶん時間がかかりました。しかし、この巡り合わせが、私の閉じたままになっていた扉を開くきっかけとなったのです。

花野さんにＡＩを提示した当時は、私自身が自分のためにＡＩを開始して三年が経過しようとしていた頃でした。お寺で育ったことが影響してか、きちんと先のことを考えて準備することが苦手というだけかもしれませんが、私は幼い頃から縁の導きを信じ、縁に導かれて人生を歩んできていました。正直、チンプンカンプンな状態から始めたＡＩでしたが、ここで出会ったのも何かの縁と思う気持ちだけはあり、続けることができたのだと思います。

私の好きな作家である村上春樹さんは、河合隼雄先生との対談『村上春樹、河合隼雄に会いに行く』（一九九六）の中で「小説を書くというのは、……多くの部分で自己治癒的な行為」と言っています。彼の小説は、意識という表層から離れ、井戸を掘るように自らの中に深く入り込んでいくことでメッセージを探り出していき、それを物語という形にリアライズしています。多くのメタファーを用いながら、われわれの心と身体に直接触れ、魂までも顕在させるような書き方をされているところが、多くの文学作品と一線を画し、多くの読者を惹きつけるのだと思います。

私は、ＡＩを進めていくなかで、自分がまだ知らない自分の内部に分け入り、知っていたようで知らなかった世界を体験していく感覚は、村上作品を読んで得られる何かに非常に近い気がしています。そのように井戸を掘るようにして紡ぎ出される物語こそがＡＩそのものであり、それは作者自身に自己治癒的な効果をもたらすばかりでなく、同時に多くの読者の魂をも震わせる真の物語（神話的様相を帯びるもの）となるのでしょう。村上春樹さんは、二〇一〇年に季刊誌『考える人』（特集　村上春樹ロングインタビュー）で「僕が『物語』と言ったとき、僕の言わんとする概念の総体をそのまま丸ごとすっと受け入れてくれる人は、河合先生以外にはいませんでした」と言っています。ここで村上春樹さんの言う「物語」や心理療法の中で大切にされる「物語」とは、個人の生きる神話でありながらも、深い井戸の底では誰のものともつかない、また誰のものでもあり得る普遍的なもの、すなわち神話に近いものなのだと思います。

花野さんのＡＩは、草原を愛馬メリーに乗って日々散策するところから始まりました。（本来は、生《なま》のやり取りの中にこそ意識と無意識との大切な折衝が見られるのですが、紙幅の関係上要約となることをご容赦ください。）

愛馬に乗って、現実では症状がしんどいからと避けてきた場所へ次々と出かけていき、多くの出会いを体験していきます。そして、ある日、道行く人々に見てほしいとたくさんの花を買い、玄関先に寄せ植えを作ります。この頃、現実では、〝かび臭さ〟という匂いをきっかけに、衣装ケースに入れたままになっていていた着物を出してきて、二十数年ぶりに干す作業をされます。匂いがしない自分にはそのカビ臭さは分からなかったけれど、周りの人の言葉をきっかけに、その閉じ込めてきたものに気づき、蓋を開け風を通す出来事でした。

その後、ＡＩの中では、自分が大切に作った寄せ植えを眺めているお母さんと子どもに出会います。バギーに乗った三歳前ぐらいの直ちゃんとそのお母さんとの出会いの場面には、さわやかな風が吹き、スイトピーの甘い香りが辺り一面を包みます。まるで、花野さんの心の封印が解かれ、鼻や胸につかえていたものが解放されるようなリアリティを持って、私にはその匂いさえ感じられるようでした。そして、その親子と仲良くなり、お母さんに遠慮しながらも、直ちゃんと愛馬に乗って出かけたり、お家に呼んでもらって一緒に食事をしたり、遊んだりするなかで、子育てには喜びと大変さが混在していること、子どもも大人以上にいろんな角度から物事を見ていることに気づいていきます。また、直ちゃんがお父さんに甘える姿を見て、父親の愛情を求めていた自らの気持ちにも気づく体験をされるのです。

そして、このＡＩを進めているとき、現実でも花野さんは、以前のように遠慮することなく姪っ子のお子さんと触れ合い、素直な子どもの反応に、自分の中で長年抑圧していた「子どもを愛おしく思う気持ち」を発見します。また、強がっていた自分と比べ、素直・正直とはどういうことかを教えられる体験を、現実とＡＩの中で同時並行的に積み重ね、ここでは触れませんが、共時的とも言える出来事をいくつも体験されます。イメージの世界の中で、無意識に閉じ込めてきた魂と出会い、折り合いをつけていく（折衝する）大切な作業を行うことが、因果関係を超えたレベルで現実にも作用を及ぼしていったのだと思います。そして、今まで〈私は大丈夫〉と暗示をかけ、素直に怒るべきを怒り、悲しむべきを悲しめていなかったことが、どれだけ自分に無理を強いていたのかに徐々に気づき始めたのです。

（9）クライエントの魂とセラピストの魂が出会うとき

心身症の方はイメージを扱う心理療法が難しい、と言われることがあります。私自身も、感覚で物事を捉えることが多く、心理の人たちがよく使う「ファンタジーが……」とか言われてもピンとこないし、イメージとして象徴的にものを見るのは苦手なほうでした。また、イメージを扱う心理療法は、適切な見立てや導入のタイミングなどへの慎重さが必要とされ、イメージが溢れ出して症状を悪化させる危険についてもしばしば指摘されます。私が花野さんにＡＩを勧めたのは、出会ってから四年を迎えようとしていた頃です。それは、私自身が自らのＡＩを通して、その中での出会いや体験を〝かけがえのない真実の体験〟であると実感し始めていた頃でもありました。また、花野さんがＡＩを開始するまでには、症状記録による身体と向き合う作業、記録を通して気持ちを扱う作業、断続的ではあっても過去の傷つきを受け止める作業を、コツコツと繰り返してきたというプロセスがあり、それらがイメージと向き合う土台になったと言えます。

ＡＩでは、無意識との折衝を成功させるためには、アクティヴ（意識的）な態度が何より重要とされます。自律的な動きをする無意識由来のイメージをしっかりと観察し、思考・直観・感覚・感情の四機能を十分に働かせながら、主人公である私（自我）が意識的にとり得る態度を決定していくことが、ここで言うアクティヴの意味です。それを丁寧に繰り返すこと自体が大きな守りになりますし、その態度を現実生活に活かすトレーニングにもなっていくのです。

花野さんは、嫌いだからではなく、強く求めるからこそ、失う辛さに耐えられずに避けてきたこととＡＩの中で出会い、距離を縮め、徐々に関わりを深め、今まで閉じてきた数々の扉を開ける体験をされました。そして、セラピストとクライエントがお互いに深いところでイメージを共有し合うと、不思議な繋がりを持ってお互いの世界（内界・外界にかかわらず）に姿を現すこともあり、私自身が花野さんのイメージに深いところで支えられる体験が起こります。

ちょうど花野さんが、ＡＩの中で子育ての喜びだけでなく、大変さも同時に実感する体験をされた頃、現実では、失ったお子さんや亡くなったお父さんへの思いを込めて写経をしてみようと自ら思い立ち、薬師三尊[5]で有名なあるお寺へ行かれます。実はこの頃、私自身も自らのＡＩの中で、薬師如来像と出会う体験をしていました。私は覚えていなかったのですが、私が育ったお寺の御本尊様は薬師如来であり、まさに私自身がＡＩを進める中で、薬師如来との縁が甦ってきていたときでした。花野さんが参拝された日の記録には「日光（菩薩）さんを見ていて、名合先生の顔が浮かんできて、うれしくて泣けてきた」と書かれていました。祖父と共に毎朝、本堂で般若心経を唱えていた幼い私をそっと見守ってくれていた薬師如来さんが、ＡＩの中で再び自分を支えてくれていることに気づいただけでも、私にとっては大きな癒しだったのですが、花野さんの報告は、私の内界と花野さんの内界が、まさにお薬師さんという病を治す存在を通して繋がったような衝撃がありました。何とも言えない感動に包まれながらも、自分の想いを言葉にしたい気持ちをぐっと抑え、花野さんが記録を通してだけでなく、言葉にされる時が来るのを待つことにしました。

そして後日「根が張ってきた気がするの」という言葉とともに、「日光さん見て、先生の顔が見えてから、私を治してくれるのは名合先生やって思ったの」と言われ、叱られてばかりで怖かった他院の主治医に「薬は本当に苦しい時だけにして、なるべく使いたくない」という意思をはっきりと伝え、その気持ちを尊重してもらうことができるようになられたのです。これは、花野さんの中に内なる治療者が芽生え、治療に対しての依頼心がなくなったことを表していると思います。

その後は、症状はあっても、ほとんど気にせずに過ごせるようになっていき、日々の些細な出来事の中にたくさんの喜びを見出し、「うれしくて、涙が出るの。胸がギューッとなってね。でもうれしい苦しさよ」と報告されます。そして、今まで小さな人形ひとつでさえ「買ってほしい」と素直に言えなかった花野さんが、高齢の母親と買い物に行ったときに、心惹かれた万華鏡を「お母ちゃん、これ欲しいわぁ」と生まれて初めてねだり、いつもの買ってあげる立場から反転し、買ってもらう体験をされます。面接に持参し見せてくださったそのステンドグラスでできた小さな万華鏡の中には、花野さんが蕾のままに閉じ込めてきた唯一無二の花々が咲き乱れているようでした。このとき私は、終結が近いことを予感します。そして数カ月後、花野さんは自ら「今日が最後の面接」と決めた日に、私に小さなお花のアレンジメントを持ってきてくださり、卒業を宣言されます。私は、花野さんから蕾を開いた身体の一部を分けていただいたような気がし、とても愛おしい想いで、そのお花を受け取りました。

6　花野さんが教えてくれたこと

身体症状の治療を求めて受診する患者は、身体医に症状を診てもらうためにやって来ます。しかし、〝見える身体（画像や検査データなど）〟に問題が見つからない場合、患者は誰にも抱えてもらえない痛みや苦痛に不安を募らせ、困惑し、安易に〝心〟の問題と捉えられたりすると、さらに傷つきを深めることもあります。身体医の診ている〝身体〟と、臨床心理士がみるべき〝身体〟の位相は違います。身体症状を訴えて来られる患者には、この両方の位相への視点を持って関わることが必要だと私は考えます。

クライエントから意識的に受信した世界と無意識的に受信した世界の乖離を埋めるべく、セラピスト自身がこの両方の位相を行き来できなければ真の共感には至れません。そして、セラピストが自らの内界とも意識的に向き合い続け、井戸の蓋を開き、下りていくことができて初めて、心身症のクライエントも象徴としての身体症状と向き合い、イメージを通して自らの内的な課題と取り組むことが可能になるのだと思います。そのことを花野さんは私に、身をもって教えてくださいました。それは、私が臨床心理士として、内科や小児科という身体医と共につくる医療の器の中で生きていく意味を教え、セラピストとしての私をクライエントの立場からだけでなく、ある意味母としての立場からも育ててくださったのだと感じています。

心理療法にもいろいろな学派や技法があり、臨床心理士にもいろいろなタイプの方がいますが、私自身は

《心理療法とはクライエントの魂とセラピストの魂がインタラクティブに作用し合って初めて、大きな実りを生む》ものだと思っています。セラピストが、身体症状のかたちでSOSを発しているクライエントの魂からのメッセージを、意識的にも無意識的にも受け止め寄り添っていくためには、なによりセラピストが自らの魂からのメッセージに開かれていることが重要になります。私自身まだまだ道半ばですし、自らの魂と向き合う作業は終わりなき旅ですが、セラピーにとって必要なことは、セラピスト自身が自らに布置されるさまざまな出来事や自らの身体と真摯に向き合い、内界への探索を怠らず、自らの神話を紡ぎ出す作業を続けていくことなのではないかと思っています。

7　おわりに

花野さんは現在、会社の健康診断に年に一度来院されます。私の姿を見つけると、まるで花の咲くような笑顔で「元気にやってるよ」と報告してくださいます。ちょうど、この原稿の話が来たとき、花野さんは定年退職を控えておられました。このような形でまとめて世に出すことを快く承諾してくださり、セラピーを卒業してからもなお、私の成長を支えてくださっていることに心より感謝いたします。今回の原稿は、人生の次のステージへと向かわれる花野さんへのはなむけの気持ちを込めました。

ただ、ここに挙げた花野さんが特別なのではなく、どのクライエントとの巡り合わせも、私にとっては運命とも言える出会いだと感じています。セラピストとクライエントの偶然とも言える出会いに布置されたものを見つけ、お互いにとって必然のものにしていく作業は、セラピストにとっては、自身の課題を突きつけられ、自らの傷と向き合う作業ともなり、時に相当な痛みを伴います。しかし、だからこそ出会いの中で双方の傷から生まれたものは何にも代え難い宝となるのです。臨床心理士というのはマゾヒスティックな仕事のようですが、これが私のスタイルであり、なによりこの仕事の醍醐味であることを記して、終わりにしたいと思います。

［注］

1　日本心身医学会の定義によります。

2　「ミラーニューロン」とは、自分の動作と他人の動作（ジェスチャー）に「ミラー鏡」のように同じような反応をする神経細胞のことです。このニューロンは、イタリアの神経生理学者であるRizzolattiとそのグループによって、サルを使った実験で発見されました。

3　グッゲンビュール‐クレイグ（一九七一）は、「治療者─患者元型」について、援助をする職業に就いている者は、この二極の元型に惹きつけられるが、分析家が自分の中にある患者の極への気づきを失い、すべてを患者に投影してしまうことは危険であると指摘し、両者の間でこの元型が分裂しないようにする必要を述べています。「傷ついた治療者は、再三再四、患者の問題がどのように分析家自身の問題を布置し、あるいは彼の問題がどのように患者の問題を布置するのかを見るのであり、それ故、患者に対してだけでなく、自分自身に対しても開かれた態度で仕事にたずさわる。彼自身もまた、患者であり続けるのである」（邦訳、一七〇頁）。

4　「要は、無意識由来のイメージに対して自我（主人公である「私」）が意識的にしっかりと関わって、そのイメージの世界のあれこれと具体的なやり取りをし、一つの物語を紡ぎ出す、という共同作業である。このさまざまな「やり取り」（文字どおりの、あるいは象徴的な意味での「対話」）のなかで、意識の側の要求と無意識の側の要求との葛藤やせめぎ合いが生じ、どこを両者の和解できる落としどころにするかという一種の折衝が重ねられていく。その結果、意識と無意識との乖離が多少とも埋められ、個性化のプロセスの目標である心の全体性の実現に近づくことになる」（老松、二〇〇九）。

5　薬師如来に脇侍として日光菩薩（左）、月光菩薩（右）を配したものの総称。薬師如来は、東方浄瑠璃世界の教主で、病気を除き、諸根を具足させて、衆生を解脱へ導く仏とされます。

［文献］
von Franz, M.-L. Introduction. in Hannah, B.(1981)*Encounters with the soul: Active imagination as developed by C. G. Jung*. Sigo Press. Santa Monica（老松克博・角野善宏訳『アクティヴ・イマジネーションの世界――内なるたましいとの出逢い』創元社、二〇〇〇）
Guggenbühl-Craig, A.（1978）*Macht als Gafahr beim Helfer*. Karger. Basel.（樋口和彦・安溪真一訳『心理療法の光と影――援助専門家の〈力〉』創元社、一九八一）
河合隼雄・村上春樹『村上春樹、河合隼雄に会いにいく』岩波書店、一九九六
村上春樹「特集　村上春樹ロングインタビュー」『考える人　33』新潮社、二〇一〇
日本心身医学会教育研修会編「心身医学の新しい指針」『心身医学』第三一巻七号、一九九一
老松克博『アクティヴ・イマジネーションの理論と実践①　無意識と出会う』トランスビュー、二〇〇四
老松克博『アクティヴ・イマジネーションの理論と実践②　成長する心』トランスビュー、二〇〇四
老松克博『アクティヴ・イマジネーションの理論と実践③　元型的イメージとの対話』トランスビュー、二〇〇四
老松克博「木、錬金術、アクティヴ・イマジネーション――監訳者による序」（C・G・ユング著、老松克博監訳、工藤昌孝訳『哲学の木』創元社、二〇〇九）
Sedgwick, D.（1994）*The wounded healer Countertransference from a Jungian perspective*（鈴木龍監訳『ユング派と逆転移――癒し手の傷つきを通して』培風館、一九九八）
Spiegelman, J.M.(1991) *The interactive field in analysis : Agreements and disagreements*.（小川捷之監訳『心理療法家の自己開示と傷つき――心理療法における相互的プロセス』山王出版、一九九二）
Wolff, H.H. (1977) The concept of alexithymia and the future of psychosomatic research. *Psychotherapy and Psychosomatics*, 28. Karger. Basel.
山森路子「内科領域における心理療法――病を「抱える」場としての心理面接」『臨床心理学』第二巻第一号、二〇〇九

第11章

小児医療と心理臨床

あらためて、そのパラダイムの相違と統合

平竹晋也 *Hiratake Shinya*

1　はじめに

私は小児科医です。臨床心理士の資格も持っていますが、「お仕事は？」と聞かれれば、迷いなく「小児科医」と答えます。心理臨床家とは思っていません。

ここで私は臨床心理学と出会うまでの自分と、その後心理臨床と関わることで、私の中で何がどう変わったか、その変化についてどのように考えているか、を書いていきたいと思います。

医師である私の語ることが、心理臨床家を目指す人たちや実際に臨床家として働く方々にどれほど意味を持つのか、はなはだ自信はありませんが、少しでも何かを感じてくだされば幸いです。

2　医師の仕事——その普遍性、論理性、客観性と指示

医師になるためにどのような訓練を積むか、簡単に説明しておきます。当然ですが、医学部で六年間学び

医師国家試験に合格することで、医師免許証が交付され晴れて医師になることができます。

では、医学部ではどのような勉強をするのか。おおよそ、医学の勉強は基礎医学と臨床医学に分かれています。まず基礎医学で、解剖学や生理学、生化学など、身体の成り立ちや仕組みを学びます。これ以外にも薬理学やウイルス学、細菌学などに加え、公衆衛生学などの環境医学も勉強しなければなりません。その後、病理学を、そこで、あらゆる病気について疫学から原因、病態生理などについて教わります。つまり、ここまでで、〝正常な身体〟について学んだ上に、さらに病気とは何かについて勉強することになります。

その後、臨床医学、すなわち診断・治療学として、内科学から外科学、産婦人科学、小児科学などなど、すべての臨床医学を学びます。そして、それぞれ病院実習で、病気について、実際に患者に接し勉強します。これが、医学部での勉強の概要です。私が医学生だった頃を思い出しながら書いた内容ですので、いまの医学部ではやや異なる面もあるかもしれませんが、だいたいにおいて大きな相違はないと思います。

臨床医は、患者の身体で起こっていること（疾病）の原因や病態生理を、問診や診察、種々の検査によってできる限り明らかにし（診断を下し）、それに基づいて治療を行う、すなわち「診断」→「治療」という非常に明確な一本道を辿ることが求められ、それが実践できるように訓練を積んでいきます。診断を下し治療するということは、一人の患者から一枚一枚ベールを剝ぐようにして「無関係」の事象を取り除きつつ核心に迫り、その結果明らかにされた部分を扱う、という流れであることを強調したいと思います。

もちろん、この一本道は、診断や治療に苦慮するなど、簡単に進むことができるわけではありませんが、とにかく、〝正確な診断を下すこと〟が第一に求められます。診断のないところに治療行為は存在しないのが大原則です。腹痛を訴える患者が、胃潰瘍なのか、膵がんなのか、あるいは胆石症なのかを診断（鑑別）せずに、治療にあたることはあり得ません。

学生時代はもちろん、その後医師として働くなかでも、強く意識することはないと思いますが、これらはすべて西洋医学であり、その立脚点は近代科学の知にあります。近代科学の知について、哲学者の中村雄二郎は『臨床の知とは何か』（一九九二）で次のように書いています。

「これほどまでに科学の知とそれにもとづく技術文明が輝かしい成果を収め、人々の篤い信頼をかちえたのはなにゆえであろうか。結論を先にいえば、それは大局的に言って、科学の知が、（一）普遍主義、（二）論理主義、（三）客観主義という三つの顕著な特性あるいは原理をもっているからにほかならない。」

「そこでまず第一に、普遍主義であるが、（中略）事物や自然を基本的に等質的なものとみなす立場であり、それによれば事物や自然はすべて量的なものに還元されることになる。したがって、地域的、文化的、歴史的な特殊性は簡単に乗り越えられて、同じものがどこにでも通用することになるのである。」

「次に第二に、論理主義についていえば、これは、（中略）基本的にあるいは出発点として、事物や自然のうちに生ずる出来事をすべて論理的な一義的因果関係によって成り立っているとする立場であり、（中略）もしも事物や自然のうちに或るメカニズムが見出されれば、その技術的な再現が、さらには制作が、可能になるのである。」

「最後に第三に、客観主義であるが、これは、（中略）事物や自然を扱う際に、扱う者の側の主観性をまったく排除して、それらを対象化して捉える立場であり、（中略）そのように捉えられた客観的なメカニズムは、他のなにものにも依存することなく、自立的に存在しうることになるのである。」

さらに中村雄二郎は「これら三つは密接に結びついていて働くので、論拠としていっそう強力になる。なぜなら、普遍主義と論理主義と客観主義が互いに結びつくとき、たとえば、客観主義によって捉えられた客観的メカニズムは、普遍主義によっていっそうその自律性が高められるとともにその適応範囲が広まり、さらにそれに論理主義が結びつくことによって、説得力を増すばかりでなく、技術的再現が可能になるからである」（同書）と述べています。

中村雄二郎の言うこれらの特性は、現代の西洋医学においても、大きな三つの柱となっています。

まず、普遍主義ですが、たとえば、肺炎は日本人がなってもアメリカ人がなっても肺炎です。男性がなっても女性がなっても、会社員がなっても医師がなっても、肺炎は肺炎です。「……特殊性は簡単に乗り越えられて、同じものがどこにでも通用する」ことになります。診断はもちろんですが、その病態生理と理解、そして治療はすべて普遍的です。

次に、論理主義については、「生ずる出来事をすべて論理的な一義的因果関係によって成り立っているとする立場」であっても実際には、すべての疾患において「或るメカニズムが見出され」るという点で、現状ではあまりなし得ていないと言えるでしょう。それほど、人類は疾患について知らないことが多過ぎます。しかし、ある種の疾患については、「一義的因果関係」で説明でき、その「メカニズムが見出され」、「その技術的な再現が、さらには制作」（＝治療）が「可能に」なっています。例えば、細菌性肺炎はその例と言えると思います。ある細菌によって肺の感染症が惹起され（一義的因果関係）、その細菌がどのように肺を浸潤するか（メカニズム）が明らかにされており、そして適切な（どのようなメカニズムで効くかも明らかな）抗生物質によって治療をすることができます。また、その細菌をその臓器に感染させることで、（論理的問題は別にして）「再現」することができます。有名なコッホの原則の一つがこれにあたります。

最後の客観主義ですが、診断・治療は「扱う者の側の主観性をまったく排除して」なされます。医師の主観ではなく、医学的見地に立って、文字通り客観的に診断され治療が施されます。西洋医学の訓練を受けた者なら誰でも、同じ診断名、同様の治療法に辿りつくはずです。

そして、この三つの特性が医学においても、中村雄二郎が言うように、「密接に結びついていて働く」のは明らかでしょう。

私は、「はじめに」の中で、自分は小児科医であって、心理臨床家ではない、と書きました。そんなことは当たり前だ、小児科医と心理臨床家はぜんぜん違うと思われるでしょう。では、精神科医と心理臨床家はどう違うのでしょうか。本書は、心理臨床家やそれを目指す人たちを対象として書かれていますから、そんな方にとって、精神科医と心理臨床家の違いは明らかでしょう。

その相違点はいろいろ挙げられますが、その一つに精神科医は「指示的」で心理臨床家は「支持的」だというのがあります。医師は、精神科医も小児科医もそれ以外の科の医師も、多くは薬を処方します。この意味はまさに〝指示〟です。不眠を訴える患者に「じゃあ、眠剤を出しておきますね。一日一回寝る前に飲んでください」と言って内服薬を処方した場合、これはまさに、「処方した薬を医師の言う通りに内服することと」を指示していることに他なりません。この行為があまりに日常的であるがゆえに、これが「指示」であると意識している医師は多くはないでしょう。あるいは、治療のマネージメントは医師が握っているのだから、患者は医師の指示に従うもの、とわれわれは思っています。これは医師のほうが患者より立場が上だからということではなく、医師がその知識や経験、技術を持って治療に当たっているのだからある意味当然の考え方であり、それが誤っているということではありません。もちろん、医師が「支持的」であり、心理臨床家が「指示的」であることもあるでしょう。しかし、医療行為というのは、ほとんどの場合、医師の指示の下に展開します。

「診断」→「治療」という一本道を辿ることは、近代科学の三つの特性に立脚し、さらに、医師の指示の下に行われる、この点を強調しておきたいと思います。

3 小児科医の仕事——「なんでも屋」の苦悩

医師国家試験に合格すると、医師免許証が交付され医師となりますが、では何科の医師になるか、内科か、外科か、あるいは眼科なのかは、この時点では決まっていません。医師免許証は科に関わらず一種類ですので、何科を名乗るかは自分の意志で決めることができます。ある時点で内科医を名乗っていて、あとで外科医に変わっても、臨床医としての力量は別にして、問題ありません。もちろん、若いうちに一つの科に決めて、そのままその科を一生名乗るのが普通ですが、どこの時点で何々科になると決められている、ということはありません。

この点、臨床心理士が、その資格取得後、スクールカウンセラーだったり病院の心理士だったりすることや、働き場所が変わるとその名称が変わること（スクールカウンセラーからキンダーカウンセラーなど）と、ある意味同じと言えるかもしれません。

さて、私は医師免許証取得後、小児科医として働き始めました。（現在は研修医制度ができていますので、卒後すぐ何々科の医師になるということはありませんが、本筋ではないのでこの点は省略します。）小児科医の仕事の内容も、他科の医師と大きく異なるわけではありません。外来診療や入院患者の治療、あと小児科に特徴的ですが、予防接種や乳児検診などです。

他科と異なる面ももちろんありますが、なかでも特に小児科に特徴的だと思われるのは、小児科医は（保護者にとって）ジェネラリスト、いい意味での「なんでも屋」であるということです。

成人が、皮膚に何かできれば皮膚科に行くでしょう。目ヤニが出たら眼科に行くでしょう。もちろん、以前からのかかりつけ医ということで、近くの内科に皮膚を見せに行く、ということはあるかもしれませんが、あまり一般的とは言えないように思います。

しかし、子どもは違います。皮膚に何かできたといっては小児科に、耳を痛がるといっては小児科に、オチンチンが腫れているといっては小児科に来られます。「なんでも屋」、つまり、小児科医は子どもの頭のてっぺんから足先まで、全身を診るのが特徴です。

最近は、例えば内科では、循環器内科や呼吸器内科など臓器別に分かれていることが多くなりました。このことは、専門的知識と経験のある医師が診断・治療に関わるという大きなメリットがあり、今後もこの傾向は変わらないと思われます。もちろん、循環器内科の医師が呼吸器をぜんぜん知らないということはありません。より専門的、ということです。

小児科も大きな病院に行けば、アレルギーとか循環器とか血液とかに分かれていますが、これは大学病院規模の大きな病院の話であって、一般病院や開業医では、小児科医によって多少得意な分野に差はあっても、「なんでも屋」であることは変わりないでしょう。

ですから、小児科医は、自分の目の前にいる子ども（患者）の「あらゆる訴え」に、できる限り自分の力でなんとかしたい、と考えるものです。熱や咳嗽《がいそう》、下痢、腹痛、あるいは耳が痛いなど身体症状の訴えにジェネラリストとして対応します。（もちろん、例えば腹痛が虫垂炎だったら外科にお願いすることになります。）

しかし、腹痛であっても、月曜の朝はとても痛がるが午後からや休みの日は痛みがないなど、心理的背景が疑われる身体症状や、集団行動がうまくできないとか、こだわりが強いなど発達的視点が必要な場合は、対応に苦慮する小児科医も多いのではないかと思います。

では、「なんでも屋」であるはずの小児科医が、なぜ対応に苦慮するのでしょうか。一つには、医学部の小児科学の授業では、「心身症」や「発達障碍」についてほとんど学ぶ機会がないことが理由に挙げられるでしょう。私が学生の頃はそのような授業はありませんでした。現在、大学病院小児科で働く同級生に聞いてもやはりないそうです。(これは私の経験、ならびに聞いた範囲ですから、そうでない医学部ももちろんあるでしょうが。)

テキストを開いてみます。手元に総ページ数一一〇〇を超える分厚い小児科学の本がありますが、そのうち、発達障碍は五ページ、不登校にいたっては一ページだけです。その不登校の「治療」という項目を見ると、最初に「不登校すべてに共通する有効な治療法はない」と断言してあります。それに続いて、周囲の取り組みが有効、カウンセリングも有用、向精神薬の投与が必要となる場合もあり…、などの記述が続きます。医学部でも習わない、テキストにもほとんど記載がない、これでは苦手意識が先立っても仕方がありません。ここで、対処に困り、専門外なので他の医者(や施設)に行くように言う小児科医もいるでしょう。一方で、自分で何とかしようと考える小児科医は、対応に苦慮する一方で、なんとも言えない不安感というか、拠り所のなさを感じると思います。ちょうど、海図もコンパスもなく航海に出ているような。それはなぜか。

本当の理由は、医学部で習っていない、教科書に載っていないからだけではなく、いみじくも先のテキストに記載があったように「不登校すべてに共通する有効な治療法はない」、すなわち、医学部入学以来叩きこまれた「診断」→「治療」という明確な一本道がないからだと思われます。もちろん、世の中には「診断」はあっても「治療」のない、いわゆる不治の病というのはたくさんありますが、この場合はそうではなく、漠然としてはいるものの「不登校」という診断があり、治療法もないのではなく、どうもいろいろあるようだが、それがどの場合に当てはまるかわからない、ゴールドスタンダードと言える治療法がない、ことに不安感を抱くという意味です。

これは、「不登校」への関わりが、西洋医学が持つ「普遍主義」、「論理主義」そして「客観主義」という三つの特性・原理から外れているうえに、医師の「指示」が通るとは限らないからに他なりません。

まず「普遍主義」ですが、「不登校」という診断を、文部科学省の定義「身体疾患など以外の理由で、年間に三〇日以上欠席した児童生徒」に従って下すなら、間違いなく普遍的な診断が可能でしょう。しかし、二九日休んだ場合はどうか、あるいは、ほとんど欠席はしないが、教室には入らず一時間だけ保健室登校する子どもは「不登校」ではないのか、という疑問がわきます。小学校低学年の「不登校」と中学生のそれは当然違います。定義に従って「普遍的」に「診断」しても、その内容がまったく均一でない以上、これが普遍主義に合致するとは到底言えません。「治療」にしても、「診断」がすでに普遍性を失っている以上、これが普遍主義の土俵で展開するはずがありません。

「論理主義」はどうでしょう。「不登校」を「すべて論理的な一義的因果関係によって成り立っている」とすることなど、まったく不可能なのは論を俟ちません。「不登校」になる理由を「一義的因果関係」で説明できればこんな簡単なことはないでしょう。しかし実際は、「不登校」の子どもの数だけそれぞれに異なった状況があります。子ども一人の場合でも「一義的」でないことは珍しくなく、また「因果関係」がはっきりしない場合も多々あります。

「客観主義」。「扱う者の側の主観性をまったく排除して、それらを対象化して捉える」ことはどうでしょう。扱うのが子どもの心である以上、医師の主観性を排除して「不登校」の「治療」にあたることは不可能です。医師の価値観や経験から独立した治療は存在し得ず、したがって、「不登校」という診断なら、どの医者も同じ「治療」をし、同じ「結果」が得られるということはあり得ません。

「指示」についても、「不登校」の子どもに「学校に行きなさい」という指示が無意味なのはもちろんです。（登校刺激がよくないなら）「学校を休みなさい」という指示はあり得るでしょうが、これにしても内服薬を出すときのように、これを飲んでもらったらこういう薬効作用から患者さんの状態がよくなるといった期待される道筋がはっきりしません。とりあえず、学校を休むように言ったけれど、次はどう言えば（指示すれば）いいのだろうか？　小児科医は悩みます……。

「不登校」を例に挙げましたが、心を扱うということは、おしなべて近代科学の三つの特性から外れたところに位置し、かつ「指示」が通らないのは明らかでしょう。ここに、われわれ西洋医学者が苦労する根本があるのだと思います。

ではどうするか。選択は、より専門的な病院や施設を紹介するか、自分で対処するかになります。単に私の憶測でしかないですが、「なんでも屋」の小児科医は自分で対処することが多いような印象があります。その場合、小児科医によってやり方はいろいろでしょうが、おそらく（明確には意識しないまま）西洋医学的立場に立ちつつ、自分の持てる資源をもとに個々に応じて対応し、一方で、文献を集めたり、学会に出て勉強したりすることも同時進行させるでしょう。

私の場合は、心の問題なら心理学？と考え、まず心理学を勉強することにしました。小児科医のなかでもこれはちょっと（かなり？）変わった「対処法」だと思います。「心理学」と言うよりむしろ「臨床心理学」では、と思われるかもしれませんが、恥ずかしながら当時の私は、心理学と臨床心理学の違いをあまり理解していなかったのです。臨床心理学とカウンセリング、精神分析の違いも明確ではありませんでした。（これを、医師の心理学に対する一般的な理解だとしていいかどうかは、ちょっとわかりません。私だけかもしれません。）

小児科医として働きながら、私は、放送大学の学部で基礎心理学を学び、大学院臨床心理プログラムができたのを機に、一期生として修士課程に進みました。その頃、京都大学教育学部教授山中康裕先生（当時）とお目にかかる機会に恵まれ、山中先生が指導されていた京都大学内の研究会グループにも参加することができるようになりました。大学院はもちろん、これらの出会いを通じて、少しずつ心理臨床の世界を知るようになりました。そこで私は、西洋医学とは違うパラダイムに立つ世界に、違和感を持つことになります。

例を挙げると、心理臨床では、セラピストの依って立つ立場、精神分析かロジャースか、あるいは認知行動か、によって見立てや面接の過程、解釈が異なるということで、これを医学に当てはめれば、医師によって診断も違えば治療方法も異なることと「同じ」ではないかと、とても不思議に思った記憶があります。これは、心理臨床が、西洋医学なら世界中あまねく通用する近代科学の三つの特性とは異なる位置にいることに由来する、と言っていいでしょう。あるいは、病院ならいろいろな都合で診察室が変わったり開始時間が違ったり、診察にかける時間がまちまちだったりしますが、なぜ心理臨床では同じ部屋、同じ時間が原則なのだろう……。これは、「枠」という心理臨床の実践での基本中の基本が理解できていなかったことに起因します。まだまだ違和感や戸惑いを挙げると枚挙に暇がありません。

そんな私が、一人の患者との出会いから、ただ傾聴することの大切さを学んだ症例を提示したいと思います。一〇年くらい前の症例で、倫理的配慮から内容は実際とは少し変えてあります。

4　症例「対人恐怖を訴える高校生男子の一例」

【概要】

初診　X年四月

患者　Aくん　一六歳　男子　通信制高校一年生

主訴　学校に行けない、他人の視線が気になる

家族歴　父親、母親、弟、妹の五人家族

既往歴　アトピー性皮膚炎（現在はかなり軽快）

現病歴（初診時、母親のみ来院し聴取）

中学一年の夏休み明けから不登校。一学期は、朝に腹痛を訴えるとかで休みがちだったが、なんとか行くことができた。その後、しんどさや腹痛を訴えても無理に学校へ送り出すと、家の前を通る生徒たちに威圧されると言って家に戻ってくる。「行きたいけど、行けない」と言う。以前から、人前で発表するのが苦手で、

辛かったと、最近になって言うようになった。人ごみはしんどいし、人と話すのも苦手ということで、スクーリングの少ない高校を選んだ。小学校の頃は特に何もなかったが、本人によると「みんなに合わせていい子にしていた。嫌やったけど、なんとか合わせていた」と言う。親や親戚とは普通に話ができるが、初対面の人には、どう思われるかが嫌で考えてしまう。友達関係も今はない。同年代が苦手で、年上や年下はなんとか大丈夫。自宅では元気にしている。社会不安障害に自分がぴったり合うと思い、病院に相談することにした。今までは特に医療機関にはかからず、スクールカウンセラーにも母親が相談に行った程度。父親は、甘えていると言う。本人はそれが許せなくて、無視している。「ええねん、お父さんはわからへん」、父親も「俺には何も言うな」と言う。

診断：不登校、対人恐怖

今後の方針：二週間に一回、三〇分ほどの面接にてフォロー

【面接経過】（Aくんの発言は「　」、私の発言は〈　〉、そのほか補足説明を『　』で記載。）

【第一期】第一回から第九回（X年五月からX年八月）

第一回　X年五月（以後、第一八回まで母親同席で面接）

「中一の九月から不登校。それ以降、ずっと行けてません」〈行きたいけど、行けないの？〉「行きたくない」〈きっかけは？〉「わからん」。通信制の高校（授業はビデオ視聴やWEBによるライブ授業、通学など、それらの選択制）へ入ったが「WEB授業が不安で受け（ら）れない。夏のスクーリングも無理」。「外出はあまりしない。時々本屋とか行く。書店の店員と話すのは大丈夫。同じ年齢の人と話すのが辛い。年齢が離れていても辛いが。初対面の人と話すのが苦手」〈対人関係のしんどさから学校に行けなくなったん？〉、明瞭に「はい」。「小学校は楽しかった。別に嫌なのを我慢して行っていたのではない」〈病院に来たのは？〉「WEB授業が

受け（ら）れないので、受けたいと思って」〈私と話すのはしんどいですか？〉「少ししんどい」。〈外出すると他人の目が気になる？〉「なる」〈どういう点で？〉「見られたくない」〈通院しようと思いますか？〉、あいまいに「はい」。

『ほとんど目を合わさずに、俯き加減でぼそぼそ返事をし、自分から発言することはないのが印象的でした。対人不安からの神経的な不登校と考えて抗不安薬投与を開始しました。大丈夫と思って大丈夫だったこと。ちょっと無理かなと思っても、やってみたらできたこと、一つずつ（あれば）次回教えてください、など提案。同時に、今日病院に来たことは非常に大きい意味を持っています。これも一歩として、少しずつ前に進んでいくと思います、など伝えました。』

第二回から第九回　X年五月からX年八月

「今週はひどかった」「自己嫌悪」「なんもせんと、今日（受診の日）になったことが、おちこむ」。授業内容がメールで送られてきて、それを見ると、授業が進行しているので、おちこむ、通院するようになって一カ月だが、あまり変化のようなものは実感してない、などと自己否定的な発言が続く。一方で、相変わらずWEB授業は無理だが、面接授業の様子が知りたくて、自分で決めて、どういうふうに授業をするかを見るために学校へ行く、思っていたよりも楽な印象だった、など少しずつ外に出ようとする面も見られるようになる（第五回）。また、母が車を置きに行っているということで、一人で診察室に入ってくるなどの行動も（第六回）。スクーリング代わりのレポート提出、「徹夜でレポートしあげた」など、家でできることは自分で見つけてするようになっている（第七回）。しかし、Aくんは、〈調子は？〉「ぜんぜん」「勉強できてない」「どんどんネガティヴになっている」、病院に来ても「進歩」がないので「来づらい」など、自身では変化を感じてはいないようだった。

『私は、日常をノートにつけてみてください。なんでもない日常の中に意外とできたことが潜んでいるかもしれません、緊張したときにはゆっくり深呼吸をしてみるように話し、WEB授業のパソコンスイッチを入れてみては、などいろいろ提案しています。また、〈中学と比べたらずいぶんいいと思うけど〉など、気づきを促す発言をしています。一方で、今まではこちらの質問にボソボソ答える感じだったが、今日は少し自分から発言するようになっている、自分から発言することもあるし、目を見て話すようになっている、話の間に笑顔も見られ、打ち解けた感じの話し方が印象的。冗談も飛び出す、などAくんの診察中の様子についてカルテに書き留めています。抗不安薬を飲まないと眠れないと当初言っていたのが、この頃は飲んでいないということなので、処方を中止しました（第九回）。』

【第二期】第一〇回から第一六回　ここからは月一回の診察（X年九月からX＋一年三月）

調子を聞くと相変わらず、変わらないという返事が続くが、WEB授業は無理でもビデオ視聴による授業は順調に進み、単位試験はパソコンですべて受け、いい成績が取れている（第一五回）。母方祖父の葬儀に出ても、いとことの間で普通に振る舞ったり（第一〇回）、いとことカラオケに行って歌ったり、ということができている（第一二回）。しかし、寝る前に少し不安になる。「こんなんではあかんわ、と考えると不安が強くなって寝（ら）れなくなる。急に先のことが心配になって、就職ができないとか。将来の仕事の想像がつかない、と、不安に襲われることがある」と訴える（第一一回）。

Kに単位制の高校（週一、三、五日通学のコースの選択制）ができ、親戚がそこの講師になった、編入してはどうだ、と誘われる。今はぜんぜん通学がなく、変わろうかと思っている。本人は、しんどいけど、まったく拒否というのでもない、この学校に行ってみたいという気がある、と迷いを口にする。（編入の理由を聞くと）友達とワイワイしたい、と即答した（第一六回）。

『私は変わらず、「電車に乗って一回外出をしてみたら?」「犬の散歩をしては?」などと提案したり、変化に気づくような話をしたりしています。一方で、対人恐怖、社会恐怖に対して、以前ははっきり「無理」と言っていたが、少し考えて逡巡している感じ、あるいは、本人はまだまだと思っているのか、改善した点を指摘しようとしても、はぐらかす感じがある、が、頭から認めない、というのでもない……などとカルテに記載しています。』

【第三期】第一七回から第一九回(X+一年四月からX+一年七月まで)

新設校に変わることになり、面接も受け、面接官からの質問にも普通に答えている。転校にともない蕁麻疹が出るなどのストレスも大きい様子(第一七回)。入学者は、男子四人、女子八人の小さい高校。下校時、金髪の女の子にいきなり「さよなら」って言われて、つまってしまった、「うまいこと話せたらいいのに」とおちこむ(第一八回)。

にぎやかな輪に入りにくく、しんどさはあるようだが、一方、授業中指名されてもちゃんと答えている。〈学校、変わってよかった?〉「どっちかと言えば」(第一八回)。

第一九回から一人で受診するようになる(以後、最後まで一人で来院)。学校には週四日行っており、「楽しんで行っている」とはっきり答える。「学校変わってよかったと、本当に思っている」(第一九回)。

その頃、普通科の高校への転入も希望していて悩んでいる、と打ち明ける(第一九回)。しかし、転校すると単位の互換はなく、一年からの再スタートになるのでそれは行きにくい、ただ、普通科へのあこがれもあって、行かなかったら後悔するのがいや、諦めているが、時々諦めきれない気になる、と揺れ動く気持ちを語る。一方、結局は今のところへ行くとは思っている、と冷静な面も。〈こちらから進路をどうこうしなさいと言うことはできない、大いに悩んでください〉。

『私は、この時期、急な展開に戸惑いつつも、話を聴くことに終始しています。投薬もなくなっており、また、あれこれ提案することもありません。いろいろ不安の種は尽きないようですが、不安が多くて胃が悪くなるとか、冗談が出る場面もありました。』

【第四期】第二〇回から第二六回（X＋一年八月からX＋二年一月まで）

夏休みは塾に行っている（第二〇回）。「（塾は最初）緊張した、一応。やっぱり。緊張の程度は予想の範囲内」。塾の先生とも普通に話している。新学期開始以降、学校も塾も行っている。塾ってやりがいがある感じ、と語る。本校で四泊五日の合宿があり、憂うつ、初対面の人への緊張感はなくなったが、泊まりで出かけるのは心配、楽しみな部分はない、早く帰りたいなど、出発前は不安を訴える（第二二回）。一方で、学校は前期に比べたら、仲いいし、よく話をするようになった、ついて行けずにしんどくなることもあるが、楽しくやっていると話す。しかし、今でも全日制の高校が諦めきれない、そんな自分がいや、全日制に惹かれる理由は、普通の高校生活へのあこがれ、理想が高いんだと思う、と普通科への思いが断ち切れない様子。「最終的には自分で決めること」と言う（第二三回）。

本校へ行ってきた、精神的にしんどかった、九割くらい金髪だったので。普通そうな人を見つけて話してきたこと、三日目まではいやいやで帰りたかった、四日目で話をできる人ができてちょっと楽になったと話す（第二四回）。

学校は行っている、塾も行っている。学校は楽しい、と即答。最近急に、学校の友達と遊びまくっている、二一時に帰宅、カラオケに行っている、今日も漫画喫茶に泊まろうと言われている、と学校生活の楽しさを語る。クリスマス、みんなで友達の家に泊まりに行く。〈彼女は（できた）？〉「だからっ、いいな、と思う子（おとなしい子）は（学校へ）来なくなるんですよ（笑）」（第二五回）。

四月で高三になり、文系の大学に進学するつもり、と。〈困っていることは？〉「今はないかな」。次回（受診）はちょっと間をあけて、とAくんから発言あり（第二六回）。

『私の異動の時期にあたり、四月以降の予定が決まっておらず、次回については電話をもらうことにしましたが、電話はありませんでした。私からも受診について電話をかけることはせず、フォローオフとなりました。最終日のカルテには、旅立ちの予感……との記載。』


この症例を、私を中心に簡単に振り返ってみたいと思います。

第一期は、抗不安薬の処方やあれこれ提案するなど、「指示」をしています。また、変化に少しでも気づいてもらおうとします。しかし、本人は、薬は飲んでいるものの、ぜんぜん変わりがないと言います。日常をノートにつけてみては、という提案にも従いません。ただ、なぜだかわかりませんが、ここで私の提案に無理に従わせようとはしませんでした。ゆっくり構えていくのがいい、とどこかで感じていたのではと、今は思います。とにかく話を聴こうと。そしてAくんの変化について、ただカルテに書き留めています。抗不安薬を中止することを、第一期の終わりとしました。

第二期は、相変わらず、私は提案や気づきを促す発言を続けていますが、本人は頑固なくらい「変わらない」と言います。ここで私はカルテに、〝対人恐怖、社会恐怖に対して以前ははっきり「無理」と言っていたが、少し考えて逡巡している感じ、あるいは、本人はまだまだと思っているのか、改善した点を指摘しようとしても、はぐらかす感じがある、が、頭から認めない、というのでもない〟と少し不思議な記載をしています。なぜこのようなことを書いたか覚えていませんが、あれほど変化を望んでいた本人が実際に変わってきていることに戸惑いを感じているらしい、変わってきたのだからそれでいいのではなく、良い方向へ変わるときにも、人の心には何かしら湧いてくるものがある、「病気」は治ることが第一だが、治ればいいと単純に考えていいのか、ということなのでしょうか。転校を決心することを第二期の区切りとしました。

第三期は、転校し、どんどん変わっていく時期です。傾聴することに努めました。Aくんは普通科への転入を悩みそれを打ち明けますが、〈こちらから進路をどうこうしなさいと言うことはできない、大いに悩んでください〉とちょっと冷たいようなことを言っています。これを言ったことはよく覚えていて、そのときのAくんの、なんとも言えない、戸惑いを浮かべつつも納得した笑顔が印象的でした。なぜこのようなことを言ったのでしょうか。Aくんの変化や安定を感じ、自分で解決してくれるだろう、という確信に似た気持ちがそうさせたように思います。

第四期は、私はほとんど何もしていない時期と言っていいでしょう。ただAくんの話を聴いているだけでした。本校合宿をなんとか乗り切ったり、学校が楽しくて仕方ないという話をうれしく思いながら聴いていました。困っていることは今はないと言うAくんから、次回受診はちょっと間をあけて、とありました。私の異動の時期でもあり、私も予定を立てにくかったので、後日電話を入れてもらうことにしましたが、電話はありませんでした。本来なら「中断」と表現されるべきかもしれませんが、カルテには「旅立ちの予感」と書いています。（お互い）この回で終結と感じていたのでしょう。納得のできるフォローオフでした。

全体を通して見てみると、先に「第四期は、私はほとんど何もしていない時期」と書いていますが、実際は最初から最後まで何もしていなかったことに気づきます。いろいろ提案していますが、ことごとく拒否されていますし、気づきを促しても反応はありません。経過中、すべてAくんが決め、それについて行っていただけです。指示するはずの立場がただ患者について行く、そのことがなにより重要である、近代科学の三つの特性とは別の世界にとても大切な個々の人間の生がある、それをAくんは私に見事に示してくれました。ただただ傾聴することができ、そして今この症例をこのように眺め直すことができるようになったのは、心理臨床との出会いなくしては叶わないことと断言できます。

5　小児医療と心理臨床――そのパラダイムの統合

さて、今まで小児医療と心理臨床のパラダイムの相違とそれに伴う「問題」点を書いてきましたが、ここからはその二つの世界の統合について私見を述べたいと思います。統合とは何か、統合はあり得るのか、統合する必要があるのか、種々基本的な疑問もわいてきますが、ここでは私の中での「統合」と、医療と心理臨床の「統合」に、分けて考えたいと思います。

私は、先に述べたように、臨床心理学の大学院で学び、多くの臨床心理士と深く関わるという貴重な経験をしています。しかし、繰り返しますが、私は医師であり心理臨床家ではありません。私が病院で患者の心の問題に関わるとき、無意識を扱うことはありませんし、時間や曜日の枠もかなりゆるく、必要に応じて薬も使います。ただ、患者が診療をキャンセルしたり、あるいは無断で休んだりした場合、その意味を考えたりします。話の内容や行動はそのまま字面通りにとるだけでなく、その裏側に（患者本人が気づかないままの）何かがあるのか、思いを巡らせます。しかし、それを実際に臨床場面で扱うことはしません。あくまで、学校に行けた行けない、朝、起きられたダメだった、という表面に現れた部分だけを患者と共有することにしています。無意識は扱わないが、心には止めておくという立場です。

また、枠のゆるい外来ですから、そこで扱うのは困難だと思われる患者も来られます。枠のしっかりした遊戯療法と母子並行面接がこの親子にとって非常に大事であると感じる場合、心理臨床専門の施設を紹介しています。そのとき私は、遊戯療法や箱庭療法などが大事な営みである、と自信を持ってお話しできます。「遊戯療法ってただ遊んでいるだけと違うのですか」「砂の入った箱におもちゃを並べて何か意味あるのですか」

という問いに私なりに答えることができます。これも今までの経験があってからこそだと思います。

私の中の医療と心理臨床の統合、右に述べた診療をする際の立ち位置は、それと言えるかもしれません。しかし、統合と言えるほどに有機的に絡み合っているとは思い難く、並立というほどには対等、また別々でもないという気がします。

次に、医療と心理臨床の統合についてですが、ほとんどの医師は臨床心理学を知りません。また興味があっても勉強する時間が取れないというのが現実でしょう。したがって、私の中の「統合」を、この統合に敷衍することはできないと思います。ではどうするか。医師は医療の専門家としてそのパラダイムの中で仕事をし、臨床心理士は心理臨床の専門家として同様に働くなかで、専門家として互いに尊敬しつつ、立場の違いを理解・尊重して協働していく、これに尽きると思います。これは、異なるパラダイムに立脚する営みが同時に立つ、ということになります。「並立」と言ってもいいかもしれません。したがって、これは医療と心理臨床が統合するとは言えない、さらに言えば、医療と心理臨床の統合はあり得ないのかもしれません。

しかし、この営みを続けていけば、あるところにまったき統合が出現します。それは患者自身の中です。大人にせよ子どもにせよ、病気にせよ怪我にせよ、患者は医療機関で医師を中心とした医療チームによって治療を受けます。医師たちは、癌だろうと内分泌の異常だろうとその病気の核心に一歩でも近づき、それを取り除いたり変更を加えたりすることで、病気を治そうとします。また、できるだけ元の機能・外見に戻るよう怪我の治療をします。

患者にとっては、生活に大きな変化が起こります。病院に通うこと自体がそうですが、それ以外に、その間、仕事はどうするのか、学校を休まないとならない、一方で病気や怪我と向き合わなければならない。あるいはまた、そもそもなんで私が病気にならないといけないのか、どうしてあそこで車が突っ込んでくるんだ……と、怒りにも似た感情を抑えきれないでしょう。

その人が長年紡いできた人生が新しい別の局面を迎えるということになり、患者本人はもちろん、その家族も大きな試練を迎えます。そんなとき、患者や家族の心にひたすら添う存在が必要であるのは論を俟たないでしょう。治療により積極的になるというだけでなく、ここで病気になった、怪我をしたことがその人と家族の人生にとってどんな意味があるのかという、避けて通れない課題に患者や家族が取り組むとき、傍に居て添うてくれる専門家・臨床心理士がいるということ、この意味はあまりに大きい。

病気や怪我に苦しむ人に、医師と臨床心理士が自分の専門性をもって真摯に関わっていけば、そのまったく異なるパラダイムに立つ二つの世界が患者の中で統合されていく、私はそう信じています。

6 おわりに

最後に、心理臨床も少しは知っている医師として仕事をしているはずの私に、強烈な一撃を与えた、ある男の子（Bくん）のことを書いて、筆を置きたいと思います。

その子は、他所に暮らしていたのですが、転居に伴い私のところへやってきた、小学生の男児です。すでに前医で注意欠陥／多動性障碍という診断がつき、塩酸メチルフェニデートの処方がなされていました。投薬の効果もあって、学校で立ち歩くなどの多動もコントロールされており、私のところでも同じ処方を継続することになりました。

ある日の外来でのやり取り。

私、〈最近どう？　学校とか〉。Bくん「うん、だいじょうぶ（多動などの問題がないの意）」。私〈そうか、それはよかった。お薬、忘れずにちゃんと飲んでる？〉。Bくん「うん、でも時々忘れる……」。私〈そう……。忘れんようにね〉。Bくん「うん、でもな、先生、あれ飲んだら面白ないねん」。私は、薬を飲んだら面白くないという彼の言葉に興味を覚え、思わず身を乗り出して聞きました。私〈へええ、面白ないって、なんで？〉。Ｂくん「あんな、あれ飲んだらたしかに授業中集中できるし、気も散らんかららええんやけどな。飲まんかったら、次から次からやりたいことがいっぱいいっぱい浮かんできて楽しいねん。あれもこれもやりたいって。でもな、飲んだら一つのことしか考えられへんし、つまらん」。

頭をかち割られるほどの衝撃とは、このことでしょう。私は言葉を失いました。多動の子どもに薬を飲ませることでそれを抑え、学校生活に適応させることには、間違いなく正義があります。しかし、その一方で、この投薬が、この子の持つ無限の可能性の芽を摘んでいる恐れはないのか、私はまったく考えもしませんでした。患者さんそれぞれの人生に添うことを心理臨床から学んだとか言いつつ、薬を処方することの意味を、学校生活に適応できればそれで十分、と考えていたのです。多動がなければ、その子の心にどんな影響を生じてもいいのだろうか、そんなはずはありません。それにもかかわらず、私は学校で適応できていることに満足してしまっていたのです。Ｂくんはそんな私を見て、「コイツなんもわかっとらんなぁ」と思って、先の言葉を投げかけてきたのでした。「Ｂくんの言葉に深く反省させられた」などという月並みな言葉では表現しきれない体験でした。

ただ傾聴することがいかに大切かを教えてくれたＡくん、私の思い上がりを打ちのめしたＢくん、彼ら以外にもたくさんの子どもたちとその家族に会ってきました。これからも会い続けます。この出会いに心から感謝したいと思います。

〔文献〕
中村雄二郎『臨床の知とは何か』岩波書店、一九九二

第12章 死にゆく人と出会う

在宅緩和ケアにおける心理臨床

大村哲夫 *Ohmura Tetsuo*

他者をケアするということは、最も深い意味において、他者の成長と彼自身になるということへの援助である。

——Mayeroff, M. 1972

1 はじめに

死にゆく人に関わる、そうした仕事につく臨床心理士も増えてきました。主に病院などで緩和ケア［1］・チームの一員となり、終末期の患者さんやそのご家族のケアを行うというものです。従来は精神科や心療内科など個別の診療科における面接でしたが、今は患者さんを中心として各診療科や職種が連携するケア・チームの一員としての仕事となりました。その要因の一つには二〇〇六年議員立法で制定された「がん対策基本法」の施行により緩和ケアが注目されてきたこともあります。また基本法でも触れられていますが、緩和ケアを行う場は病院だけではなく、病院と同等の緩和ケアを行う「在宅緩和ケア（在宅ホスピス）」という場もあります。人生の最期を自宅で迎える選択をした患者さんに、医師や看護師などの医療スタッフが患者の自宅へ出張してケアを行うことで、通常介護ケアと併せて患者さんの生活を支えます。

私がこの在宅緩和ケアの現場に初めて関わったのは二〇〇六年のことでした。当時は全国的に見ても臨床心理士による継続的関与は見られませんでした。その後少しずつ状況は変わってきましたが、私が行った臨床心理士単独での「死の床への訪問カウンセリング」という援助形態はまだ稀少なケースのようです。本稿ではまず私と「死」について述べ、次いで私が在宅緩和ケアの現場で学んだ事例をもとに、死にゆく人に関わるということは何かを考えてみたいと思います。

2 私と「死」

私が死にゆく人に関わる直接のきっかけは、知人から紹介された医療機関が在宅緩和ケアを行っており、そこなら臨床心理士を必要とするだろうと考え理事長に面会を求めたことに始まります。ところが理事長は「臨床心理士や精神科医は要らない。人の死は自然現象であるから〝異常〟としてみるのはおかしい」と断ったのです。

私は、臨床心理士は「正常」な苦悩も扱っていると思っていたので、「その通り、死は自然現象であるが、現実に不安の中で死んでいく状況があるのではないか」と応えました。すると理事長は「宗教」の可能性について の持論を述べ始めました。医療をはじめとする自然科学の知見では死を受け止めることはできず、宗教がその役割を果たしてきたと言うのです。よく伺うと「団塊世代」の理事長は特定の宗派を「信仰」しているわけではないものの、仏教、特に禅にシンパシーを感じているようで、そこに科学では得られない「救い」を求めているようでした[2]。そこで私が「宗教性の心理学」を研究していることなどを述べたところ、「取りあえずやってみよ」ということで採用が決まりました。特に死に関わる仕事を選ぼうと意識していたわけではなかったのですが、今考えてみるとその指向の根底には私自身の両親の死がありました。

私の母は五五歳のとき、母の妹である叔母と雑談中に、突然、蜘蛛膜下出血を発症し救急搬送され、その夜病院で息を引き取りました。意識が戻らなかったため、おそらく自分が死ぬことすら自覚しないままの最期であったと思います。私はあまりにあっけなく奪われた命を、まったく実感を持って受け止めることはできませんでした。そんな私に関係なく進められていく葬儀や供養の儀礼の間、私には悲しいなどの感情はまったく湧き上がってきませんでした。泣いている父や妹を他人事のように眺めながら共感できず、こころは冷たく固まっていたのです。自分は人情に薄く冷淡なのかもしれないと密かに恥じてもいました。

一緒に暮らしていたわけではなかったので、母が亡くなっても私の生活には、まったく変化がありませんでした。ところが母の死から一年経とうとする日、夢うつつに、母のようにも見える白く輝く服を着た人の姿を見る経験をしました。無言で現れたその姿は、絵画にみるイエスのようでもあり、観音のようでもありました。理系出身の合理主義者で宗教に懐疑的だった私は、実際に「母」などが出現したとは考えなかったものの、こうした現象の受容によっては宗教的な意味づけがなされたり、夢見手の人生に影響を与えることがあるだろうと実感させられました。実際、この現象を体験したあと私は、今まで涸れていた涙が流れるようになりました。そして「なぜ人は宗教を信じるのか」や「宗教は死の不安の救済となり得るのか」ということへより関心を寄せるようになり、さまざまな宗教に対して寛容な態度をとることができるようになりました。何よりもこの体験によって麻痺していた私の感情が、再び動き始めたのは、自分のことではありながら不思議でした。

しかしそれは、母の死以前のこころの状態に戻ったわけではなく、母の死を「受容」したわけでも、悲嘆を「克服」したわけでもありません。私は今でも母を亡くした当時と変わらない生々しい痛みを感じていますし、それが軽くなったり忘れることができたわけではありません。ただ死後も生前と変わらない母との「関係性＝絆」を保ち、悲嘆を抱きながら、日常の社会生活を送ることができるようになったということにすぎません。歳月は必ずしも悲しみを忘れさせるわけではないことを体験しました。こうした「神秘体験」と「親しい人の死の受容」の経験は、のちに私が自死遺族や震災犠牲者の遺族と関わるなかで、常に参照される大切なものとなっています。

父は母の死後、一切の仕事を辞めました。自宅のすべての部屋に母の写真を飾るなど死者と共に六年を過ごし、母の七回忌の直前、癌により他界しました。下血による極度の貧血によって自宅での生活ができなくなるぎりぎりまで私と共に過ごし、入院を頑なに拒否していました。介護保険制度も在宅緩和ケアもなかった時代です。父は貧血のため立てなくなり這いまわりながら生活していましたが、食事が摂れなくなった段階で、不本意ながら入院しました。見舞いに訪れた遠い親戚の、「介護している息子（筆者）の負担を考えるべきだ」という説得に応じ、私のために入院を承知したのです。

父はちょうど一カ月間入院し、病院で亡くなりました。私は当時高校教員をしていたのですが、父が亡くなるその日は部活指導のため帰宅が夜一一時過ぎとなり、「（面会時間を過ぎているから）今日はいいだろう」とそのまま床に着きました。実は家族には面会時間を過ぎての訪問が黙認されていたのですが、運動部の指導で疲れていたのです。寝入って間もなくドアを激しく叩く音で目が覚めました。病院からの連絡を受けた叔母でした。病院から危篤との連絡が入り、電話をかけても私が出ないので呼びに来たとのことでした。呼び出し音が聞こえないほど熟睡していたようです。病室にはすでに意識のない父が終末期の呼吸をしていました。同様に呼び出された妹も来ていました。父の呼吸は徐々にゆっくりとなり間歇的になりました。私は「このまま亡くなるのだろうか」と見守りながら、ただ安らかに逝ってほしいと願っていました。妹は逆に、「私を置いて死なないで！　まだしてもらわなきゃいけないことがある、約束が残っている」と繰り返し父の身体を揺すり掻き口説いていました。妹としては、母に続いて父を失うことへの強い不安があったのでしょう。

間もなくあっけなく呼吸が止まると、妹は激しくナース・コールのボタンを押し、医師を呼びました。六年前の母のときは、当然のように蘇生術が行われましたが、今回は医師がそのまま死亡確認をし、私はほっとしました。旅立つ父を無理に引き止める必要はないと思ったからです。

父と性格が似ていて、そのため父とよく衝突していた妹の感情はなお激しいものがありましたが、私は一人内向きの反省をしていました。なぜ部活を早く切り上げて帰らなかったのか、父が寝ていても病室に顔を出すことぐらいはできたのに、なぜ病院へ寄らなかったのか、医師からは予後一カ月と言われちょうど一カ月目に当たる日であったのになぜ、などと繰り返し自問自答していました。夕方見舞いに行った叔母から、父が「息子は仕事で今日は来られない」と語っていたと教えてくれたことも、父に対して申し訳ない気持ちを残しました。今思い返すと、私の中にも母に引き続く父の「死」を受け容れられず、仕事に逃げていた気持ちがあったのだと思います。

父の葬儀が終わり、改めて父の家を調べると、家中すっかり整理されており、引き出しや行李には中に何が入っているか、すべてラベルが貼られていました。なかでも母と交わした手紙が纏められ、大切に保管されていたのが印象に残っています。

母の死に対する父と私のグリーフ・ワーク（喪の作業）の違いや、同じ家庭で育ったにもかかわらず、妹と私の父の死に対する態度の違いなども、私に「他者の死」を受容する心理の多様性ついて考えさせることになりました。また「家族の危篤や死」をきっかけに、ばらばらに独立していた「元家族」が再結集することの良さと難しさ、その後の再分裂についても経験しました。死の形態や死への意識がまったく対照的だった両親の死からは、一般的に望まれるＰＰＫ（ピンピンコロリ：最期まで元気で過ごし患わずに急死すること）が理想の死とは思えないこと、死は本人にとってだけではなく、時には他者の人生に決定的な打撃を与えることなどを学びました。また本人の在宅療養の希望に対し、それを阻む介護負担の問題や、先の見えない介護生活による介護者の心身の疲労や葛藤、時には「解放されたい」と願ってしまうことによる罪責感などを身に染みて感じることとなりました。

両親の死に前後した祖父母の死も、私の死生観に影響を与えています。父方祖父は、当時流行語ともなった「恍惚の人」となり、両親の介護を受けながら同居していました。大便でお団子を作ったり、夜中大声で父の名を呼んでいました。最期は寝ているうちに静かに亡くなったようで、朝起こしに行った私が祖父の死んでいることに気づきました。昨夜まで普通に生活していた祖父が、朝には幽明を分かっていたことは、子ども心に生命の不思議さと無常を覚えることになりました。家父長的頑固さと、華やかで波瀾に富んだ人生（戦前にバイクを乗り回し、趣味で自分のレコードを出すなどしていたといいます）を送った祖父の、子ども返りをしたような姿は、私に認知症患者の人格の問題を考えさせましたし、両親の辛苦を極めた介護の困難さと併せて忘れることができません。この経験は、臨床心理士として関わった認知症患者のこころのケアへと結びつき、適切な対応と介護があれば、認知症患者は決して不幸ではなく、むしろ幸せな終末期を送っていると言えるという気づきにつながっていきました（大村、二〇一二、二〇一四）。

母方の祖父は幼少時に親の死を経験し艱難のなか努力を重ねた結果、社会的成功を収めた人でした。最期は病院で迎えたのですが、付き添いのため訪問したとき見た、祖父のぎらぎらした眼の光が忘れられません。今まで知っていた優しく聡明な祖父と違い、傷ついた獣のような、見る人を石にするような、荒々しさを剥き出しにした目でした。私はその目から迫り来る死の恐怖と、「どんな人であっても、人はたった一人で、何も持たずに死んでいくのだ」という終末期の絶望的な孤独を読み取り、その怖ろしさに圧倒されました。

そもそも私が死を意識し始めたのは小学校の低学年の頃でした。子どもの頃の私は、男の子たちと群れて遊ぶより、一人で庭に下り、蟻の歩き回るのを日がな一日眺めたりしていることが好きでした。時には蟻地獄へ落とすなどの「殺戮」をしながら、この小さな命と自分の命に何の違いがあるのだろう、自分もこの蟻のような存在なのだろうか、などと漠然と思っていたりしました。朝食の「シラス干し」が人間だとしたら、と考えたことも心に残っています。だからと言って食べられないとか、悲しいと思っていたわけではありません。また二階の窓から屋根に出て東京の夜景を眺めながら、「今ここに原子爆弾が投下されたら、自分もこの灯火の下にいる数え切れない人々も一瞬にして命を失うのだ」と、ただしみじみと感じていたこともありました。そうした「死」は、それほど恐怖というのではなく、情緒的な悲しみと言うより、諦めに似た乾いた哀しみだったように思えます。しかし「自分以外の人がみな自分と同じ人間ではなく、自分は作られた（虚構）世界の中に、たった一人ぼっちの存在なのかもしれない」などと「気づいた」ときは、自分の生を根底から揺るがす言いようのない不安と恐怖を感じました。こうした原体験に、両親の死や祖父母の死が重なって、私の基本的な死生観が作られていったのだと思います。

3 農学から企業、障がい者、被差別部落、臨床心理学、宗教心理学へ

（1）農学

東京生まれの私は、自然に強い憧れを持っていました。消費するだけの都市生活ではなく、動物や植物と共存し、その一員として生きたいと心から願っていました。文学にも関心があったため進路は悩みましたが、結局、理系に進むことにしました。というのは文学は趣味として継続できそうだが、理系の学問は技術の側面が強く、系統的に学ぶ必要があると考えたからです。農家ではない私が自然と共生する生き方を学ぶのは、大学で農学を専攻することが唯一の道であると思っていました。都会を離れ、自然に囲まれた生活を行うことと、親の束縛から合法的に解放されるために、自然保護に力を入れていた信州大学に進みました。

入学と同時に寄宿舎に入寮し、赤の他人と共同生活を送ったことも大きな人生経験でした。寮生活は、飲

酒や「ストーム」など野蛮で、時には暴力的に個人に干渉する「伝統」が遺されておりストレスも絶えませんでしたが、その一方で「人生の意味」について寮生同士語り明かしたりするなど、熱く濃い人間関係を育みました。自我が肥大し、他者の存在をどう扱ったらいいのかわからなかった私にとって、他者が自分と同じように考え、生きる権利があることを、寄宿生活を通して学ぶことができたと思います。

また学部における農場実習は、富士を望む広大な圃場で牛や緬羊の世話に果樹の剪定、蚕の飼育などを学ぶことができ、自給自足の生活を夢見ていた私の期待に応えた充実した体験でした。都会育ちで空想に走りがちだった私が、実際に食物を生産することを通して、「生きる」ということを身を以て実感することができた貴重な機会であったと思います。

(2) 企業

卒業後はものづくりをする生産現場で働きたいと考え、製造業の大企業に就職しました。ところが利益追求を最優先とする企業生活に馴染めず、違和感が拡がるばかりでした。さまざまな軋轢・衝突のあった企業生活でしたが、そのなかで、多くの困難な事情を抱えながら、厳しい条件の下で黙々と働いている「部下」たちとの出会いがあり、私が本当にやりたいのは「労務管理」ではなく、一人ひとりの「人間」に向き合うことだと気づき、退職をしました。

(3) 障がい者

大学在学中はまったく教育に関心がなく、人を教えるなんて傲慢だなどと思っていたのですが、一応取得していた教員免許を頼りに各都道府県へ履歴書を送りました。すると直ぐに関西地方の養護学校（現特別支援学校）校長から電話が入り、直ちに赴任してほしいと要請されました。肢体不自由児と発達障がいの小学部一〜三年の担任だということでした。私は障がい児教育の専門でもなく小学校免許も持たないことを述べて断りましたが、是非にと言われとりあえず遠路様子を見に行くことにしました。というのも企業を辞めたときに「これからは人間一人ひとりと関わりたい」と誓ったにもかかわらず、障がい児だからできないというのでは、決意そのものが自分に問われることになると思ったからです。しかし実際に学校についてみると、コンクリート打ち放し平屋建の校舎と子どもが遊んでいない校庭、そのうえ閉ざされた校門には「生徒が出ないよう開けたら閉めて下さい」とあるなど、「収容所」のような雰囲気に再び不安が募りました。そもそも障がい者と接したことがない私は、脳性麻痺によるぎくしゃくした動きと絞り出すような発声には、漠然とした恐怖感さえ抱いていました。こんな自分では教壇に立つことなどできない、彼らは自分の偏見や差別意識を見抜き、授業をすることなどは到底できないと悲観的になり、やはり辞退するしかないと思いながら校長に会いました。

校長は私の不安をよそに、「教室へ案内しましょう」と誘い出しました。放課後の閑散とした廊下を抜けて、ある教室の戸を開けると、六つばかりの机と椅子が並んでおり、その後方には畳が敷かれ四〜五人の男女児童が這うようにして遊んでいました。「異様」な教室にハッと思った瞬間、校長は、「明日から○○先生の代わりに来てくださる大村先生です」と紹介しました。私は文字通り凍りついてしまいました。実際には一瞬だったかもしれませんが、私には大変長い時間曝されているような痛みの中で立っていました。もう耐えられないと思った瞬間、一人の女子が私に呼び掛けました。「おかあさんごっこ（ままごと）をしてるの。背広を着ているからお父さんやってね」その言葉を受けて男の子がぎくしゃくした歩き方で近づいてきて、私の手をとって後ろへ連れていきました。私は恥ずかしさと感動で一杯になりました。このことを思い出すと今でも涙が出ます。

「障害者」だとレッテルを貼り、「障害」を作ってきたのは他でもない自分だったのだと痛烈に思い知らされました。それにもかかわらず私が築いていた「障害」を一気に飛び越え、隔たりのない心で迎えてくれた子どもたちのこだわらないこころに心底感動しました。「教える」つもりであった私が、子どもたちから「教えられた」最初の「授業」でした。

今では当たり前のこととして受け止めていますが、知的・身体的能力の障がいが、人格の低位をもたらすものではなく、むしろ逆であることも多いということを知らされた初めての機会でした。それまで勤務していた企業では、「東大法学部・柔道部」出身が経営の中心になると噂され、学歴による社員身分が厳しく定められていました。私はそれをばかばかしいと思っていましたが、そうした価値観に自分自身も囚われていたことに気づきました。その日私は、そのまま畳に坐り込んで子どもたちと一緒に遊びました。校長はいつの間にかいなくなっており、次の日から私は彼らの担任になっていました。

養護学校では、寝たきりで知的な発達も「赤ちゃん程度」と言われた子どもの担当になったこともありました。一日その子と付き合いながら、その子が時折みせる口元の微笑みを追求することに、私自身の全精力を注ぎ込んでいました。障がい児教育専門の先生には、微笑は単なる「反射」にすぎないと冷ややかな目で見る人もいましたが、企業を辞めたばかりの私には、新たに見つけた大切な「価値あるもの」でした。またクラスの児童で、「場面緘黙」と言われ、学校ではまったく口をきかない子がいました。ところがその子がトイレで私に急に話をしてくれました。今までとは別人のような明るい姿に大変驚いたのですが、障がい児教育という世界で生きていく喜びを感じさせてくれた出来事でした。

そんなある日、以前勤めていた会社の同僚が養護学校にいる私を見つけて現れ、「君はこんなことをするために会社を辞めたのか」と私に言ったことがありました。「こんなこと」に生き甲斐を見出していた私は、会社を辞めて本当によかったと思いました。そして社会から「価値」がないと見なされる「こんなこと」にこだわっていきたいと心に決めたのです。

これまで「障がい者」との出会いを綴ってきましたが、死にゆく人と関わることと共通する点があります。私が出会った死を前にした人たちのなかには、涙ながらに「こんな状態で生きていていいのか」「何もできず、みんなに迷惑を掛けるだけの自分は、生きていても意味がない」「もう死なせてほしい」という訴えをする人も少なくありませんでした。その辛さを精一杯受け止めようとしっかり聴くことは、家族はもちろん、こころの専門家と称する私たちにとっても大変厳しいことです。しかし「どんな状態であっても生きる意味はあり、それを見出すことができること、そして他者に生きる意味を与えることができる」という私の信念は、こうした「重度重複障がい児」とされた人たちとの出会いから培われました。

「ただ生きる」ことの尊さは、理屈ではなく実感として身につけられたと思います。そしてこの信念は、死にゆく人の不安の渦に巻き込まれ、共に流されてしまわないためのアンカーの一つとなっています。また、ここでは詳しく触れませんが、同様の理由から「尊厳死」や「安楽死」の議論に潜む「生きる価値のある（健康で働ける）今の自分」と「生きる価値のない人間」という見方に、危ういものを感じています。

（4）被差別部落

「障がい者」問題に出会った私は、アパートを借りて一人暮らしをする「自立障がい者」の生活介護をするようになりました。食事や掃除などから入浴・排泄などの介助を通して、障がい者の生活を知りました。介助の手がなければ命の危険があるため、多くの「ボランティア」が泊まりを含めたローテーションを組むのですが、そのメンバーのなかで学生とは異なる雰囲気のメンバーがいました。彼女らは私に「部落解放同盟青年部」だと名乗りました。私は関東出身なので部落差別を身近に感じたことはほとんどなかったのですが、関西で仕事をするようになり、澱のように存在する差別の存在は感じていました。それだけに島崎藤村の『破戒』のネガティヴな「出身宣言」とは対極にあるような、若い女性たちの前向きな「宣言」には驚かされました。

この出会いをきっかけに私は被差別部落へも足を運ぶようになり、狭くて家族が溢れている「解放住宅」に数カ月にわたって居候をすることも経験しました。「中産階級」の生活が理想だと考えていた私は、皆で笑いながら食事を楽しんだり、親子で冗談を言い合うなどの率直な家族生活には心底驚かされ、私の持っていた「家族」の価値観を覆す体験でもありました。私は、親とこのように気兼ねなく接することがありませんでしたし、そうしたいと思ったこともありませんでした。「ふつう」だと思っていた自分の家庭の、「ふつうではないところ」に気づかされた出来事でした。食事や生活を「楽しむ」ということも私には驚きでした。私の家では、たとえ裕福であっても、我慢をし質素な暮らし（特に食）をすることで将来に備え蓄えることが美徳とされていたので、経済的に豊かとは言えない「労働者」が生活を楽しんでいることは、まったく私の想像を超えていました。

また驚かされ憤りを感じたことは、現代においてもなお差別が現存しているということでした。差別の存在を意識するようになると、今まで気づかなかった、就職や結婚を機に露呈し命をも奪う差別の現実が見えてきました。見えてくると同時に相談も受けるようになりました。私の教え子も、子どもができ結婚が決まっていたにもかかわらず、式の直前に相手の親の反対で破談となり、シングル・マザーとなりました。また結婚して子どももでき幸せな生活を送っていても、祖父が被差別部落出身であるという事実が夫の親戚に知れたら離婚させられるのではないか、と不安を抱えている母親もいます。「拳で殴っても人は簡単に死なないが、たった一言で人の命を奪うことができる」という言葉は、その頃教えてもらったものです。学校での「いじめ」にも共通する観点だと思っています。

被差別部落における支え合いや、「よそ者」を隔てなく受け入れる寛容さ、沖縄、在日外国人への連帯など身を以て体験し、彼らとは長いつき合いとなりました。こうしたことを通して私は差別をする人間のずるさや弱さとともに、人間の暖かさと強さも学ぶことができました。

(5)「非行」少年

私は養護学校の代替教員の翌年、正式に採用され、高校の生物教諭として「問題行動」が多い高校に赴任しました。そこでは教科の他、人権教育や教育相談の主任を担当し、当時導入準備中だった文部省のスクールカウンセラー活用調査研究委託事業にも関わりました。その頃人権教育や教育相談と生徒指導は立場上対立するものと思われていましたが、両者を生徒指導部に統合する改革を行い、それぞれの主任を兼務し、統合された生徒指導部長を務めるなど、総合的に生徒の支援にあたりました。

年間一〇〇件を超える生徒指導事案が生じ、毎日二四時間態勢で忙殺されていましたが、生徒や親たちとの出会いは、ごまかしのきかない緊張の中ではあるものの、やりがいもあり充実したものを感じられる毎日でした。このときも多くの生徒宅に家庭訪問を繰り返しましたが、やはり家族のあり方はさまざまで、「虐待」や「共依存」の家族の「絆」(=しがらみ)の強さにも価値観を揺さぶられ、家族問題の「是非」は、外部から容易に判断できない難しさを知りました。

また生徒の自死や自傷、薬物濫用、反社会的行動、虐待をはじめとした家族問題、依存や異性問題などこころの問題への対応に苦慮し、系統的に臨床心理学を学ぶ必要性を痛感していました。臨床心理学には、今直面している問題の数々に対処し得るものがあると期待していたからです。臨床心理系の大学院へ内地留学を希望しましたが、県の教育委員会は学校を離れての研修をどうしても認めず、休職の許可も、受験に必要な同意も得られませんでした。悶々とした状況が数年続きましたが、放送大学大学院臨床心理プログラムが設置されるという朗報があり、現場を離れる許可を必要としない進学が可能になりました。

（6）放送大学

放送大学大学院では、「厳しくも暖かい」先生方の指導と個性豊かで熱心に学ぶ学生たちに出会い、短い期間ながらも大変濃い学生生活を過ごしました。一言でいえば、放送大学は「大人の大学」だと言えるでしょう。そこには学ぶことに必然性を持った人が集まっていましたし、教員もそれに応える努力を惜しみませんでした。

修士論文は、社会心理学の大橋英寿先生に指導を受け、臨床心理学の滝口俊子先生、佐藤仁美先生に副査になっていただきました。研究の内容は、禅僧の修行プロセスを参与観察し、文化人類学的・臨床心理学的考察を加えるというものでした。出家者が俗社会を離れて修行道場に入門し、隔離された環境で修行を通して自己と向き合い、その過程で体験される「神秘体験」によって価値観の転換がもたらされること、「死と再生」を意味するイニシエーションが繰り返されることで、こころの傷を負った入門者（クライエント）が「傷ついた治療者（セラピスト）」＝「僧侶」として生まれ変わることなどを私自身の参与観察とそのエスノグラフィーから読み取ったものです。

大学院在学中には、文科省の海外派遣研修に推薦され南ドイツを視察したり、管理職登用の打診を受けるなどもありましたが、「一人ひとりの人間に関わりたい」という信念は変わらず、結局高校教員の職を辞し新しい道を歩むことにしました。

（7）東北大学と在宅緩和ケア

東北大学大学院文学研究科人間科学専攻博士課程後期へ進学し、大学進学のとき諦めたもう一つの進路、文学を本格的に研究することになりました。そのなかでも現在はあまり研究者がいない「宗教心理学」を専門にすることにしました。私はもともと宗教には懐疑的な合理主義者でした。神仏があるならどうしてこのように夥しい不幸や不正がこの世に存在するのか、「祈る」より「行動」しなければ現実は何も変わらないのではないかと批判的に考えてきました。

ドストエフスキーが神の存在にこだわり、漱石が禅に救いを求めようとしたことが不思議で仕方ありませんでした。彼らのような理性的な知識人がなぜ宗教にこだわるのか理解できなかったのです。

しかし多くの「死」に出会い、特に両親の死後、宗教の意味や「救済」について考えるようになりました。既成教団の教義や現実と離れた神学や仏教学にはそれほど関心を抱きませんでしたが、教義を知らずそれにこだわらない庶民が、手を合わせ祈ることで心の安らぎが得られるというような現象について関心を寄せるようになりました。そこで私は、「自他を超えた存在に対してとる、合理性にとらわれない態度」を「宗教性」と呼び、こうした普通の人々の宗教性について研究をすることにしました。狭義の「神仏」だけではなく、「大自然」のようなものへの畏敬の念や自然回帰思想についても対象にしていきたいと考えたからです。

私の宗教に対する態度も、懐疑から寛容に変わり、臨床においても自然にクライエントの宗教性に開かれた姿勢をとるようになっていきました。また冒頭に紹介した、人の死に関わる仕事である在宅緩和ケアの医療機関でも働くことになりました。いくつかの大学や専門学校で非常勤講師として、死に関わる「死生論」や「宗教学」「臨床死生学」「遺族心理学」などを講義し、学生と共に「死」を考えるようにもなりました。

(8) 東日本大震災

そうしたなか、あの大震災に遭遇しました。病院の仕事で患者の自宅を訪問中に地震が発生し、今まで体験したことがない激しい揺れに突き動かされ、台所の食器が真横に飛んでいくのを見ました。台所にいた患者の妻が必死になって車椅子の上に覆い被さって夫を守り、子どもたちもワンセグなどで情報を収集し水を確保するために風呂に水を張るなど、普段の控え目な印象とは打って変わって積極的に働き、協力していました。私もご家族と共に雪の舞う戸外へ避難しました。降りしきる雪を眺めていると、いつもと変わらず新聞配達が夕刊の配達に来るなど、非常時の中の変わらぬ日常に、人間というものの不思議な「安定」志向を感じました。

徒歩で帰宅する人々の粛々とした群れに、ガソリン・スタンドがトイレを開放したり、コンビニエンス・ストアで商品を無償提供したりしているのを見ました。誰かの命令や指示が出たわけでもないのに、こうした利他的行動を自然にとることができることに、人間に対する驚きをもった感動を受けました。停電の百万都市仙台の夜は暗く、しかし満天の星が輝いていました。寮や近所の人と共に夜空を仰ぎ、江戸時代より暗いと思われるその美しさを語り合うこともありました。知り合いでない多くの人から受けた自発的な親切や、被災者の冷静な行動も、危機に対する人間行動のありさまを教えてくれました。

この災害によって、こころのケアに関心を持ち一緒に患者訪問をすることもあった看護師が亡くなりました。担当患者を避難させたのち、自身が津波に呑まれ犠牲となったのです。私自身はまだこの問題を受け止め切れていません。二年が経った今でも、彼女が亡くなった現場に立って祈ることすらできません。一万五八八三人の死者、二六五二人の行方不明者（二〇一三年警察庁）という数字は、私にとって彼女の死という無限大の倍数であり、到底実感することができない値です。私自身も住んでいた寮が半壊取り毀しとなり、線香の匂いの絶えない応急仮設住宅へ移り住むことになりました。

全国から「こころのケア」を提供しようと、「善意」のボランティアがたくさん来られました。私の所へもメールや電話で「ボランティアに行くので、受け入れをお願いしたい」という依頼が頻繁に来ました。その熱い思いと行動力に感心しながら、生きることに精一杯な被災地に来て「こころのケア」を訴える専門家のあり方に、私はどこか違和感を感じさせられていました。

被災者を「支援する」とはいったい何なのか、被災者の「こころのケア」とはどうあるべきなのか、「誰のための支援」なのか、本当のところは、「セラピスト自身の生きる意味・満足感を得るための支援行為ではないのか」などと皮肉な感情が浮かび、大いに考えさせられました。

私は自分の罹災経験と阪神淡路大震災における災害派遣の経験から、危機的状況下におけるボランティア活動とは、まず生きるための援助、炊き出しや便所掃除、避難所の運営などに汗を流して協力し、その中で被災者から「こころの問題」を打ち明けられれば、専門的知見を踏まえた共感をすればいいと考えています。そして「援助」とは、援助する側から一方的に提供されるものではなく、被援助者からも豊かに与えられる双方向的なものであることを実感しました。このことは死と向き合っている患者のもとに足を運ぶ私の立場とも重なり、「こころ」だけを抽出したケアには、どこか不自然でそぐわないものを感じています。私は、臨床心理士であっても患者の状態によっては（十分な医学的配慮のうえで）軽く身体をさすったり、簡単な介助を行うなども、自然に行うようにしています。そうした自然な関わりのなかで、与え合う自然な人間関係が生まれるのだと思います。

簡単にこれまでの自分の「ものがたり」を振り返ってみると、何らかの必然性があって導かれてきたように感じます。元来、自然志向で人間が苦手だった私が、多くの人との出会いを通して人間の面白さを知り、気がつくと対人援助職を行っていることが不思議であり、またそうであることが当たり前のように思えたりします。かつて臨床心理士の二次試験で面接官から「経歴や研究テーマに一貫性がない」と厳しく指摘されたことがありました。いわゆる「圧迫面接」だったのだと思います。しかし私は紆余曲折を繰り返しながらずっと同じことにこだわり続けてきたと思います。それは世間から価値が低いと見なされることにこだわり続けること、一人ひとりに関わることを優先することでした。そして「死」は常に私と共にありました。前述したような出来事はどれか一つが欠けても私の人生はあり得なかったと確信しています。
次に私が関わった具体的な事例を紹介します。

4 在宅緩和ケアを選択したAさんから学んだこと

Aさんはこの領域における私の初期のクライエントですが、実に多くのことを学ばせてもらいました。亡くなるまでとその後のグリーフ・ケアに至るまで、たくさんのエピソードがありましたが、ここではAさんと関わり始めた当初の主訴であった、「苛立ちと夫との関係」についてを中心に紹介したいと思います。

(1) 家にいたい、死ぬまで仕事をしたい

Aさんは五〇代の女性。夫と二人暮らし。自宅の一部でアロマ・スクールを開いていましたが、卵巣癌になり手術・化学療法を施行しました。しかし再発して末期と診断され、人工肛門を造設。症状としては眩暈、吐き気、下肢脱力、倦怠感などがありました。Aさんは入院していた病院から、「仕事が命、だから(スクールのある)家にいたい。死ぬまで仕事をしたい」という希望によって仕事場を兼ねた自宅に帰り、在宅緩和ケアを開始しました。

Aさんが治療を受けた在宅緩和ケア診療所では、スタッフは皆、患者さんのいる自宅を訪問しているため、病院のナース・ステーションのようにスタッフ同士が常時顔を合わせる機会が多くありません。そこでそれを補うため電子カルテやメーリング・リストによって各職種(医師、看護師、作業療法士、鍼灸師、臨床心理士、MSW［医療ソーシャル・ワーカー］、ケア・マネージャー、介護士など)が迅速に情報を共有しつつ、患者の現状に合わせた対応ができるようなシステムになっていました。紹介する事例も、各職種が直接面接してコンファ

レンスを行うだけでなく、スカイプによるインターネット会議と電子カルテへの書き込みによって情報交換をしていました。

（2）臨床心理士の訪問開始

〔医師より心理訪問の依頼〕

医師、看護師から私に、Aさんが夫への不満を医療者へぶつけて困っているという情報が入りました。夫の問題の他にも治療方針のこと、結婚して別居している娘のこと、仕事のことなど、Aさんの抱える問題が多く、泣きながら一時間ほど訴えられたとのこと。Aさんは他機関の精神科を受診し「症状精神病」とも診断されていました。医療スタッフが傾聴を試みたものの対応困難であり、主治医が臨床心理士の訪問を提案したところ「すぐにでもお願いしたい」と希望され、私の訪問が決まりました。

〔訪問面接経過〕（「　」はクライエントの発言、〈　〉はセラピストの発言）

【第一期】初回から一〇回目まで夫婦面接

初回訪問

＊Aさん、ベッドで横になっている。〈何かお困りですか？〉と訊くと「すべて!!」と不機嫌そうにお答えになる。〈順位をつけると？〉「付けられない！」「みんな私のこと、腫れ物に触るよう（にする）」「私はしたいことをしてきたので、死ぬのは怖いけど仕方がないと思っている。何というのかわからないけど、向こうに行っても人の役に立つような仕事をやっていくと思う」「死ぬのは嫌だけど、前向きにやっていきたいのに、家族が死ぬのが怖いというオーラを出すので押し潰されそうになる」「私が我が儘を言っても『ごめん、ごめん』と謝られる。それが嫌！」と堰を切ったように思いを訴えられる（当時の

記録より、以下同じ)。

Aさんは自分から「死」や「向こう(死後世界)」の話題を持ち出しています。こうした「死」に関わる話は、家族にとっては受け入れがたく辛い話題であるので「そんなことは言わないで」などと否定したり、話題を変えたりして避けたくなります。しかしAさんにとって「死」は一番深刻で一刻も猶予できない問題です。向き合おうとしてやっとの思いで口にした「死」から家族が逃げてしまい、「腫れ物に触るよう」な対応だったり、「死ぬのが怖いオーラ」を出されるので、Aさんは苛立ったのだと思います。こうした話題はセラピストとしても辛いのですが、踏みとどまって真正面から受け止めるように覚悟を決めて聴きました。するとやがて、「本当はわかっているのに、優しく言いたいのに意地悪になってしまう」と涙ぐまれます。ベッドの足下で黙って聞いている夫に、本当は感謝していると伝えているように聞こえ、「すべてを捨てて自分の世話をしてくれる」夫のことが辛いとも訴えられます。

夫の介護負担への配慮や感謝が気配りと裏腹に苛立ちとなってぶつけられていたことがうかがわれます。そこを確認したうえで、今後の訪問について相談しました。Aさんの希望は「週一回面接。目標を立てて一〇回でお願いしたい」とはっきり示されました。Aさんは自分の苛立ちだけではなく、自分亡き後の夫の自立についても心配され、夫も同席することを希望されました。そこで私は当面の課題として、夫婦面接を通して、Aさんの気持ちを夫にわかるように伝えること、夫の誠実だが「不器用」な気持ちをAさんに伝わるようにすることで、夫婦間のコミュニケーション恢復をはかることにしました。

二回目以降

*表情明るい。すぐに「(夫は)やりたいことがなくて気の毒」と夫の話が始まる。趣味もなく仕事も機

械相手で満足している、と。私は〈ご主人はAさんのお世話をすることに生き甲斐を感じているのでは?〉と言ったところ、Aさんは、「夫は『趣味はAさん』と言っていたの」と照れながらお話しになる。今は会社勤めの夫にAさんのスクールを任せたいとも。穏やかないい雰囲気でカウンセリングが始まった。

しかししばらくすると、「私が辛いとか疲れたとか言っても黙っている。だからイライラする」とAさんの不満が出始め、苛立った表情になってくる。まじめそうな夫は困った顔をして黙り込んでいる。私は〈ご主人はAさんの話を聞いてどうしたらいいか考えているのでは?〉と投げかけてみる。夫「そうなんです。でもなんとか考えて言っても『そんなことあんたに関係ない!』と怒られてしまう」。Aさん「そんなことは私の問題! 悲しいんだねと言ってほしいだけ」。

私は二人の通訳のような位置でお話を聴きました。Aさんは夫に「共感をしてほしいが、問題の解決を求めているのではない」こと、夫は「気配りがないのではなく、ただ同情するだけでは無責任、何か具体的な解決策を見出そうと考えて黙り込んでしまう」とお互いに理解を深められたところでこの日の面接は終了しました。

＊訪問すると玄関で夫が「今、治まったところです」。夫婦喧嘩をしてヒステリーの発作がやっと治まったということらしい。Aさん、表情硬く涙を浮かべている。前回私が紹介した呼吸法「数息観[3]」を実践しながらイライラを治めようと努力しているが難しい様子。やがてAさん、きつい口調で「言えばいいじゃない!」と夫を促す。夫はAさんの顔を見てためらいながら「例えば靴下をはかせているときに、Aさんが『出て!(来客や電話)』と言うが、(靴下に格闘していて)聞こえないのでそのまま靴下をはかせ

ているとﾠ『無視された』と怒ってしまうんです」と話し出す。私が〈ご主人は一つのことに集中すると聞こえないのですね〉と言うと、Aさんは「聞き返せばいいのに無視する」「返事をしない、腹が立つ」「勝手に判断して行動し、『違う』と言うと言い訳する」「靴下より大事なことだから、今しなければならないから言っている」「夫はどうせ言われたことしかできなくて、今さら変われないのだから、私が我慢しなければならないのよね！」「同じ注意を何度もしなければならない、車椅子の向きだって！」。夫「それは……」、Aさん「そうやって言い訳する！」、夫「……」、Aさん「黙る！」、夫「ごめんなさい」、Aさん「返事に心がこもっていない！」と畳みかけるように夫を責め、怒りはエスカレートしていく。

私は困ったことになったと思いながらも口を挟まず、しかし行きすぎてお互いを傷つけてしまわないよう細心の注意を払いながらお茶を飲んでいました。するとAさんは、夫を責めながらも「夫はできない人ではない。『俺にはできない』と言って諦めているから腹が立つ。本当にできない人なら『返事をしろ！』と三カ月も言い続けない」と夫を認めている発言をしたり、「結局夫も変わらない、このままなのよね！」と諦めも口にするなど、複雑な感情を吐露されるようになりました。やがて少し穏やかに「夫も疲れているのよね。睡眠時間も少ないし。土日介護が入らない日に喧嘩をする……」と現在の余裕のない生活状況を認め、具体的な問題への気づきも出てきました。

そこで私は、具体的な問題解決策として、休日の介護体制について、嫁いだ娘や別居しているAさんの姉の協力を求めることや、その障害になっていることについて話し合いをすることを提案しました。ご夫婦は、今までのAさん「家族」のありようなどを振り返られ、難しい課題もあるものの、Aさんの介護と夫の介護負担軽減の具体的な方策を練っていきました。これまでぎくしゃくしてきた娘や姉との関係の再構築のきっかけとなりそうだと感じたところで、この日の面接は終了しました。この日のように夫婦面接や家族療法などの場合、感情や意見が対立したときは、セラピストがしっかりと「見守る」ことによって、適度なコントロールのもと、自分たちで解決の糸口を見出していくことができます。クライエントの力を「信じて待つ」ことが大切であり求められるのです。

夫婦間の問題は、お互いの理解と介護環境の改善により一歩進んだように見えましたが、現実はそうは簡単ではありません。私は心理臨床とは「一歩前進、二歩後退、時に三歩前進」といったような、一進一退を繰り返しながら気づいたら進むべき道を進んでいるものだと思います。

介護士（ヘルパー）からAさんのケア・チームのメーリング・リストへ報告がありました。

Aさんイライラが爆発。スクール・スタッフと夫に対し『冷蔵庫が片付いていない！』と大声を上げる。特に姉に対してはイライラが出るよう。

患者さんの生活に一番密着しているのは介護士です。私は、在宅療養で患者さんを支えることが成功するかどうかは、ひとえに介護士を支えることがうまくいくかどうかによるものだと考えています。そこで早速メールを返しました。

連絡ありがとう。Aさんは体調の恢復が思うようにいかず、『自分で立て、今月中に自分で二歩あるいてトイレへ行く』という目標を達成できなかったため、辛いようです。姉や夫に迷惑をかけて済まないという気持ちと、皆が姉や夫に同情的で、Aさんの辛さに慣れてしまっている（とAさんは感じている？）ことが苛立ちの原因の一つかもしれません。またAさんが自分自身のように大事に育ててきたスクールを継承してほしいのに、自分と同じようにできないことに腹が立っているのでしょうか。今、私たちが大切にしたいのは、Aさんを中心に家族を支えていくことだと思います。介護士は医療スタッフより距離が近いので適度な関係に気をつけてください。

またしばらくして、介護士からこんなメールが届きました。

事前に連絡せず別の介護士を同行させた（筆者註：Aさんの介護を覚えてもらうためだった）ことでAさんの怒りが爆発しました。Aさんは夫に「私を病院に帰して！　入院させて！」と泣きながら訴えていました。夫が「（入院）させないよ」とはっきり言ったことでAさんの表情が和らぎました。無断同行を謝罪し、ヘルパーの関われない期間の介護について相談しました。Aさんは「休みの日はお姉ちゃん、娘、夫がいるから。家族が介護したくないって言うなら仕方がないけど」と。「介護者が義務や仕事で関わるだけなら病院と同じ、家だから自分らしい生活を送りたい」と言われました。また「感情表出がコントロールできず極端になってしまう、身体の状態と気持ちの折り合いがつかない」ことなど話してくださいました。

このメールに対して私が送ったメールは次の通りです。

臨床心理士から介護士・医療スタッフへ
日頃Aさんの信頼の厚い介護士に怒りを爆発させたことは、夫や姉など家族と同様Aさんと心理的な距離が近くなったことかもしれません。介護士がAさんから「逃げない関係」であると思えるからこそ、

Ａさんは安心してネガティヴな感情をぶつけることができるからです。「入院させて！」という（本心と裏腹の）訴えに、夫の「させないよ」という断固とした対応が、Ａさんの怒りと不安を受け止め、安心に導いたのだと思います。Ａさんの怒りの表出は、生きるエネルギーの発露として捉えると、今の段階では悟りきってしまうよりいいのかもしれません。また家族の問題がその歴史を含めていろいろ出てきました。Ａさんの在宅ケアの開始によって、今まで一定の距離を置いてバランスを保ってきた家族関係が動きだし、再構築が余儀なくされてきたようです。ただスタッフが家族の愛憎の渦に呑み込まれると大変です。家族間の問題は、知っていても知らない振りをしながら支えていく必要がありますね。今はＡさんの気持ちを大切にしながら、専門的な関わりをしていくことが一番ではないでしょうか。

患者さんが本音をぶつけられるのは、ぶつけても逃げていくことがないという信頼がある相手だけです。患者はふつう、医師や看護師には怒りをぶつけません。命を助けてくれると思っている医師に対しては逆らえないと遠慮しますし、看護師を怒らせて処置が乱暴になっては困ると心配する患者が多いのです。臨床心理士には心理的によいところを見せようとするようです。ところが介護士には感謝しつつも、そのような遠慮は働きません。他の医療者に我慢していたことや家族への不満も、介護士にぶつけられることがあります。「理不尽」にも、死の不安や恐怖さえも介護者に「八つ当たり」されてしまうのです。ぶつけられた介護士は、自分の至らなさが原因と考えて落ち込むことも多く、損な役割かもしれませんが、家族に準ずる関係になり、本当の人間関係を結ぶことができるのも介護士が一番です。私は在宅ケアで介護士を支えることは、いくら強調しても足りないくらい大切なことだと考えています。この場合も、介護士がＡさんと近づき過ぎることの危険を予め伝えておくことで、今後避けられない傷つきを少しでも和らげることができると考えました。

Ａさんと最初に決めた一〇回の訪問面接が終わり、Ａさんと夫と三人で振り返りを行いました。Ａさんは「夫が気持ちを察し、自分も夫を理解できるようになった。今までのようなイライラの相乗作用ではなく、夫がブレーキを掛けてくれる」と効果を確認されました。そこで話し合いをし、しばらく臨床心理士の訪問を中断して家族に任せてみることにしました。家族が機能していれば、臨床心理士などの関わりは可能な限り自制し、クライエントを家族のもとにかえしていくことがよい看取りとなり、患者亡き後の遺族のグリーフ・ワークによい影響を与えるからです。「終結」には夫が不安を感じているようでしたが、Aさんの希望もありいったん「終結」したうえで、いつでも訪問を再開できることをご夫婦に約束し、安心してもらいました。医療・介護のスタッフには、コンファレンスやコンサルテーションなどの後方支援を今後も積極的に続けていくことを伝えました。

【第二期】 医療・介護への後方支援

この時期は私自身の訪問は控え、医療者・介護者のコンファレンスに参加したり、メールやカルテを読んでコメントをしたり、直接担当者とケース・会議を行うなどの後方支援を行った時期です。

あるとき、看護師より、Aさんが介護士の一人を拒否しているという情報が入りました。私はさっそく介護メンバーに呼びかけ、臨床心理士と介護チームのコンファレンスを行いました。それによると、拒否された介護士はAさんとの間に特にトラブルとなるようなエピソードはなかったにもかかわらず、Aさんはその介護士の手を払いのけるなどして介護を拒否しているとのことでした。拒否された介護士はベテランで技能も高いうえに、Aさんと仲がよく、時にはおいしいと評判のお菓子を買っていったり、もらったりする関係だったといいます。私がAさんを訪問していたときにも、その介護士らに感謝している話はあっても、非難を聞くようなことはまったくありませんでした。それだけに拒絶された介護士は、大きなショックを受け仕事ができなくなるほど落ち込んでいました。

私は介護士側に思い当たる節がないとすると、Aさん側に何かあるのかもしれないと考えました。そこで介護士からさらに状況を聞くと、拒否された介護士はAさんと年齢・名前が同じで同性だということがわかりました。そのことは介護チームの皆が知っているだけではなく、Aさんやご家族も知っています。そうした共通点もあって友人のような付き合いになっていたのでした。それらの情報から、私は、死が避けられず多くのやりたかったことを断念せざるを得ないAさんの無念さ・辛さなどが、健康で死にゆく自分を介護する同年齢、同性、同名の介護士に投影されてしまい、無意識の中に介護士への怒りと拒否につながっていったのではないか、などの見立てを述べました。

死を遁れることのできない運命を背負った患者は、時には愛する配偶者や子ども、孫であっても、辛く当たることは少なくありません。私の母方祖父の場合でも述べましたが、どんなに優しい人であっても、自分自身が一人死んでいかなければならないのは耐え難い辛さです。愛する家族であっても、時には妬ましく思えてしまうことは避けられません。私はAさんにもこのような感情が働いたのではないかと考えました。Aさん自身はこの件について何も語らなかったので、実際にAさんがどう捉えていたのかわかりませんが、コンファレンスの参加者にはこの見立ては腑に落ちたようでした。

在宅緩和ケアの現場では、介護士が拒否されたり厳しく当たられるというエピソードは少なくありません。何らかの原因があることもありますが、根底には患者さんと介護士の距離が近いことにより、ネガティヴな感情がぶつけられやすいことがあります。問題はそうした患者さんの心の機序が理解されずに、介護士個人の問題に帰せられやすいことです。今回のケースでも、医療スタッフのなかでは、介護士側に何かの問題があったのではないかという雰囲気が見られました。このような医療と介護の誤解や齟齬はチーム・ケアを損い、結果として患者さんの不利益になります。そこでチーム間の調整を行うのも緩和ケア・チームにおける心理士の大事な役割です。

私は今回のAさんのケースは、介護士個人のミスによる拒否ではなく、Aさんと関わる誰にでも起こり得るエピソードであること、Aさんとの近い人間関係が原因となったことなどを伝え、今後も継続して介護士へのサポートを約束しました。コンファレンスの結果はメーリング・リストで医療スタッフにも伝え、今回のトラブルが介護士個人に帰せられる問題ではなく、同様のトラブルは医療スタッフの中でも起こり得る問題であることを知らせ、注意を促すとともに、医療と介護の建設的な協力が進むようにしました。

その後日談です。一時拒否されていた介護士は、再びAさんの所へ通うようになりました。彼女は気温が低い日には、カイロで手を温めてからAさんの家に入っていたのですが、その日は雨が降っていて気温が低く、手が十分温まりませんでした。そこで彼女はAさんに、「手が冷えてごめんなさい」と言ったところ、Aさんは介護士の手を両手で包み温めてくれたそうです。介護士は思わず「優しく触れられなくてごめんなさい」と言ったところ、Aさんは「私は『気持ち』と『手』がほしいの」と言い、その後はAさんが亡くなるまで二度と拒否されることなく、よい関係を保つことができたのでした。

【第三期】　看取り期の訪問

「後方支援」を続けていましたが、Aさんの病態が進行し、時には泣いたり落ち込んでいるとの情報が介護士や看護師から聞かれるようになりました。主治医からもすでに医療的な対処は厳しく、こころのサポートが効果的なので臨床心理士の訪問を再開してほしいという要請がありました。私は訪問にあたり、Aさんのプライドを傷つけない自然な再開が望ましいと考え、介護士に「心理士の大村が近くに行くので、一度Aさんの顔を見たいと言っていた」と伝えてもらいました。すると直ちに「どうぞ、是非寄ってください」と返事があり訪問再開となりました。

＊再開後、初めての訪問。「お待ちしていました」とAさんが穏やかな笑顔で迎えてくれる。そして「お蔭で夫が少し変わった。私も努力している。ありがとう」と言って両手を合わせる。「人は一人で生まれて一人で死んでいく。それはわかっているけどさびしい」とAさん。側にいた夫は「側に誰かいてほしいんだよね」と言いながらAさんの手を握りそっとマッサージを続けている。Aさんは安心したように夫に腕を預けながら「目をつむっているけど寝ているんじゃない、みんなが安心するから。ちゃんと聞こえて見えてるよ」「でもイライラするよ、思うように動かないから」と。

＊訪問するとAさん、「この一年がんばった。でも来年はいない」と闘病の一年を振り返り今の気持ちを語る。私は介護士から「Aさんからの感謝の言葉が書かれたメッセージ・カードをもらって感激した」と聞いていたので、Aさんにそのことを伝える。Aさんはにっこり微笑み、「いい人ばかりだ」と言って声を上げて泣く。夫が涙を拭いてあげる。私も思わず涙ぐむ。

この頃の主治医の所見に、次のような記載がありました。

往診時穏やか。薬剤の効果もないとはいえないが、誰かに見守られている安心感、精神的安定が最も効果的治療。介護士さん、臨床心理士さん、他のスタッフの皆さん、ありがとうございます。

Aさんは、次第に幻覚に悩まされるようになりました。

＊Aさん、眩暈に加えて身体全体が流されるような幻覚がある。手を握られるとその握力はびっくりす

るほど強く、私の手の色が変わってしまうほど。Aさんの不安の強さがうかがわれる。また姉など家族の不安も高まってきて、個別にカウンセリングの希望も伝えられる。

Aさんがサービスを受けていた在宅緩和ケア機関では、秋には野外レクリエーションとして「芋煮会（宮城・山形などで行われる野外パーティー）」をスタッフと患者で行っていました。Aさんご夫婦も参加し、娘夫婦も合流し、家族関係の葛藤が解けて大変穏やかに愉しまれました。Aさんは食事も進み、病人とは思えないほどお元気な様子。娘さんは私に、母との葛藤の半生を穏やかに話してくださいました。秋の深まる野外でのこうした交流は、自然の中の一員としての人間であることを思い出させるとともに、患者と医療者・看護者などの立場を超えた関係を築くことができるなど、在宅緩和ケアならではの醍醐味と言えます。

＊訪問すると愛猫がAさんの蒲団に入り一緒に寝ている。そうしたことは以前はなかったそう。Aさんは悪夢や幻覚も見るようになる。「知らない人が現れたりして怖い」。また私と話しているときにも、いきなり「あざらし」が見え怯えることもあった。身体がバラバラにされる夢も見た。私がネイティヴ・アメリカンの民話「とうもろこしになったおばあさん」[4]を紹介すると面白がって笑う。

こうした「幻覚」は終末期に普通に見られる現象です。医療的には「終末期譫妄《せんもう》」と呼び、脳機能の低下によると説明されます。しかし本人から見れば確かに見えるのですから、幻覚ではなく「心的事実」と言えます。

在宅で亡くなった患者への悉皆《しっかい》調査（東北在宅ホスピスケア研究会、二〇〇八）によると、こうした「他人には見えない人の存在や風景について語った」人は四二・三％、「すでに亡くなった家族や知り合い」を見た人は五二・九％にものぼります。Aさんは「知らない人」や「あざらし」を見て不安に駆られていますが、「親しい死者」を見て安心する人もいます。死は一人孤独に迎えると述べましたが、親しい死者が迎えに来てくれてあの世へ導いてくれると受け止めれば、その不安は解消することになるでしょう。また死後もたましいが存続するということにもつながり、「死んだらおしまい」ではなくなると受け取ることができます。

　こうした死者や神仏などのヴィジョンを「お迎え」と捉えることは、死を受容する「文化」の一つであると言えます。Aさんの場合は、ネイティヴ・アメリカンの死と再生の民話から、死に終わらず甦って人の役に立つもの（初回面接でAさんが語っていた「向こうへ行っても人の役に立つような仕事をやっていく」ということと符号します）として復活する「死に方（生き方）」を受け止めたのだと思います。

＊Aさん、「先生は燃やしてもいいよ」といきなりお話。急に閃いたそう。「こころを燃やす」「要らないものを燃やす」かわからないけど、と。Aさんがセラピストのよう。私は意味はわからないものの、何か言い当てられたような気がして、ハッとする。

　Aさんはもともとアロマ・セラピストです。この日のAさんは、いつもよりスピリチュアルな直観を感じていたようです。死が近くなった人は合理的な判断を超えた感覚が鋭くなるように思います。そして自他を超越する存在への憧れのような感覚が強くなり、宗教的な受容であったり、あるいは大自然への回帰という受け止めに親和的になる方が多いのです。こうした穏やかな受容ができるよう見守り援助することが、終末期のケアをする臨床心理士には必要なことでしょう。

＊Aさんの病態は深刻になるが、家族と共に穏やかな日々を過ごしている。姉も娘も寝袋を買って泊ま

り込む。

＊Aさん「森の中で喫茶店をやりたい」とお話。なんだか『注文の多い料理店』（宮沢賢治）みたいですね、と言うとにっこり笑う。

＊永眠。

知らせを受けて訪問。Aさんの大切な仕事場であったスクールで寝ている。若返って微笑みも浮かべている。娘は側でAさんを見守っている。夫はAさんの部屋で一人、空になったベッドを見つめている。姉は一人でキッチンに佇んでいる。三人それぞれAさんとお別れの時を過ごしている。在宅緩和ケア開始当時、バラバラでわだかまりのあった三人が、自然にいたわり合っている。

在宅緩和ケアで亡くなった方のお顔は大変穏やかです。現代の緩和ケアでは終末期の痛みはほとんどが取れます。自宅で家族に囲まれた「安心」できる環境で、すべての不安や葛藤から解放されたせいか、緊張や皺がなくなり若返った表情になるのでしょう。穏やかな表情は看取った家族をねぎらう贈り物のようなものかもしれません。

6　Aさんを通して学んだこと

Aさんたちと過ごした日々から学んだことを考察します。

(1)人間の「成熟」について

人の精神の発達は、老年期まで続くことが知られています。エリクソン(Erikson, E.H., 1982)は老年期には「統合対絶望」という対立命題があり、その葛藤から「死そのものに向き合う中での、生そのものに対する聡明かつ超然とした関心」である「智慧(wisdom)」を得ると述べています。私は五〇代のAさんだけではなく、二〇代、三〇代の終末期患者と出会った経験から、年齢が若くてもこのような「智慧」を獲得していくことを学びました。「死そのものに向き合う」という点では、終末期の患者さんも同じであり、この葛藤から一種の「悟り」と言ってもよい「智慧」に達するのでしょう。私はそれを「発達」や「成長」と言うより果物が熟して芳香を放つような「成熟」という言葉が適切であるように思います。

(2)「終末期うつ」について

Aさんもそうでしたが、普段外向的で明るい人でも死が避けられないものとなったときには、内面に向かった思考状態となります。それは死という厳しい現実を前に怯え、絶望しているだけのうつ症状ではなく、自分自身と人生を振り返って吟味している時でもあります。「私の人生に意味はあったのだろうか」「これでよかったのだろうか」などとの問いが自分自身の中で繰り返されます。もはややり直す時間も残されてはいません。そうした過酷な状況(スピリチュアル・ペイン)での内省は、本人はもちろん、見守っている家族や関係者にとっても大変辛いものですが、それは身体的な痛みのように取り除けばいいような性質のものではありません。Aさんたちから私は、そうした苦悩と対峙し格闘し続けることで、穏やかな「智慧」が得られるということを教えていただきました。

寄り添う私たちに必要なことは、患者さんの「うつ」症状を見ると、患者さんのためとして(実は自分たちが見ているのが辛い）安易に抗うつ剤や鎮静剤に頼るのではなく、辛さの中で患者さんの側に踏みとどまって共にあり続けることが、患者さんだけではなく、お互いの人生の成熟のために大切なことではないかと思います。「何かをすることではなく、そこにいること」が大切だと指摘した近代ホスピスの創設者シシリー・ソンダースの言葉は、深い意味を持っています。臨床では、「こころ」と共に、そこにいることが求められています。

（3）「箱庭」の中と家族

在宅緩和ケアの環境は、面接室における面接環境とまったく異なります。こちらから患者さんの家に出向き、その生活の場でお会いするということは、従来の面接構造とは逆転した世界であると言えます。私は患者さんの部屋に入ると、クライエントの作った「箱庭」の中に入ったような気持ちになります。そこにはクライエントのお好きな絵や本があり、写真や賞状が飾られ、音楽が流れ、家具やカーテンなどがクライエントの好みを物語っています。乱雑であったり、整頓されすぎている場合もあり、クライエントの性格とともに、これまでの人生と今を表し、病気になる前のクライエントの姿も垣間見せてくれます。

こうした環境はクライエントの全体像を知ることができる反面、セラピスト側の「枠」や「まもり」が効かず、面接構造が曖昧になりがちです。在宅療養では、医師ですらゲストに過ぎません。主人である患者さんに診察拒否をされるケースも珍しくないのです。また会話を家人が聞いていることが多く、TVが点いたままになっていて消していただけないこともあります。しかし一番の違いは面接における家族の同席です。

Aさんの場合は、Aさんの夫への思いから夫婦面接となりましたが、私の経験では、家族が同席しクライエントもそれを望むことが少なくなく、家族にとってはむしろ自然のことのようです。クライエントの「世界」には、当然家族も布置されているので、それは当たり前のことなのかもしれません。セラピーを進めるにあたってやりにくさもありますが、クライエントの世界がクライエント一人では成立していないことを改めて実感させられます。そしてこうした家族を含めた関わりは、終末期の限られた時間をセラピストが独占するのではなく、家族と共有することによって、クライエントの成熟と看取る家族の成長、家族関係の深化を同時に図ることができ、クライエントの生活の質を支えることに役立っていると思われます。

終末期の患者をめぐる家族の問題を通して私は、これまで出会った被差別部落の家族のあり方や、虐待、共依存などの問題を持つ高校生の家庭、自分自身の家族の問題に加えてさらに多くの学びを得ることができました。家族はどこも同じではなく家ごとに独自であること、終末期とは、クライエントのこれまでの家族との関わりの総決算であることなどがわかりました。だからこそ、セラピストの関わりは抑制的でなければならず、「家族を立てる」ことを常に意識している必要があります。患者の終末期には、新家庭を作ったり独立したりして、拡散していた家族がクライエントのもとに再結集し、クライエントの「死」とともにまた独立していきます。もとの拡散に戻っていくようですが、質的には死者を中心とした絆がより強まった独立だと言えるでしょう。死者が死後もさまざまな形で生者の生活に関わってくることは、緩和ケアに限らず日常の心理臨床の場面でも出会うところです（大村、二〇一二）。

（4）出会い

死にゆく人と出会い続けて私が不思議に思うことは、この出会いの深さです。こうしたことがなければ決して出会うこともなかったであろう人と、年齢、性別、社会的な地位を超えて、短い時間の中にこころを開き合っているのは、ほとんど奇蹟であると思います。死にゆく人は健康を失い、社会的な役割を失い、未来を失うなど、多くのものを次々に失い、やがて世話をされるだけの存在になっていきます。食事介助はともかく、自分でトイレに行けずおむつをはくことには大いにプライドを傷つけられるようです。死を迎える人はまったく「無力」な状態にあって「絶望」もするのですが、逆に今まで鎧のように着けていた多くのペルソナを脱ぎ捨てて、決して奪われることのない本質的な「自分」そのものになっていくとも言えます。

セラピストもクライエントの「死」を前にして、有効な心理技法などなく、手も足も出ない「無力」な存在であることを痛感させられ、身を捩るような苦悩を味わいます。クライエントほどではないとしても、何も持たない「裸の私」で出会わざるを得ないのです。しかし私は、この徹底した「無力」さ・弱さの自覚こそ、クライエントとセラピスト各々のこころを開かせ、両者を結びつけるものになると考えています。やがて死すべき運命を共有することでは、「癒す」・「癒される」という関係ではなく、弱い人間同士としての出会いが求められるからこそ、「深い」出会いとなるのでしょう。このことは通常の心理療法の場面でも同じで、クライエントとセラピストそれぞれに「無力」の自覚があって初めて、よい関係が成立するのだと言えます。

7 おわりに──関わりの中で

私は在宅緩和ケアで、死にゆく人と共にあるという経験を通して、改めて人間が人との関わりの中で生きていること、特に他者に働きかけることができることに生きる意味を見出していることを学びました。今回紹介した事例では、Aさんは一貫して遺される夫のことを心配し続けていました。死にゆく人は、日々できないことが増えていくなかで自尊心が傷つけられ、自己効力感も低下していきます。「こんな状態で生きていていいのか、死にたい」と訴えられる患者も少なくありません。しかし他者に何かをしてあげられる、遺していくものがある、ということは、最期まで自尊心を保ちながら生きていく意味を持ち続けることができます。Aさんは夫の生き甲斐をつくること、自分の精魂を注ぎ込んだスクールを存続させることに生きる意味を見出し、希望を託しました。そして最期はAさん自身の「死」によって「家族」を結びつけ、「生きることの意味」を一人ひとりに遺していきました。彼女に関わった私たちも、みなAさんからそれぞれ貴重な贈り物を受け取りました。

また最近は、家族を持たない独居者も、在宅緩和ケアを利用することが少なくありません。そうした場合でも、近所の人はもとより、介護・医療のケアを通してであっても、人との関わりは最期の日々を支える大切なものとなります。患者は、些細なことでもケア提供者に何かをしてあげようとし、そのことに喜びを感じています。例えばクライエントが、「ゲスト」である臨床心理士らに、茶や特別に淹れたコーヒーを出し、茶菓子を勧めたり、寝たきりの患者が、おむつ交換のとき、介護者に少しでも楽をさせようとわずかに腰を浮かせようと努力するのもその一つで、提供したり協力できることに人間としての誇りを持っているのです。死を迎えつつある患者にとって、最期まで関わる人、すなわち患者と同じく「死すべき人間」として、死に対してまったく「無力」であっても、逃げずに共にあろうとする「人間」の存在こそが不可欠ではないでしょうか。私は終末期の患者を支える人間の一人に臨床心理士はなりたいし、そうでなければならないと考えています。

「死」は人の受ける試練のなかで最も大きいものです。かつては宗教が死にゆく人や遺される人に慰めを与えてきました。しかしながら、特に信仰を持たない現代人が死に直面する場合は、科学的合理性だけで死を受容するのには困難があります。そうしたなかでは「信仰」とは言えないまでも、「自他を超越した存在に対する合理性にとらわれない態度」(大村、二〇一〇、二〇一二)である「宗教性」が助けになっていることも多くあります。河合隼雄(一九八六)も「意識的には欧米人の言うような『信仰』をもたなくても、古来から日本人の無意識内に底流し続けている宗教性によって、あんがい日本人の安定感が支えられているのではないか」と述べています。

死が近づくにつれ、親しい死者のいる世界が身近となり、大きな世界へ帰って行くような感覚がもたらされることで死の恐怖が和らげられているように見える事例にも数多く出会ってきました。「死」は無ではないこと、神であれ仏であれ、大自然であれ、「私」を生み、私のすべてを受け止めてくれる存在がある、そうした「希望」がなければ人は生きてはいけないものではないでしょうか。死にゆく人に関わる人は、患者さんの持つこうした宗教性に開かれ、希望に信頼を寄せた態度をもって接していくことが、終末期ケアにおいて特に大切なことです。

また私は心理系学部などで「臨床死生学」も担当していますが、学生たちから、「死」を学ぶことでそれまでに学んだ心理技法に血肉を付け、自己の生き方を確立するためにも効果的であったと評価されたことを大切に思っています。「生」と「死」は表裏一体で、「死」を学ぶことは「生」を学ぶことに他なりません。心理援助職の養成にも、死を通して生を学ぶ「臨床死生学」が必須とされ、より多くの臨床心理士が人の死に関わる領域で活躍することを期待したいと思います。

最後に死にゆく人に関わり続けたキューブラーロス（Kübler-Ross, E.）の言葉を紹介します。

> 自分自身の死のコンプレックスに十分向き合ってきたセラピストだけが、患者がさし迫った死の不安や恐怖を克服するのを粘り強く見守ることができる。
>
> ――エリザベス・キューブラーロス

自他の「死」と向き合うことは、まったく容易なことではありません。実際のところ今でも私は、向き合うどころか辛くて逃げ出したくなるようなことが度々あります。訪問の前に私は深呼吸をして、クライエントや私を超え、すべてを包み込む大きな存在に祈ることで足を踏み出します。そのような厳しい現実を前にして、それでもそこに踏みとどまって、死にゆく人のメッセージにこころを傾け続けようとすることが、人間の死を尊厳のあるものとして看取ることになるとともに、よりよい人生を生き、生を全うしようとする人間の文化に他ならないと私は確信しています。芸術作品からTVドラマやマンガに至るまで愛と死をテーマにしない作品はまったくありません。このことは、私たち人間は人生を通して生と死を学び続けていく存在であることを示しているのではないでしょうか。

［付記］本事例は、二〇〇八年臨床心理事例研究会なずなの会および日本心理臨床学会第二七回大会で事例発表をしています。事例の使用を許可してくださったAさんのご遺族に感謝し、Aさんのご冥福を祈ります。
また本研究の一部は、日本学術振興会科研費基盤研究（C）の助成を受けました。

［注］

1 世界保健機構（WHO、二〇〇二）によると「緩和ケアとは、生命を脅かす疾患に関わる問題に直面する患者とその家族に対して、痛みやその他の身体的、心理社会的、スピリチュアルな問題を早期に発見し、的確な評価と処置を行うことによって、苦痛を予防したり和らげることで生活の質を改善するアプローチである」とされています。

2 後に本人から聞かされたことですが、彼は少年時代から遺伝性疾患発病の恐怖を抱えて、常に死を意識しながら生きてきたのでした。医療（科学）では救えない「死」について、「科学者」としての理性を保ちながら、「宗教」に可能性を見出したいというのが、自分自身の課題でもあったようです。

3 坐禅の呼吸法の一つ。数をゆっくり数えながら緩慢で深い呼吸を行うことで、副交感神経に働きかけ心身の亢奮を鎮めるもの。

4 トウモロコシの伝播についての民話。旅人のおばあさんが、自らの身体をバラバラにして畑に蒔くと、それがトウモロコシになり、人々の大切な食料となったという。

［文献］
Erickson, E.H. & Erikson, J.M. (1982) *The life cycle completed: A REVIEW.* Norton. New York.（村瀬孝雄・近藤邦夫訳『ライフサイクル、その完結』みすず書房、二〇〇一）
河合隼雄『宗教と科学の接点』岩波書店、一九八六
Kübler-Ross, E. (1969) *On death and dying: What the dying have teach doctors, nurses, clergy and their own families.* Tavistock. London.（鈴木晶訳『死ぬ瞬間――死とその過程について　完全新訳改訂版』読売新聞社、一九九八）
Milton, M. (1971) *On caring.* Harper Perennial. New York.（田村真・向野宣之訳『ケアの本質――生きることの意味』ゆみる出版、一九八七）
大橋英寿・大村哲夫「死生観とメンタルケア」メンタルケア協会編『精神対話論』慶應義塾大学出版会、二〇一三
大村哲夫「文化としての「死」――在宅ホスピスにおける心理臨床」『臨床心理学』第九巻三号、四三三～四三五頁、二〇〇九
大村哲夫ほか「患者の思いと医療者の役割」岡部健編『在宅緩和医療・ケア入門』薬ゼミ情報センター、二〇〇九
大村哲夫「「お迎え」現象と心理療法――死の文化とスピリチュアル・ケア」『日本スピリチュアルケア学会ニューズレター』第三号、一九～二三頁、二〇一〇
大村哲夫「死者のヴィジョンをどう捉えるか――終末期における死の受容とスピリチュアル・ケア」『論集』第三六巻、一五四～一七八頁、二〇一〇
大村哲夫「生者と死者をつなぐ〈絆〉――死者ヴィジョンの意味するもの」『論集』二〇一二
大村哲夫「ここは天国だよ――認知症患者の世界と死の受容」『日本心理臨床学会第33回大会発表論文集』二〇一四
清水哲郎監修『どう生きどう死ぬか――現場から考える死生学』弓箭書院、二〇〇九
東北在宅ホスピスケア研究会『二〇〇七（平成一九）年六月実施　在宅ホスピスご遺族アンケート報告書』二〇〇八

V

心理臨床と生きるということ

第13章

私の半生
心理臨床と教育と

滝口俊子 *Takiguchi Toshiko*

1　心理臨床歴

私が大学を卒業してすぐに就職したのは、慶應義塾大学医学部神経科でした。「臨床心理士」という名の誕生する以前のことでしたので、慶應病院では「クリニカルサイコロジスト」と呼ばれていました。当時の医学部の卒業生は一年間のインターンの後に各科に入局しましたので、同期のドクターたちは三歳年上のオジサンでした。ドクターたちと一緒に受ける最新の精神医学の講義は、外国語が頻発してチンプンカンプン。外来診察の陪診では患者さんの深刻な病に驚き、入院病棟の教授回診では長い行列の最後にオズオズとついていました。盛んに行われていた電気ショック治療では、麻酔もかけられず突然に意識を失って痙攣を起こす患者さんの姿に衝撃を受けました。入院病棟は、大量の薬とトイレの匂いが充満していました。児童精神医学の牧田清先生の外来には、当時は珍しかった自閉症の子どもや、学校恐怖症と呼ばれた不登校の子どもたちが、親に連れられて日本各地から来ていました。神経科に入局したばかりの私も、新進気鋭の小此木啓吾先生のスーパーヴィジョンのもとに、子どもたちのプレイセラピーを担当しました。医局は活気に溢れていました。

ドクターたちが医学知識を持って神経科に勤務するように、クリニカルサイコロジストには臨床心理学の基盤がなくてはならない、と私は強く感じました。クリニカルサイコロジストとして同期の深津千賀子先生が著名な恩師との共著論文を学会誌に発表された努力家であることにも刺激を受けて、私は大学院への入学を決意しました。運の強さが幸いして合格。大学院に通いながら慶應病院に勤務することも、許されました。

専門的な勉強を決意して入学した大学院でしたが、同期生たちと海へ山へ美術館へと楽しく過ごし、心理学の学習の成果はあがりませんでした。

修士論文執筆中に麻酔科医の夫と結婚。三児の母になり、一番下の子どもが幼稚園に入園した年に慶應病院での臨床に戻りました。学園紛争のさなかに小此木先生がくださった「君が居てくれたら、と思うことがある」というお便りに、医局に戻る決意をしたのです。そして、遊戯療法を通してたくさんの子どもたちに出会いました。担当した自閉症、学校恐怖症、場面緘黙症、小児ヒステリー、チックなどの子どもと親御さんのことを、折に触れて思い出します。

精神科医やクリニカルサイコロジストの後輩たちが増え、私は子育て経験があることにもよって、遊戯療法と並行して行う母親との面接を担当することが多くなりました。若かった北山修先生や大野裕先生らが子どものプレイセラピーを、私が親面接を担当して、一緒に小此木先生のスーパーヴィジョンを受け、研究会や学会で報告もしました。

慶應のドクターもサイコロジストも、実によく勉強します。私は子育て中の主婦の雰囲気を出さないように気をつけつつ溶け込む努力をしましたが、専門書を読む時間がありません。研究会では、私の不勉強が批判されているように感じてなりませんでした。

夜九時に信濃町の慶應病院での研究会が終わると、子どもたちの待つ家へ走るように帰宅しました。そうした日々を過ごすなか、外出着を着替えながら、たまたまラジオをつけたある夜、河合隼雄先生が児童文学の『ねずみ女房』（写真参照）の話をしておられました。女房ねずみについて解説される関西弁の河合先生のお話に、私は深い感動を覚えました。中年女性の気持ちを、これほどまでに理解しておられる方を私は知りません。

「河合先生から学びたい！」と決意した私は、慶應での臨床に携わりながら勤務していた立教女学院短期大学の研究休暇が取れるように、努力を始めました。学内での役割はすべて断らないようにして、海外に行ったこともない私が、一カ月ものヨーロッパ旅行に学生たちを引率もしました。（幸い有能なＪＴＢのコンダクターに恵まれ、事故もなく帰国することができました。）附属幼稚園の責任者として保護者と関わったり、当時は珍しかったボランティアキャンプを始めるなど、学内の任務を積極的に担って、研究休暇のチャンスを待ちました。

そして、一九八五年度、一年間の休暇と研究費を得て、京都大学教育学部の河合先生のもとへの内地留学が叶いました。四〇代のことです。

京都大学では優秀な大学院生らと、共に学び、共に遊び、河合先生による教育分析を受けました。河合先生のもとで箱庭を作ることもできました。（写真は、そのときのものです。）

北山先生から下鴨神社近くの静かなマンションを貸していただいたことは、分析によって激しく揺れるこころを収めるのに、ほんとうに有り難いことでした。

『ねずみ女房』（ルーマー・ゴッデン作／ウィリアム・ペーヌ・デュボア絵／石井桃子訳、福音館書店）

内地留学が終わった後も、教育分析は続きました。やがて立教女学院短大幼児教育科の学科長のとき、宇治市に新設された京都文教大学人間学部臨床心理学科の開設に呼ばれて、東京在住のまま京都に勤務することになりました。

京都文教大学人間学部は臨床心理学科と文化人類学科の二学科でしたので、それまでまったくご縁のなかった文化人類学の著名な先生方とも親しく交流することができました。河合先生、樋口和彦先生が臨床心理学科の学術顧問。河合先生は各地から集まった心理臨床の教員たちのために、毎月の研究会でご指導くださいました。樋口先生はのちに京都文教大学の学長になられ、臨床心理学科にとって大きな支えでした。

京都文教大学に大学院が出来て一年目に、私は放送大学大学院臨床心理プログラムを開設するために移ることになりました。当時の大学院学科長の鑪幹八郎先生が「文部省の認可に関係しているので大学院の完成年度まではいてほしい」とおっしゃいましたが、放送大学に声をかけてくださった河合先生は「完成年度前に死ぬことだってある」とおっしゃいました。河合先生は、九〇歳を超えた私の父のことや、私の病（立教女学院の学生部長のときに脳梗塞を、京都文教大学心理臨床センター所長のときに脳腫瘍による脳出血を体験していました）を心配して、関東の大学に戻ることを考えてくださったということを、後日、まったく偶然に、元放送大学副学長の麻生誠先生から知りました。

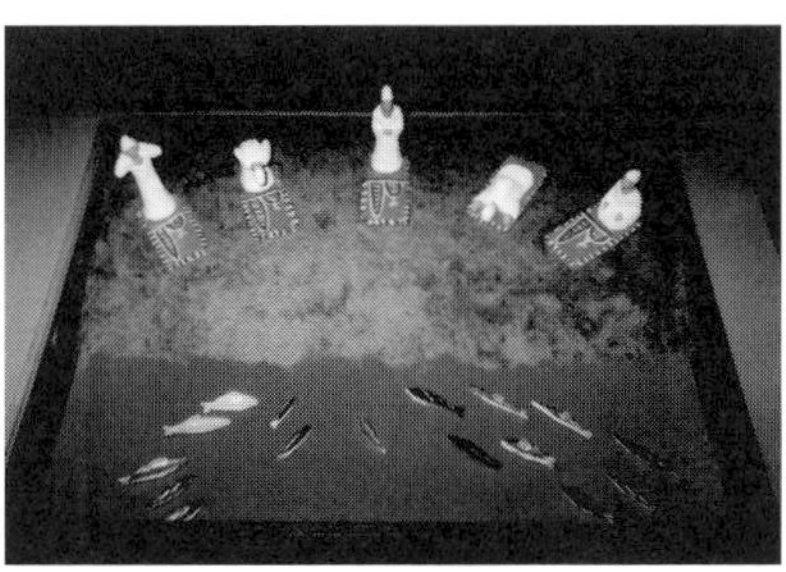

2　放送大学大学院

学生たちが入学してくる以前から、馬場禮子先生と橘玲子先生と私とで、少し後からは大場登先生との四人で、大学院臨床心理プログラムの準備に取り組みました。馬場謙一先生も途中から加わられました。（馬場謙一先生は、慶應病院神経科の同期生で、ドイツ文学を学ばれたのちに医学部に入学された秀才です。）大学院開設準備に熱心に携わった事務職員の方々と一緒に、北海道から九州まで各地の心理臨床実習先に挨拶に行くなどしたことも、忘れることはできません。

放送大学大学院のカリキュラムについて、簡単に説明したいと思います。

臨床心理プログラム（のちに「臨床心理学プログラム」と改名されました）には、テレビやラジオの放送によって学習する科目と、学生たちが幕張の本部に集まって共に学び合う面接授業（スクーリング）とがあります。

放送大学大学院臨床心理プログラムは、大学院修了後に日本臨床心理士資格認定協会の臨床心理士試験を受験できる指定校でありますので、そのために定められているさまざまな科目を（専任教員も担当しますが）客員の先生方にお願いしました。教科書（放送大学では印刷教材と言います）を執筆し、放送授業のための原稿を書き、スタッフと打ち合わせをして、幕張のスタジオで収録します。そして出来上がった授業科目を全国に放送し、学生たちは自宅あるいは各地の放送大学学習センターで学んで、期末に単位認定試験を受けます。

これらの放送による授業の他に、臨床心理プログラムの学生（入学試験に合格した本科生）は本部の幕張に集まって「臨床心理基礎実習」「臨床心理査定演習」「（放送にする）講義科目の補講」「修士論文中間発表」「論文発表」などに参加します。日頃は各自の居住地で学習し、実習し、修士論文を執筆し、一堂で学び合う面接授業では、学生たちと教員とが真剣に対峙します。面接授業の期間中、多くの学生たちは放送大学のセミナーハウスに宿泊しますので、授業時間以外も濃密な交遊の時を過ごします。

修士論文は、関東近辺の学生の指導は専任教員が担当しますが、地方在住の学生には各地の実力のある先生方に客員教授として指導していただきます。各学生の論文の進捗状況について、指導してくださる先生方と専任教員は連絡を取り合います。

二年次の「心理臨床実習」は、各地に在住する学生たちが通える臨床機関に実習と指導をお願いします。専任教員は実習のお願いと説明のために、謝礼とお土産を持って挨拶に伺います。学生たちの納入する実習費をはるかに超える費用が一人ひとりに注がれているのは、日本の未来のために優れた臨床心理士を育成する（特にスクールカウンセラーを全校配置するため）という、当時の文部省の熱意がありました。

大学内に心理臨床の実習機関を持たない（二種指定校）放送大学大学院の学生は、大学院修了後に（各地で）心理臨床の実務経験をした後に、臨床心理士の資格試験に挑戦します。入学以来数年にわたって苦楽を共にしますので、「小中高大学どの時期に出会った友人よりも、放送大学大学院の友人関係は深い」と修了生は述べています。

二年次に書き上げた修士論文は、発表会形式による審査の後に、放送大学大学院の『オープンフォーラム』という論文集に掲載されたり、査読を通って学会誌に掲載される人たちもいます。

大学院修了後に博士課程に進学して博士号を取得するなど、心理臨床に携わりながら学問的にも活躍している人たちが、臨床心理学の他大学院に比べて数多くいます。勤務をしながらも研究に取り組む熱意と能力と、放送大学大学院で出会ったよき友・よき師と切磋琢磨した成果、と私は思っています。

3　教員としての私

病院臨床と並行して携わった教育領域での最初の勤務先の立教女学院短期大学で、私は、学生相談室カウンセラーとしてスタートしました。まだ日本には学生相談の珍しかった当時、進路に悩む学生や学業に困難を来す学生のための学生相談室の構想が、アメリカ人の教員や留学から帰国した先生方によって提案され、開室に当たって、当時の学長酒向誠先生が私に声をかけてくださいました。酒向先生が立教小学校校長でいらしたときに、立教大学の学生であった私に次々と家庭教師先を紹介してくださったご縁によります。大学時代の私は、土曜日には三軒の家庭教師をするなどして収入を得ていました。洋画家の父と国語教師の母にとって、理工系の兄、医学部の姉、心理の私と、法学部の弟、の四人を学ばせるのは大変であると察していました。

立教女学院の学生相談室に勤務していたときに、教育心理学担当の松平信久先生が立教大学文学部に移動されることになり、私は学生相談室主事（カウンセラー）を退いて、教員として教育心理学や臨床心理学を担当することになりました。慶應病院は無給でしたので（慶應の関連精神科病院に週に一日出張することによって一カ月の給与に相当する額を得ていましたが）、立教女学院がボーナスが入る初めての専任職でした。立教大学で同期であった松平先生はのちに立教学院院長になられ、私は立教学院の評議員として、ご一緒に取り組んだ時期もあります。

立教女学院短大の教員時代も、慶應病院での臨床を続けて研究会にも参加していましたので、臨場感のある臨床心理学を講義して、学生たちは関心を寄せてくれました。子どものときから優秀な兄姉に劣等感のあった私は、短大生に親しみを感じていました。「ほんとうは四年制大学に進みたかったのに受験に失敗した」

とか、「親に四年制を受けさせてもらえなかった」などの挫折感を抱いて入学してきた学生たちが、充実した短大生活を送り、就職や進学を達成するために、私は微力を尽くしました。今も、折に触れての便りの多いのは、立教女学院短期大学の卒業生たちです。（メールのない時代に育ったせいかもしれません。）

次に奉職した新設の京都文教大学では、「有名大学よりも優れた学生を育てよう」と、あちこちの大学から集まった教員たちは張り切っていました。私は、週に三日間は東京の家族を離れて京都に一人住まいをしていた関係もあって、教員仲間や学生たちと集中して過ごせる時間がありました。日本心理臨床学会という巨大な学会の大会を女性委員長として初めて開催できたのも、意欲的な教職員と協力的な学生たちのお蔭であった、と懐かしく思い出します。

私は京都文教大学を愛していましたが、やがて新幹線での東京―京都間の毎週の往復に疲れを感じ始めました。そのような頃に、放送大学大学院に勤務することになり、開設当初の学生たちの「厳しい滝口センセイ」になりました。「他の大学院に比べて授業料が安い」ことや「実習や論文の指導を各地の優れた先生方が引き受けてくださっている」こと等々、いかに放送大学大学院が恵まれているかを、折あるごとに学生たちに話しました。特に私が臨床心理プログラムのコーディネーター（責任者）であったときには、「真の心理臨床家として各地のリーダーになってほしい！」との切なる願いから、厳しく接しました。今となっては、「もう少し肩の力を抜いて接したほうが学生たちも私自身も楽であったろうに」と思いますが、五〇倍以上の志願者から選ばれて入学した学生たちに、私は大きな期待がありました。

コーディネーター時代に出会った方々が修了後に「なずなの会」という研究会を創って、今日に至るまで切磋琢磨を続けています。本書は、そのメンバーが中心になって誕生しました。振り返ってみると、立教女学院時代も京都文教時代も、毎年、ゼミの学生の年度末のレポートを冊子にまとめました。京都文教大学の最後のゼミ生たちは、卒業論文を一冊にまとめて印刷して贈ってくれました。放送大学大学院の学生たちの

「臨床心理基礎実習」と「実習報告書」は、表紙を佐藤仁美先生のデザインで飾り、毎年発行しました。

今回、放送大学大学院の修了生と本書を出版するということは、私の教育の総決算であるように感じています。日頃から私は、できうる限り学生の自主性・主体性を尊重するようにこころを配ってきましたので、今回掲載の論文のテーマも研究方法も論述の仕方も、各執筆者の個性によります。

放送大学においては、大学院の学生だけでなく、学部の学生とも面接授業や卒業研究指導を通して親しく交流しました。大学院に進学して心理臨床を専門的に学ぶことを切望している人、すでに心理臨床や教育の現場で働いている人、身近な人の心理的な問題に思い悩んで理解を得たいと願っている人など、全国各地から集まってきます。学生たちは、卒業研究に各自の創造力を発揮して熱心に取り組みました。近隣諸国の学生もいました。「頭とこころで思い巡らせたことを、自分自身の言葉で表現するように」と、私は勧めました。通学による勉学の機会に恵まれなかったために放送大学に入学した学生たちは、学習する能力を秘めています。

短大生にも、学部生にも、大学院生にも、私が伝え続けてきたことは、「自分自身に与えられている資質と時間を、力の限りに活かしましょう！」ということでした。これらは、私が生まれ育った家庭、教え導かれた教育、そして河合隼雄先生との分析関係から、学び得た「生きる知恵」だと思います。

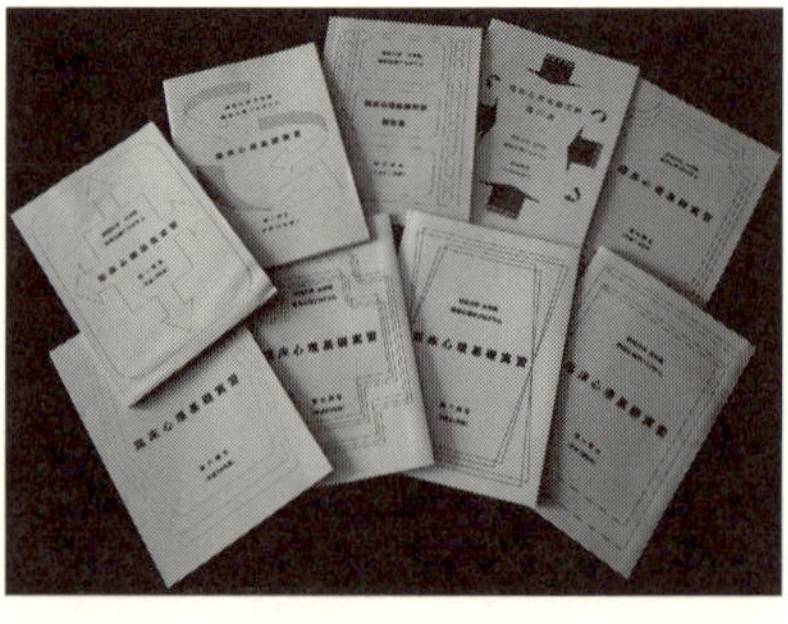

4 私が出会ったクライエント

臨床心理学の教師であり臨床心理士でもある私は、学生たちに、学習したことを心理臨床に活かして、クライエントに貢献することを願っていました。私自身、学生たちに真の心理臨床を伝える教員であるためにも、心理臨床に携わり続けてきました。

そのなかから、何十年も前に臨床の場で出会った、ある家族について述べたいと思います。

（1）Aさんとの並行母親面接が始まるまで

Aさんの長女B子さんは、高校二年生になった春、頭痛を訴えて学校に行かなくなり、毎日、自殺を考えていました。以前から親友と言えるような友だちのいなかったB子さんは、その頃から家族との交流も避けて、夏休み明けに担任に退学を申し出ました。驚いた親との間で言い争いになり、自室に閉居し、喫煙、万引きなどが始まり、困惑した母親に連れられて総合病院精神神経科を受診しました。

精神科医のC先生に、B子さんが放火（破壊）衝動を語ったので入院が勧められましたが、「ただの怠け」と思っていた母親は入院の決断がつかず応じませんでした。その後、B子さんは万引きをして警察に補導され、「家には帰らない、自殺する」と言い、C先生に引き渡されて入院となりました。

入院時には、〝I must kill you〟という幻聴や、小動物や小人の幻覚、閉居傾向などが見られ、「境界パーソナリティ構造を有する回避性人格（avoidant personality）の一過性の精神病状態（adolescent psychosis）」と診断されています。

主治医C先生による環境調整、D先生による週三回の精神分析的精神療法、という治療構造が設定されました。間もなくB子さんは、病室にステレオを持ち込んでヴォリュームを上げてかけてナースを反応させたり、頻繁に主治医を呼びつけたり、母親の不安の処理などにC先生の負担が過重になり、母親面接を別に設定することになりました。（当時のわが国の精神科医療としては斬新なA-Tスプリットという治療構造です。）

私が母親面接を担当することになったときに、C先生から得た母親についての情報は、「自分の育て方に問題があると思っている。下にも二人の子どもがいるので、指導してほしい」とのことでした。B子さんについての情報は、主訴および経過、家族歴、生活史などを聴きましたが、強烈に印象に残ったことは、「小学校三年にして自殺の方法と場所を決めていた」ということと、カミュ、ニーチェ、ランボーなどに強く惹かれており、「ニーチェは友だち、何の苦痛もなく暮らしている人間とは別の種類」と、精神療法医D先生を拒絶しているとのことでした。

家族構成

B子さんの家族（Aさんの説明による）

父親　四〇代　祖父の代からの会社を経営

母親（A）　三〇代　専業主婦　親同士が決めた結婚

長女（B子）　高校生　母親と気持ちが合いにくい

長男　中学生　母親想い　活発

次女　小学生　天真爛漫　父親から可愛がられている

（2）Aさんとの初回面接（「　」はAさん、〈　〉は私、〃　〃はドクターの言葉）

B子さんが入院して一カ月。一週間後に年末年始の外泊を控えている。総合病院精神科外来の小さな面接室にて。

私は名前を名乗ったあと、〈この面接についてA先生からどのように聞かれ、どのように感じておられますか〉と尋ねる。Aさん「〝ベテランの先生だからお話ししたら〟と勧められました。上の娘がご厄介になっておりまして……。私自身にも、問題があると思いまして……意識しない悪いところを……。そのために、滝口先生にお会いするようにと……。下に小三の子がおりまして……。二八日に退院しますので、そのことも心配で……。どなたかわかってくださる方に、聴いていただきたいと思いまして……」と、言葉を選び選び、感情を押さえて話される。表情は、ほとんど動かない。地味なグレーのスーツ。膝の上に本を置いて、手足をきちんと揃え、背筋をピンと伸ばして。

お子さんたちのことを一緒に考えてゆきたいこと、週に一回、五〇分、親のカルテを作って保険診療で、など病院における母親面接についての約束事を説明すると、同意されました。

〈何からでも自由にお話しください〉と誘いかけると、Aさんは「子どもの様子を知りたい。差し当たってのことは、あの子のことですので。九月から今までの動き、予想もつかなかったので、どう対処したらよいのかわからない。退院について、いかに自然に受け入れればいいのか……。入院以前と同じ家族の一員として迎えたい。どうして退院を怖がっているのかわからない……。なぜ不安になっているのか。やはり学校を気にしていると思う……」と。

Aさんの治療者団への不信に近いものや、B子さんに対する根深い不満を抑制していることが伝わってきましたが、それには触れずに、〈B子さんが退院を怖がっているのは、現実の家庭そのものではなく、彼女の不安や恐れによっている〉ことを説明しました。Aさんは私が責めたり追求しないことに少し安心されたのか、こころもち緊張を緩められて、「自分の気持ちを正直に出さない子で……。私は、はっきりしないの好きでない。口で言っている気持ちと、本当の気持ちが違う……」。

さらに「それに対処してやればよかったと思う。小さいときから、思うようにならない子だった」と訴えられました。私は初めての子育ての大変さがよくわかるし、Aさんが気づき始めておられることを尊重したいと思い、〈大切なことに気づいておられますね〉と言葉をかけました。それを受けてAさんは「何か手がかりをつかもうと医学書を読んで、養育環境について考えるようになって……」。主人は『なぜもっと早くにそういう気持ちにならなかったのか』と責める」。私はもう一度、〈よく考えていらっしゃるのですね〉と言葉をかけると、「でも実行できないのです。頭で考えるだけで」とAさん。私が〈子育ては子どもとの相互関係〉であることを伝えると、「二番目の子には意識しないでできることが、(B子には)どうしてもサッといかない。打ち解けないというか……。小さいときから、そうだった。二番目、三番目に比べて、神経質な子。二番目の男の子は、特に可愛がるわけではないけれど、話が弾む。主人は一番下の子が可愛いらしい」と。家の中でも外でも独りぼっちのB子さんに、こころが痛む。

どこかに受け止め手はいなかったかと、祖父母について尋ねてみると、「主人の父は、三年生のときに亡くなって、一緒に暮らしたことはない。義母とは一緒になったが、あまりいい関係ではない。私の両親はE市にいて、母には甘えられて、遊びに行くと(B子は)『帰るのが辛い』と言う。入院については『言わないでほしい』と言うので、言っていない」と。さらに尋ねると「一年に一、二度会うだけ」とのことで、B子さんが支えられているとは期待しがたいし、Aさん自身も母親に依存を向けられなかったのでは、と想い浮かぶ。

私が〈ご自分に厳しいのでしょうか〉とつぶやくと、Aさんは「いろいろ考えています。生まれたときの性格と、私の育て方が関係して、こういうことになったのかとか……」。Aさんは夫君にもこころを開いていないのではと気にかかり、〈B子さんのお父さんは、どんな方ですか〉と尋ねてみる。少し強い口調で「私が本を読んだりするのを嫌がる。『そういうことは職業にしている人が勝手にすることだ』と。『これから大変』という気持ちもあるらしい。養育態度とかを私は考えているけれど、主人は『そんなことはない。日本中、みんなそう（不登校に）なってしまう』と言う。主人は『学校で何かあったのでは、と思っている』と。Aさん自身、夫に反論しながらも「学校が悪い」と思いたいらしい。

決して弱みや隙を見せずに正解だけを答える、という防衛的なAさんとの面接に緊張が高まり、しんどい時間でありました。あぁ、これをB子さんは壊したいのだと思い浮かんだ私は、〈冬休みに入り、B子さんの外泊もあって、お母さんは大変ですね〉と、Aさんの立場に身を置いてみる。Aさんは「寒いので炬燵にみんな集まり、一緒にいる時間が長くなると（B子が）イライラしてくる」ことや、「万引きを二回もしてしまって……」と訴えられました。

私は〈この（面接）時間によっていくらかでもお気持ちが楽になるように、一緒に取り組んでゆきたいので、気になることや気づかれたことを何でもお話しください〉と、初回面接を終えました。

新進気鋭のC先生、D先生と治療チームを組むのが初めてのことでもあり、私の対応はずいぶんと硬いです。現在であるなら、もっと自然にAさんの気持ちに身を委ね、Aさんにとって休まる場となるように配慮すると思いますが、Aさん自身の特徴によるところを見逃すことはできないと思います。知的で抑制的な、しかも面接者を厳しくテストしているAさんの前では、何か話さないとという気持ちが強くなり、別れた後、どっと疲れを感じました。そして面接記録に〈次回は、力を抜いて、今この場でAさんが何を感じ何を考えているかに焦点を当てて会おう！〉と、初心者のような反省を記しています。

(3) 面接の流れ

【主治医面接】（ドクターC先生）

X年一〇月から三年二カ月間　病棟および外来にて

【精神分析的精神療法】（ドクターD先生）
X年一一月二〇日からX年＋二年間
病棟にて　週に三回（一回〜四〇回）
外来にて　週に二回（四一回〜六一回）
外来にて　週に一回（六二回〜八七回）

【母親面接】（滝口）
X年一二月二二日からX年＋五年四カ月間
外来にて　週に一回（一〜七一回）
外来にて　月に一回（九〇回〜一一四回）

母親面接一一四回の経過を、初期・中期・後期に分けて述べたいと思います。

幸いなことに、B子さんは大学を卒業し、Aさんはじめ家族メンバーはそれぞれの道を歩み出しました。家族の良い変容に、この家族の成長力と、その背後に治療チームの熱意と努力のあったことを、特記したいと思います。

（4）母親面接の経過

【初期】一回〜二九回　約一年間

この時期のB子さんは、荒れまくります。まさに〝暴風雨〟のようでありました。年末年始の外泊から戻って、一カ月半ほど入院を続けた後に、退院。しかし、万引きを繰り返し、自殺未遂をし、精神療法に来院して倒れたり、治療を無断でさぼって雑誌で知り合った男性とコンサートへ行ったり、他大学病院を受診したり、などが続きました。学校は、B子さんの留年を決定。一日の内でも時間によって激しい動揺が起こっていました。B子さんの混乱に治療者団も巻き込まれがちとなり、研究会で検討もしています。

Aさんは、終始、楚々とした少女のような装いで外来にみえて、面接中も表情を崩さず、先生の前での柔順な生徒という風でありました。しかし、強い不安と不満とを抑えていることがビンビンと伝わってきて、面接者にとっても辛い時期でありました。

主治医のC先生にすがるように依存を向け始めていたAさんにとって、母親面接を別に設定するという治療構造の変更は受け入れ難いことでした。B子さんが親に不可解なことを次々と起こすことも重なって、一週間に一度の母親面接を待つことができなかったのだと思います。用事を見つけては接触しようとするAさんを、主治医は母子同席面接からも外されました。主治医から見捨てられたように感じたAさんは、母親面接者の私を試すようなことが増えました。Aさんから話すことをせずに、私が話し出すのを待っています。

この時期に私が強調していたのは、〈今、B子さんに必要なことは、お母さんとの心理的な距離なので、とにかく先生方に預けましょう。B子さんのために、お母さんが先生方とつながっていないことが必要なので、どうぞ私にお話しください〉と、治療構造の明確化を伝えました。「納得できない。母親の私にも意見があります」という気持ちをぐっと抑えた表情で、言葉にすることも、涙すらも、こらえておられました。〈今まで大切に育ててきたB子さんに手が届かないようで、お辛いでしょうね〉と、私は心底思いました。

母と娘の治療構造を別々に設定することは、〝登校することはイコール母親の考えで、自分がなくなるとの囚われから、B子さんが自由になるために必要なこと〟でありました。登校する／しない、も、母親の管理下から外す。これは、母親がB子さんの自我に入り込むことをやめる、第一歩でありました。「留年しても頑張る気力のある子ならいいけれど、やり直す精神力がない。ここで挫折したら、すべてダメになる。何とか行かせたい」と、登校にも付き添うAさん。B子さんの面接からは〝自分が学校へ行くことは、母の願いを満たすことで、そうしないと見捨てられることになる、しかし、それでは自分がなくなる〟という心性が理解されましたので、〈学校へ行く／行かないもB子さんと先生方に任せることが、今の治療上、重要〉ということを、繰り返しAさんに伝えました。

面接の初期、Aさんとの作業同盟を形成してゆく過程で、治療方針や発達や病態の理解などを、かなり私は話しています。このお母さんの安定には、知的な理解も支えになると理解したからでした。そして、B子さんに対していくらか楽になったAさんは、ようやく私にこころを開き始められ、「C先生のB子とのやりとりから、母親としてとるべき姿を学ぶことができた。それがなくなったことが不満であった」と打ち明けられました。

私との面接が始まって一カ月半頃、主治医から〝B子さんが落ち着いてきているので、お母さんの準備が整い次第、退院させたい〟との申し出がありました。〝自殺しないで生きていければ、学校のことなどチッポケなこと。本人にとって良いと思われる願いは、できるだけ応えてあげてほしい〟との主治医からのメッセージもありました。

そして、家庭の受け入れが整ったかに見えての退院でありましたが、退院後のB子さんは、母親を（そして私を）不安にするようなことを次々と引き起こしました。私は繰り返し〈B子さんの成長力と、今の日本では最高レベルのC先生とD先生の治療を信じましょう〉と言っていました。しかし、Aさんは「辛い想いも、悲しい想いも、するのは親。先生方はいい方だけれども、どこまで寄りかかっていいのか……」と。

そして、面接の度に、いかにB子さんが病的であるかを話されました。「食事を、妹の分まで食べてしまう」「夜一人でお酒を呑み、昼頃まで寝ている」「妹を引きつけておこうと、お人形やアクセサリーをあげる」など、B子さんの「おかしい行動」が次々と報告され、さらに「母親を思いやって、本当のことを話してくださらないのでは？」「B子のこと、何回うかがってもわからない」と、面接者への疑義を漏らされました。

折しも処方されている薬を全部のんで自殺を図ろうとしたり、面接の最中に面接室を飛び出したり、面接を無断で休む、などが起こりました。主治医からは〝来院を拒否することは、母親の支配への残されている唯一の抵抗である〟とのコメントがありました。通院することにも支障を来し始めたB子さんに、Aさんは B子さんの言動や気持ちを常識的に捉えるのは無意味だと感じ始め、年齢相応な要求を向けなくなりました。そんなある真夜中「薬が欲しい、病院に行きたい」と訴えたB子さんに「私が側にいることが必要なのだ」と気づいたAさんは、「背中をさすりながら言葉をかけ続けていた」と報告されました。〈お母さんの良い勘ですね〉と、私は応答しています。

その頃から、「スーッと親を頼ってくれない子だった」「湿疹ができて、しょっちゅう病院へ行った」「パッチワークをパッパッパッとするように、育児もそうだった」など、B子さんの幼かった日々の母娘関係が語られるようになりました。

【中期】三〇回〜七〇回　約一年

フロイトやユングの本を次々と読み、「不気味なジャケットのロックのレコード」を聴いたりし始めたB子さんは、夏休み明けに登校を再開しました。お母さんから見ると、「自分勝手」な生活でした。学校へは行ったり行かなかったり、試験などストレスがあると家族に八つ当たりしたり、昼過ぎまで寝ていたり、一日中パジャマで過ごして、「ぶくぶくに太るまで食べる」、音楽関係の「不気味な人と付き合う」など、Aさんの考える娘イメージとは掛け離れた生活でした。けれども、学年末の試験では一〇段階で八の評価を何科目も取り、無事に進級できました。B子さんの生活が軌道に乗り始めた頃、父親の会社が倒産するということが起こりました。

この頃のAさんは、B子さんについての表現が面接ごとに大きく変わりました。不安や不満が激しく語られたかと思うと、次の回はとても穏やかであったりします。このことをB子さんの個人治療と合わせて考えると、B子さんの分離・個体化（separation-individuation）の動きを、お母さんは「B子が悪くなった」と感じていたことが明らかになってきました。私は、Aさんの報告をB子さんの建設的な意味を見出して聴くように努力していました。と言っても、私もB子さんと歳の近い子どもを持つ母親なので、B子さんの危うげな行動を見守っていることが母親のAさんにどんなに辛いか、と感じてなりませんでした。この時期を共に耐えた体験によって、Aさんと私の作業同盟は確かなものへと育った、と考えています。面接後期になってAさんの語られることを伺いながら、身体中がジーンとするような深い感動を覚えたのは、この頃に共有した体験が絆になったと思います。

中期において、B子さんが登校を再開したことによって面接時間の変更があり、母娘が隣同士の面接室になってしまったため、外来から離れた病棟へ母親面接の場を移しました。外来に比べて他の人の気配を気にしない広い部屋になったせいもあり、Aさんの娘批判は堰を切ったように語られました。「登校し始めたことも素直に喜べない」。学校で神経を使って疲れ果てて帰ってくるB子さんの行動を「ふて腐れている」「我がまま」「乱暴」「腹が立つ」「いっそのこと、私の目から離したい」と言われます。あまりの激しさに私は〈必要とあれば、入院も考えられる〉とつぶやくと、「いざとなると離せるかどうか……」と、母親の心情に戻られました。

次第に明らかになってきたのは、Aさん自身の中にある「実行したくてもできなかった、したい放題する自分」をB子さんに投影して、B子さんを責めているということでした。Aさん自身が母親に依存したくても依存できなかった関係も明確になってきましたが、母親であるAさんに過度の退行が起こらないようにとの配慮から、これらの発生的な解釈は行っていません。

またもB子さんは学校を休み始め、家で大声を出して暴れたりする状態になり、Aさんは「一年前と同じ。ちっともよくなっていない。家族の重荷。これから先も私を困らせる。いつまで耐えられるか」と、抑うつ的な気分に落ち込まれました。そして「主人は極端。『B子に本を読ませなければいい』と言う」と、父親の話が出てきたところで、私は、父親の面接への参加を提案しました。Aさんは「子どもと直接接触するのは私。主人は子どもたちと関係ないし、こうしてほしいという気持ちもない。今のままでいい」と断られました。「育児は母親の仕事」と考えることによって、Aさんの立場が保たれてきた様子なので、面接に父親を誘うことは機会を待つことにしました。

「いったい、B子は何を考えているのか」「いつまでたっても、何とかしようと思わないのか」「一生懸命育ててきたのに、どうしてこんなふうになってしまったのか……」と、涙、涙の回では、私は聴き入るしかありませんでした。

しかし、三学期が始まったのを契機に、B子さんは登校を始めました。「とても調子がいい」とAさん自身も晴れやかな日もあれば、「我がままとしか思えない。飴か鞭を」と、治療者団への不信を表現することもあり、一進一退の日々でした。

当時、私がAさんの苛立ちを聴き続けられた背景に、ウィニコット（Winnicott, D.W.）の《偽りの自己》（false self）》の考えに出会っていたことは大きいと思います。また、カーンバーグ（Kernberg, O.F.）よりも、マスターソン（Masterson, J.F.）の考えに惹かれていたということも、関係していたかもしれません。そして、この頃、私は、河合隼雄先生の著書を次々と共感を持って読んでいました。

B子さんの動揺の激しさに、Aさんの治療者団に対する脱価値化は顕著でありました。しかもD先生の本務病院が他に変わられ、C先生はいっそうの活躍で多忙になられて、非常勤勤務の私とは連絡が取りにくくなりました。情報交換の乏しさのうえに、Aさんの混乱に巻き込まれそうな不安に圧倒され、次第に私の意識は〈子どもの治療を支えるための並行母親面接〉から〈母親自身が子どもを支えてゆくための面接〉に、変わってゆきました。

やがてAさんがゆとりを持てるようになってきた頃、B子さんは試験勉強をして期末試験を頑張り始めました。B子さんの変化によって、Aさんが落ち着かれたとも考えられます。一方、父親は祖父の代からの会社を倒産させるということが起こりました。このことは、親の決定に従って自分自身の主張を放棄していた父親の自立（再生のための破壊）、と私には感じられました。数カ月後に会社を再建している事実からも、そう考えています。B子さんの精神療法医D先生は、〝父親が本来持っていた破壊性の表現〟と見て、〝それを防衛していたことから生ずる不全感、無能感が、妻に、さらに子どもであるB子さんに受け継がれた〟と理解しておられました。

この時期を振り返って、誰も死ななくて本当によかった、としみじみ想います。

【後期】七一回〜一一四回　約三年五カ月

B子さんが「お母さんの面接は必要ない」と言い始めたのを契機に、Aさんとの面接を月二回にし、さらに一年後には月一回にして、終結に至るまでの時期であります。この三年半の間、B子さんは推薦入試で大学に進学し、音楽クラブやゼミの合宿に参加したり、友だちとの旅行、アルバイトも始め、下宿を試み、アメリカへ一人で旅行をして、最終学年を迎えました。

母親面接の中期の終わり頃には、B子さんの精神療法は終結しています。さらに母親面接を月に一回にした時点では、主治医面接も終わり、その後Aさんと私との面接だけが二年半ほど続きました。主治医・精神療法医・母親面接者が終結を相談し合ったのではなく、それぞれの流れから決まりました。

この時期、母親としてのAさんの大きな役割は、B子さんの自立〔自律〕に向かっての試行錯誤による不安定な動きに、B子さんに背を向けたり見捨てたりせずに見守り続ける、B子さんのどんな攻撃にも生き残ることでありました。文字にすると簡単ですが、言葉にし尽くせないほど、大変な日々でした。このことをやり抜く途上、Aさんは私との面接を「子どもの育児相談というものではなく、自分の生き方を考える場所」と言われ始めました。B子さんは、母との結合に踏み留まって成長を拒むか、自立の方向に進むかに、激しく揺れ動いていていました。自立を試みようとすると不安が高まり、母の元に戻ってきては不機嫌に突っかかることで母親を確かめようとするB子さんに、Aさんは、つい口や手を出してしまう長年のパターンでB子さんの言動を制しようとします。学校生活は何とか続けているものの、家庭では不可解な要求（「電気がもったいない」と蝋燭をつけるなど）をしたり、深夜の帰宅や外泊もあり、Aさんは「不気味」とさえ訴えられました。私がB子さんの言動に脅かされていなかったと言えばウソであり、Aさんと一緒にこころを痛めたり、不安に圧倒されたりしていました。ただし、「お母さんや普通の人とは人種が違って、一緒には生きていられない」と言っていたB子さんが、現に家庭と学校で生活をしているということは素晴らしいことだ、と私には思えていました。

Aさんの話を注意して聴いていると、B子さんは母親の作る食事を「おいしい」と言ったり、フルートの音色に感激したり、弟妹の勉強をみてあげることもありました。B子さんは来院していないので治療者からの情報はありませんでしたが、〈B子さんの試みは、とにかくB子さんに任せて〉と私は提案しています。幸いなことに、Aさんが「とても無理」と思っていた家庭教師のアルバイトが続いて、Aさんは「やらせてみることが、B子のためになるということがわかった」という体験をされました。

その後、クラブの合宿に参加したり、大学の成績も予想以上の評価で、「ずいぶん楽になった」とAさんが感じ始めた頃、激しい巻き返しが起こりました。Aさんの中の「不気味なB子を拒絶したい」気持ちが押さえ切れなくなって、以前に戻ったように厳しく接しましたが、「私がいろいろ言うと、B子が無気力になってしまう」との気づきがありました。そして、「私自身のために面接が必要」と言われるようになり、〈B子さんの治療のための親面接〉から、〈Aさん自身の面接〉へと変更することを話し合いました。

この後、終結まで一年八カ月ほど面接は続きますが、面接者の態度に大きな変更はありません。そっとしておいたほうがよいと思われる防衛解釈や、退行を促進するような解釈は、最後まで行っていません。では面接者は何をしていたのかと問われれば、Aさんの語られることに耳を傾け、Aさん自身が気づいてゆかれる過程にこころを添わせていました。発達過程や家族関係に関して説明はしていましたが、精神分析的な解釈はしていません。(当時の私は精神分析グループに所属しておりましたので、解釈をしない面接に不安がありましたが、今にして思えば、私が大切にしていたのはAさんの「たましい」であったと思います。)

Aさんとの面接の後期において、私は身体中がジーンとする深い感動を覚えたことがありました。九八回目のセッションも忘れることができません。

Aさん「普通の人なら何げない、ほんとうに細かいことに、B子はひっかかっていたのがなくなって、私の話に相槌を打って、『本当にそうね』と同感してくれる」「夏休みに犬を飼い始めて、写真を撮って、友だちに見せると言って持って行って……」「私は犬を飼うことは赤ちゃんが一人増えるくらい大変だと覚悟していたが、子どもたち三人で可愛がって、B子が散歩に連れて行っている、病気をしないように、って」など、温かく報告されました。さらに「(今までは)先の先のためにと、いつもゆとりがなかった。今は、今を楽しんでいる。今日は明日のためになると思う」「物事、すべて良い面ばかりでなく、悪い面ばかりでもない」「有り難いなと思う」「B子が一生懸命伝えていたのに、どうしても伝わってこなかった。(私に)冷ややかな部分があった」「B子が悪くなって、私が何とかしなくちゃと思った。本当にはわかり切れない、冷淡なところがありました」。私が〈B子さんは自分の気持ちを安心してお母さんに出していられるよう〉と述べると、「完全ではないけれど」と、微笑まれました。

終結までの最後の一年間のもう一つの山は、B子さんの下宿をめぐってでした。専門課程に入ったB子さんは、通学に時間がかかること（約一時間半）を理由に、「下宿したい」と言い始めました。（大学入学以来、時折言っていました。）

一〇二回目の面接でのことです。下宿捜しを自分でしているB子さんに対して、Aさんは「失敗するのでは」という懸念と「もう（親元に）一生帰ってこないのでは」という心残りで、涙を流されました。私は〈修学旅行にでも出すつもりで、「行っておいで、いつでも戻っておいで」って、出してあげたら〉と話しています。

結果的には、「音がうるさい、臭い」という理由で、三カ月ほどで下宿を引き上げてきました。戻ってきたことに喜びながらも、「やっぱりダメだった」と嘆かれるAさんに、〈がっかりした気持ちと、出て行ってしまったときの寂しかった気持ちの、両方を話し合われることが、今回の体験を意味あるものにすると思う〉と私は話しました。

この後、B子さんはアメリカへの一人旅を計画し、やり遂げて、無事に帰国しました。Aさんは、「やりたいことをやらせる。これは（滝口）先生との間で身につけたこと」と言われました。

面接を始めて丸五年目。一一一回。Aさんは「台所のこととか、朝きちんと起きるという（いわゆる女の子としての）躾より、困難に出会ったときに方向を見つけ出す力のほうが大切」「世の中がどういう状態になるかわからない今の時代、これから一人前になってゆく子どもたちは本当に大変」と言われました。時折、私が言っていたことではありますが、Aさんの実感のこもった言葉を、私はうれしく聴きました。

一一二回目。「昨日、雪で電車が止まってしまい、バスも運休して、（B子は）暗い寒い中を歩いて帰ってきた、自分で判断して」と。そして、「小学生の頃、家庭の教育方針を書く欄に、『自分で行動できる子』と書いていたが、B子にやってきたことは違っていた。反対のことをやっていた。先回りして、先回りして」「最近、（私は）まわりに迎合しない自分の考えを持てるようになってきた。B子のことを認められるようになったのも、まわりから否定的なことを言われなくなったから。今までは、まわりから何か言われるのではないかと思って、自分にも子どもにも制限を加えてきた」「まわりの目に自信がなかった。思い込んでいたのかもしれません」と、しみじみ話されました。

その後さらに二回、面接を重ねて、終結としました。一年後に、卒論を書き上げて卒業して一流企業に就職したことを、「どうしても報告して、感謝したくて」と、電話が入りました。

（5）家族力動

母親面接の経過を、母親とB子さんを中心に述べてきましたが、親面接は家族全体の動きに目を配っている必要がありますので、Aさん一家の家族力動について、簡単に述べたいと思います。私は、家族療法家ではありませんので、家族を総体として見て関わる技法は取っていませんが、ミニューチン（Minuchin, S.）やマンデルバウム（Mandelbaum, A.）らの考え方に学ぶことは多くありました。

【母親面接開始以前】

親同士の決めた結婚によって嫁いだ母は、結合した一族に溶け込みにくく、疎外感や孤独感を抱いていましたが、父は妻を保護する力を持ちませんでした。母のこころにゆとりのないときに生まれたB子は、懐かない子どもであったと母は言います。やがて跡取りである弟が生まれ、母と弟との共生関係が続きました。

妹は父親に可愛がられ、B子は、かつて母の体験した孤独な立場となって疎外感を抱いていたと考えられます。

【母親面接開始の頃】

母は、父方の祖母との関係がよくありませんでした。B子に対しても否定的な気持ちを抱いていました。長男である弟は母の愛情を享受し、父は妹を可愛がっていました。父はB子の治療に関与することはありませんでした。

【母親面接中期】

B子は家族の誰からも孤立し、弟と妹の間には連帯がありました。この期の終わりに、父の会社が倒産し再建するということが起こり、父と母の関係が変化し始めました。B子の状態が良くなった頃、弟が母に反抗的になった一時期がありました。

【母親面接後期】

父と母はお互いに求めているものは違うままに、話し合うようになり、リッツ（Lidz, T.）の言う夫婦の連合に近いものが生まれてきました。父母は子どもたちに対して、抱える環境（holding enviroment, Winnicot, D.W.）の機能を発揮し始めました。子どもたちの間には、新しいきょうだいとも言える子犬の登場によって連帯が生まれました。

父親を面接に招き得なかったこともあって、父の存在は家庭の中で今ひとつ弱く、家族としての課題は残されていると言えます。しかし、家族に問題がまったくなくなるという日はないのかもしれません。家族成員の心身の成長に伴って、家族は常に新しい課題に取り組み続けるのだと思います。

（9）Aさんとの面接を振り返って

私がAさんとの面接で行ったことは、面接の初期においては、B子さんの治療を支えることでありました。B子さんの治療関係を維持し促進するために、お母さんの理解の助けとなる情報を提供し、家庭が発達促進的な環境になるように発達阻害要因の除去や、家族力動の改善のために助言を行っています。しかし、面接者の助言や援助によって、母親自身が考えたり悩んだりするのを止めてしまうのではなく、母親自身が家族の問題に取り組むために母親面接は存在していると考えています。

Aさんとの面接は、親の子離れ。言い換えれば母親自身の《第三の分離・個体化》(Mahler, M.S., Blos, P.) の作業でありました。

わが子を《自分のもの》と考えることを止めること、それは《対象の喪失》あるいは《自我の消滅》と言えるかもしれません。自我（ego）を超えて自己（self）への道を求めて歩むことこそ、人生後半の課題ではなかろうか、と想います。運命的に出会った家族の一員であることを念頭に置いたうえで。

「生きる」ということを考えさせてくれた、Aさん家族と、私の家族に、感謝します。

［付記］この事例を京都大学に内地留学していたときに発表して、当時大学院生であった杉岡津岐子さんから濃やかなコメントをいただきました。

また、河合隼雄先生から温かいお励ましをいただいたことも、忘れることはできません。

［文献］
速水敏彦・滝口俊子『真実を求めて——司祭と臨床心理士の対話』聖公会出版、二〇〇四
日野原重明『いま伝えたい大切なこと——いのち・時・平和』NHK出版、二〇〇八
神田橋條治・滝口俊子『不確かさの中を——私の心理臨床を求めて』創元社、二〇〇三
河合隼雄『心理療法序説』岩波書店、一九九二
河合隼雄『ユング心理学と仏教』岩波書店、一九九五
河合隼雄著、河合俊雄編『新版 心理療法論考』創元社、二〇一三
京都大学教育学部心理教育相談室『臨床心理事例研究』一二号、一九八五
村山正治・滝口俊子編『現場で役立つスクールカウンセリングの実際』創元社、二〇一二
村山正治編『「自分らしさ」を認めるPACグループ入門——新しいエンカウンターグループ法』創元社、二〇一四
小此木啓吾『対象喪失——悲しむということ』中央公論新社、一九七九
滝口俊子『子どもと生きる心理学』法藏館、一九九六
滝口俊子『夢との対話——心理分析の現場』トランスビュー、二〇一四
山中康裕『少年期の心——精神療法を通してみた影』中央公論新社、一九七八

あとがき

本書は放送大学大学院文化科学研究科臨床心理プログラム（現・臨床心理学プログラム）の修了生が執筆を担当しました。現在各執筆者とも臨床心理士としてそれぞれの現場で活躍されていますが、働きながら原稿を書き進めていく作業には相当な労力が費やされたことでしょう。それでもこの顔ぶれなら必ず書き上げてくれると、どこかで確信していました。というのも、もともと放送大学は、すでに社会人としてのキャリアを十分に積んだ人たちの集まりですし、在学当時から働きながら懸命に学ぶ姿を見せられていましたので。

原稿を読みながら執筆者たちの生々しい半生に触れてみて、本当に素晴らしい仲間に恵まれたことの幸運に感謝せずにはいられないと同時に、自ら成長しようという旺盛な意欲と、生きることにひたむきな姿勢に痛々しくも愛おしくなるような感銘を受けました。また、己の人生に対して真摯に向き合うことがそのままクライエントの人生に向き合うことに通じるものであるという感慨を新たにしました。それは臨床心理プログラムの先生方に教わってきた心理臨床の態度ではありますが、こうして彼女ら彼らの生きざまに触れてみると、強く首肯せざるを得ません。

思えば大学院時代、執筆者たちとはセミナーハウスで寝食（酒）を共にし、質・量ともに高度な面接授業に耐え、互いの大学院入学の経緯を語り、心理臨床への熱い思いや疑問をぶつけ合い、冗談を言っては大笑いするなど、濃厚な院生生活を過ごさせていただきました。あれから一〇年の歳月が流れましたが、あの頃の活き活きとした仲間の表情が今でも細部まで目に浮かんでくるようです。修了してもまだまだ勉強不足を痛感し開始した事例研究会「なずなの会」も、本書が公刊される頃には第十一回目に向けて準備が進められていることでしょう。いろいろな意味で区切りが付き、新しい何かが始まることになりそうです。

一緒に編集を担当した大村さんは個性派揃いの臨床心理プログラム三期生の中でも当初から大物の雰囲気があり、誰もが一目置いていました。もちろん他の仲間も一癖も二癖もあったわけですが（笑）、こんな手合いを束ねられるのは滝口俊子先生の他には考えられません。先生なしには当然本書は存在しませんでした。大学院時代からいつもわれわれ修了生を厳しくも優しく導かれ、今回はさらにここまでわれわれを連れてきてくださったのだと感じています。

滝口先生からはよく、故・河合隼雄先生のお話を伺いました。なかでも河合先生が脳梗塞を発症される直前にご覧になったという夢は印象深いものでした。北斗七星が流れたというのです！　七賢人すべてが喪われるという夢の隠喩に心理臨床家としての真のスピリチュアリティを垣間見させていただきました。

最後になりますが、創元社編集部部長 渡辺明美さんに深く感謝を申し上げたいと思います。初めて渡辺さんにお会いしたのは、路上に雪の消え残る二〇一三年一月の東京でした。まだ本書がどんな形になるか想像もつかない不安を抱えながら駅までお迎えに伺ったところ、黒いコートの襟を合わせておられました。寒い中お待たせしてしまい申し訳ありませんでした。その後も何度か大阪から編集会議に足を運ばれて、心理臨床への鋭いご指摘をいただいたことは、私自身大変な勉強になりました。重ね重ね誠にありがとうございました。

二〇一四年一二月

執筆者を代表させていただいて

佐藤雅明

監修者紹介

滝口俊子（たきぐち・としこ）
東京都出身。立教大学大学院文学研究科（心理学専攻）修了。臨床心理士。慶應義塾大学医学部神経科入局・立教女学院短期大学教授・京都文教大学教授・放送大学大学院教授を経て、現在、放送大学名誉教授。

編者紹介

大村哲夫（おおむら・てつを）
東京都出身。信州大学応用動物学及び生態学講座卒業。放送大学大学院文化科学研究科臨床心理プログラム修了、修士（学術）。東北大学大学院文学研究科人間科学専攻修了、博士（文学）。臨床心理士。民間企業を経て高等学校教員、医療法人社団爽秋会臨床心理士兼チャプレンを経て、現在、東北大学非常勤講師、同大学院文学研究科専門研究員。

佐藤雅明（さとう・まさあき）
秋田県出身。専修大学文学部国文学科卒業。埼玉大学大学院教育学研究科内地留学。放送大学大学院文化科学研究科臨床心理プログラム修了、修士（学術）。臨床心理士。埼玉県高等学校教諭。

執筆者紹介（五十音順）

今井由樹子（いまい・ゆきこ）
静岡県出身。静岡大学教育学部小学校教員養成課程音楽科卒業。放送大学大学院文化科学研究科臨床心理プログラム修了、修士（学術）。臨床心理士。少年警察補導職員を経て、現在、常葉大学・大学院非常勤講師、常葉大学臨床心理教育実践センター専門相談員、スクール・カウンセラーなど。

木村佐枝子（きむら・さえこ）
長崎県出身。佛教大学社会学部社会福祉学科卒業。放送大学大学院文化科学研究科臨床心理プログラム修了、修士（学術）。神戸学院大学大学院人間文化学研究科人間行動論専攻修了、博士（人間文化学）。臨床心理士。京都外国語大学学生相談室インテーカーを経て、現在、常葉大学健康プロデュース学部心身マネジメント学科准教授、同大学院健康科学研究科臨床心理学専攻准教授。

酒井奈生（さかい・なお）
広島県出身。広島大学学校教育学部小学校教員養成課程卒業。広島大学大学院学校教育研究科修了（教育学修士）。放送大学大学院文化科学研究科臨床心理プログラム修了、修士（学術）。臨床心理士、学校心理士、産業カウンセラー。現在、早稲田大学保健センター心理相談員、東京都スクールカウンセラーなど。

高田俊博（たかた・としひろ）
兵庫県出身。早稲田大学理工学部卒業。放送大学大学院文化科学研究科臨床心理プログラム修了、修士（学術）。臨床心理士、シニア産業カウンセラー。東京海上日動メディカルサービス株式会社ＥＡＰ室に勤務。

高浪恵介（たかなみ・けいすけ）
埼玉県出身。東京国際大学教養学部人間関係学科卒業。放送大学大学院文化科学研究科臨床心理プログラム修了、修士（学術）。臨床心理士。埼玉県児童相談所児童心理司。

名合雅美（なごう・まさみ）
岡山県出身。大阪教育大学教育学部教員養成課程卒業。同大阪教育大学大学院教育学研究科修了、修士（教育学）。放送大学大学院文化科学研究科臨床心理プログラム修了、修士（学術）。臨床心理士。京都大学医学部付属病院総診療部、医真会八尾総合病院を経て、現在、医療法人弘清会四ツ橋診療所、うえつき小児科アレルギー科に勤務。

平井理心（ひらい・こころ）
徳島県出身。筑波大学第二学群人間学類（心理学専攻）卒業。放送大学大学院文化科学研究科臨床心理プログラム修了、修士（学術）。臨床心理士。徳島県女性支援センター（女性支援相談員）を経て、現在、筑波大学附属病院（医療メディエーター）、心療内科フォレストクリニック（心理カウンセラー）。

平竹晋也（ひらたけ・しんや）
京都市出身。三重大学医学部卒業、博士（医学）。放送大学大学院文化科学研究科臨床心理プログラム修了、修士（学術）。医師、臨床心理士。独立行政法人国立病院機構滋賀病院小児科医長、京都府丹後保健所担当係長、第二岡本総合病院小児科部長などを歴任、梅花女子大学現代人間学部心理学科准教授を経て、平成二二年京都市左京区にひらたけこどもクリニック開業。現在、同院院長、並びに、京都府立医科大学小児科客員講師。

宮原亮子（みやはら・りょうこ）
東京都出身。早稲田大学第一文学部卒業。放送大学大学院文化科学研究科臨床心理プログラム修了、修士（学術）。臨床心理士、臨床発達心理士。精神科臨床心理士、福祉センター心理士、スクールカウンセラー等を経て、現在、常勤の心理職員。

室城隆之（むろき・たかゆき）
東京都出身。上智大学法学部法律学科、佛教大学通信教育部社会学部社会福祉学科卒業。放送大学大学院文化科学研究科臨床心理プログラム修了、修士（学術）。東京成徳大学大学院心理学研究科臨床心理学専攻博士後期課程修了、博士（心理学）。臨床心理士。国際交流分析協会准教授会員（心理療法分野）。日本集団精神療法学会認定グループ・セラピスト兼スーパーバイザー。三菱重工業株式会社神戸造船所勤務を経て、一九八七年四月から家庭裁判所調査官。現在、岡山家庭裁判所主任家庭裁判所調査官。

心理臨床《しんりりんしょう》とセラピストの人生《じんせい》
関《かか》わり合《あ》いのなかの事例研究《じれいけんきゅう》

二〇一五年一月二〇日　第一版第一刷発行

監修者　滝口俊子
編著者　大村哲夫
　　　　佐藤雅明
発行者　矢部敬一
発行所　株式会社　創元社
　　　　[本社]
　　　　〒五四一-〇〇四七 大阪市中央区淡路町四-三-六
　　　　電話(〇六)六二三一-九〇一〇(代)
　　　　[東京支店]
　　　　〒一六二-〇八二五 東京都新宿区神楽坂四-三 煉瓦塔ビル
　　　　電話(〇三)三二六九-一〇五一(代)
　　　　http://www.sogensha.co.jp/
印刷所　株式会社　太洋社

ISBN978-4-422-11581-8　C1011